20岁我们创业吧

75位年轻创客的创业故事

[美] 斯泰西·费雷拉（Stacey Ferreira）
贾里德·克莱纳特（Jared Kleinert） 编著

李磊 译

CTS 湖南文艺出版社
HUNAN LITERATURE AND ART PUBLISHING HOUSE

博集天卷
CS·BOOKY

图书在版编目（CIP）数据

20 岁，我们创业吧 /（美）费雷拉 (Ferreira, S.) ,（美）克莱纳特 (Kleinert, J.) 编著 ; 李磊译 . — 长沙 : 湖南文艺出版社，2016.7
书名原文 : 2 Billion Under 20 : How Millennials Are Breaking Down Age Barriers and Changing the World
ISBN 978-7-5404-7614-4

Ⅰ . ① 2… Ⅱ . ①费… ②克… ③李… Ⅲ . ①企业管理—青年读物
Ⅳ . ① F270

中国版本图书馆 CIP 数据核字（2016）第 103553 号

著作权合同登记号：图字 18-2016-071

2 BILLION UNDER 20
Copyright © 2015 by Stacey Ferreira and Jared Kleinert
Foreword copyright © 2015 by Blake Masters
This edition arranged with Sanford J. Greenburger Associates, Inc.
through Andrew Nurnberg Associates International Limited

上架建议：励志·创业

ERSHI SUI, WOMEN CHUANGYE BA

20 岁，我们创业吧

编　　著：［美］斯泰西·费雷拉　［美］贾里德·克莱纳特
译　　者：李　磊
出 版 人：刘清华
责任编辑：薛　健　刘诗哲
监　　制：蔡明菲　潘　良
策划编辑：李　荡　张思北
版权支持：文赛峰
营销支持：李　群　杨清方
版式设计：利　锐
封面设计：主语设计
内文排版：百朗文化
出版发行：湖南文艺出版社
　　　　　（长沙市雨花区东二环一段 508 号　邮编：410014）
网　　址：www.hnwy.net
印　　刷：三河市鑫金马印装有限公司
经　　销：新华书店
开　　本：787mm × 1092mm　1/16
字　　数：296 千字
印　　张：22
版　　次：2016 年 7 月第 1 版
印　　次：2016 年 7 月第 1 次印刷
书　　号：ISBN 978-7-5404-7614-4
定　　价：42.00 元

质量监督电话：010-59096394
团购电话：010-59320018

致所有的年轻人：
书写自己的故事吧，你们都能有个好故事可以说

目录

Contents

起点 ——001

风险 ——065

学习 —189

成功 ——257

序言

Foreword

他们都嘲笑过富尔顿和他的汽船；他们都嘲笑过好时先生和他的巧克力；福特和他的老爷车更是让他们乐不可支——人们就是这样。

——乔治·格什温《他们都笑了》

历史上，追求创新的人，名声往往都不是太好：其中有个别幸运儿开始时名声欠佳，后来却能声名鹊起；但绝大部分人终其一生都无法得到世人的理解。想要在这个人云亦云、亦步亦趋的世界上开创点儿新的东西，代价可真不小。特别是年轻人，如果想要做点儿新鲜事，可一定得坚定信念、保持信心，才能对抗前进路上必然会遭受的嘲讽和怀疑。这个世界已经不再指望能从孩子身上获得什么新东西了——要不然干吗把他们关在学校，逼他们上一模一样的课程呢？

但是，有些人就是不愿意走前人走过的路。特别是现在，年轻人意识到：未来在他们自己的手中，未来可以由他们自己开创，未来不该那么潦草地到来。在《20 岁，我们创业吧》一书中，你会遇到 75 位年轻人，他们都深知：大刀阔斧地开创未来永远不嫌早。这些开拓者有很多共同点：他们都在某个方面自学成才，并且都不满 21 岁。但是，更令人瞩目的是，他们之间竟是如此地不同：他们中有程序员、设计师、作家，有赛车手、奥林匹克选手、急诊医生。他们成就卓著，令人赞叹不已——他们的成就就像是自行车、马车年代里的飞机。

如果你在谷歌的搜索栏中键入"千禧一代"[1]一词，搜索引擎为其自动填充的结果是"完蛋"。但是，这一次，人们错了。这本书告诉我们，如果我们相信这些年轻人，他们能做到多棒。不，还是算了吧，其实他们根本不需要我们相信——也许他们需要的只是我们别挡着他们的道而已。

——布莱克·马斯特斯
《从0到1》合著者

---

[1] 千禧一代：Millenials，又译 Y 世代、千禧世代，指在美国 1981 年至 2000 年间出生的人，大体相当于我国的 80 后、90 后。

简介

Introduction

"千禧一代完蛋了。"

至少，谷歌是这么认为的。我们开始编写《20岁，我们创业吧》这本书时，如果你在谷歌——全球最通用的搜索引擎中键入"千禧一代"，第一个跳出来的自动填充词就是"完了"。除此之外，"太懒""自私自利""新嬉皮士"这三个选项也赫然列于自动填充选项榜上。

但是，我们绝不认为这些词可以定义我们这一代人。

18岁那年的夏天，斯泰西·费雷拉与哥哥斯科特、朋友希夫·普拉卡什一起在洛杉矶一间租来的公寓里共同创办了"我的社交云"（MySocialCloud）网站。经过持续的努力和不断的学习，他们成功地从理查德·布兰森爵士（维京集团创始人）、杰里·默多克（风投公司Insight Venture Partners 联合创始人）和亚历克斯·韦尔奇（图片网站Photobucket 联合创始人）处募得100万美元资金。两年后，他们成功地把"我的社交云"出售给网站Reputation.com，赚得人生第一桶金。

同时，在位于美国东海岸的南佛罗里达州，贾里德·克莱纳特从15岁起就开始酝酿自己的创业计划。他先是创办了两个网站：教育科技平台

NowIGetIt.com 和专门针对公益创业者的众包网站 Synergist，均以失败告终。此后，他远程为两家获得投资支持的硅谷创业公司（15Five 和 Learnist）提供服务，找到了自己的最佳状态和合适位置。后来，他作为市场营销专家为全球最有名的作家和创业者提供咨询服务，服务对象包括纽约时报畅销书《别独自用餐》的作者基思·法拉奇与澳大利亚 UGG 公司创始人布赖恩·史密斯。

我们两人于 2012 年 11 月在纽约的泰尔基金会峰会上偶遇。当时，贾里德飞回佛罗里达的航班延误了，因此他才有时间听了那场会议的最后一个主题演讲，并萌生了编写本书的想法。在此后的几个月里，我们很快意识到：我们俩在创业、构建人际网络、克服困难等方面有许多相似的经历，并且我们都非常渴望与世人分享我们这群人的故事，分享那些别人不知道的故事。因此，我们可以共同努力，使这本书变成现实，与所有人分享这本书及其中所包含的来自年青一代的洞见。

现在，全球有超过 20 亿年龄不满 20 岁的年轻人。他们的人数几乎是全球人口总数的三分之一。并且，更重要的是，他们的行动决定了这个世界的未来——尽管很多人对此表示质疑。

但是，那些发出质疑声音的人并不认识我们在过去四年中遇到的这些年轻人。在编写本书的过程中，我们与他们相识、相知、一起工作。这是一群充满野心的实干家，他们在全球不同的角落打破各个行业的壁垒，他们协同努力，实践自己的激情梦想，完成对所有人来说都非同寻常的壮举。

本书的作者们正在做着一些非常了不起的事。杰克·安德拉卡发现了一种检测胰腺癌的好方法，这种检测方法与现行的诊断方式相比效率提高了 85%。丹尼尔·布鲁西洛夫斯基创办了"Teens in Tech"，每年夏天组织一批对科技感兴趣的青少年来到硅谷，实地感受科技创业氛围。五年后，他成了金州勇士队的科技指导。布里塔尼·麦克米伦通过网络每年集合千百万人的力量，支持LGBT[1]运动，为推动同性婚姻的合法化做出了巨大贡献。凯文·布雷尔来到世界各地，通过喜剧幽默故事与全球青少年分享自己对抗抑郁症的经历，告诉他们：一切都会好起来的。康拉德·法恩斯沃思是美国怀俄明州第一个自造并且操作核聚变反应堆的人，而且当时他只有17岁！在本书中，这样的例子还有很多很多。

我们见证着他们开始自己的征程，一步步成长为成功的青年创业者、获奖科学家、全球知名的歌手、奥林匹克运动员、热心公益事业的非营利组织创始人、知名公共演讲家、多面手演员等。他们每天都在激励着我们，并且，他们也向世界证明了：千禧一代根本没完蛋！

我们将会改变世界。实际上，我们已经在改变世界了。

本书共分为五部分，每一部分都轻松易读、方便消化，你可以一口气读完一部分，也可以每晚睡前读上几篇。本书每一章平均包含15篇文章，差不多10分钟就能读完。本书的每位作者都经过精挑细选，他们分享的故事可以帮助你了解他们怎样找到自己的激情所在（**起点**），迈出实现梦想所需的第一步（**风险**），应对前进路上的艰难险阻（**旅程**），在自己的经历中收获经验和能力（**学习**），并且最终有所收获（**成功**）。

本书的作者们均为各自奋斗领域的尖端人才。无论你是想要在生活中获得进步的年轻人，还是希望在自己领域有所创新或者单纯想要了解一下千禧一代的中老年人，本书中的故事都会令你深受启发、茅塞顿开，并且还能为你提供很多实用的技巧。

无论你是谁，这本书，以及千禧一代人的发展、努力、成功，都会在

---

[1] LGBT是一个英文首字母缩写词，是用来指称女同性恋者（Lesbians）、男同性恋者（Gays）、双性恋者（Bisexuals）与跨性别者（Transgenders）的一个集合用语。

某个方面影响你。现在，就让我们开始吧。

本书聚集了 75 位来自不同行业、雄心勃勃、功成名就、高瞻远瞩的年轻人，希望向你传递他们的信息，并且向你介绍"20 岁以下 20 亿人"的运动。

为什么呢？

因为，想象一下，假如这 20 亿不到 20 岁的年轻人能够每天都努力追逐自己的梦想，通力合作解决这个世界面临的各种严峻问题，我们这个世界会变成什么样？

我们希望你能够阅读这些故事，与这 75 位无私与我们分享自己最私密的想法、最真实的故事的作者建立联系。我们希望你能够受到鼓舞，加入我们"20 岁以下 20 亿人"运动，成为我们未来书籍的作者，成为我们不断壮大的网络社区的一员，成为社会大家庭的一员。我们邀请你加入我们的网站（2BillionUnder20.com），并且当我们在你所在的城市有聚会等活动时参与我们的线下活动。请记住，在本书的 75 位作者身后，是成千上万名极有天赋、乐于付出、无私分享的千禧一代，他们每天都与我们一起解决世界上的种种难题，他们每天都与我们互帮互助，通过分享每个人独一无二的故事而与我们建立起纽带。

希望你也加入我们。

——斯泰西·费雷拉

贾里德·克莱纳特

起点

强烈的渴望是所有成就的起点。

——拿破仑·希尔

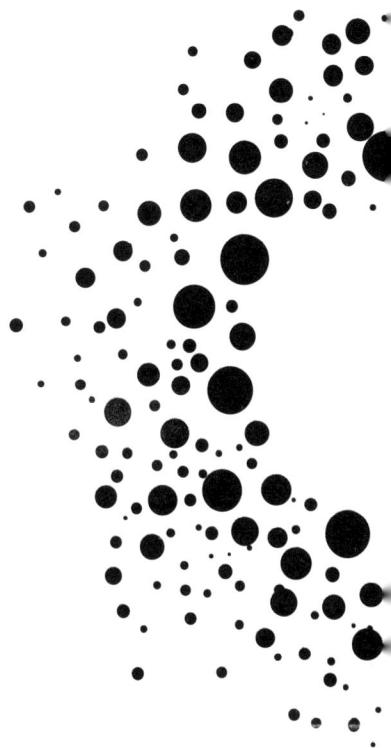

赛车道上的人生

柯莱特·戴维斯（Collete Davis）

柯莱特·戴维斯，赛车手，柯莱特·戴维斯赛车有限责任公司创始人及 CEO。她 15 岁就进入大学学习；16 岁时获得美国国家科学基金会提供的奖学金，进入安柏瑞德航空大学学习机械工程专业。在那里，她很快就成为美国 STEM[1] 计划的全国大使，鼓励女孩和女性积极投入科学、技术、工程、数学的学习中。15 岁时，她赢得了人生中第一个赛车比赛冠军；18 岁时，她完成了自己作为职业赛车选手的首秀，并成功参与了印地赛车系列赛。她创造了美国佛罗里达州的赛车成绩纪录，曾代表美国队出席国际 F1 赛车活动，是全世界首批有幸在英国银石国际赛道上试驾福特最新款 EcoBoost200 方程式赛车的选手之一。此外，她还是硅谷德雷普英雄学院创业项目的首批学员。

---

[1] STEM 是一个英文首字母缩写词，是用来指称科学（Science）、技术（Technology）、工程（Engineering）、数学（Mathematics）的集合用语。

我出生于一个军人家庭，在成长的过程中，我一直在不断地搬家，不断地适应新环境带来的种种变化。唯一不变的，是我对赛车的热爱。11 岁时我就拆开了家里的除草机，研究它的引擎。在我开卡丁车的第一年，我就赢得了冠军。我非常幸运，很早就发现了自己的毕生所爱——赛车。并且，在我的人生规划中，一切都是围绕着"成为世界上最好的赛车手"这一目标进行的。

很多孩子在学会走路后就开始玩卡丁车，这往往是因为他们家里有人从事赛车运动，并且有强大的资金支持作为后盾。我的情况却截然相反：我是 14 岁时才开始爱上赛车的，我对赛车的热爱是自发的——家里没人参加过赛车运动，亲戚朋友们也都不关注赛车，他们中的很多人甚至都没看过赛车比赛！开始的时候，这是我面临的最大障碍。作为一个圈外人，我得非常拼命才能进入这个圈子，进入赛车这个行业，我得从无到有地建立自己的关系网，我得非常努力才能渐渐稳固自己的地位，我得自学很多行业知识、商业知识才能确保自己在赛车手的早期生涯中不走弯路。我知道自己一开始开得并不好，但是我不气馁，每天都咬紧牙关坚持训练。我很清楚自己真正想做的是什么，所以我在学校力争优秀，希望能够提前毕业、追逐自己的梦想。六年级时我跳了一级，所以在 15 岁时我就已经是名高三学生了。高三时，我不仅可以在自己所在的高中上课，还可以去当地的一所大学上课（我还是一门汽车相关课程的课代表），也可以通过网络学习大学课程。我非常感谢我的高中给我这样的机会；其中，我要特别感谢的是我高中的辅导员凯茜·马西森，要不是她帮我说服校长让我可以这样选课，我可真不知道现在的自己身在何处。高三结束时，我不仅取得了足够多的学分，提前两年从高中毕业，而且还取得了 16 个大学课程的学分。

经常有人问我，是什么力量驱使我在年纪这么轻时就如此努力。对于这个问题，我觉得最好的答案就是：**我总是有强烈的渴望，对成功的渴望；过去如此，**

现在亦如此。

赛车令我深深着迷。在我第一次坐进卡丁车时，我就清楚地知道自己想成为职业赛车手，我想与世界各地最优秀的选手比拼。从小到大，我都特别争强好胜，我喜欢竞技性的赛事，从篮球到啦啦队操，我从事过很多体育项目。但是，对我来说，赛车是与其他项目截然不同的——赛车能真正走进我的心里。赛车时，我需要不断地逼自己，注意每一个微小的细节，从细节中求进步。并且，赛车是一个系统工程，要想成为最棒的车手，我需要掌握物理学知识，我需要与整个团队合作，和他们一起学习、一起工作、一起进步。此外，赛车是世界上最大规模的能使人肾上腺素狂飙的运动，每次发动起赛车引擎，我的嘴角都会不由自主地上扬。

找到能令你点燃心中激情的兴趣之后，你必须去追寻它。

高中毕业后，我获得美国国家科学基金会提供的奖学金，16 岁就进入安柏瑞德航空大学学习机械工程专业。这笔奖学金代表了我人生中另一个重要的力量——别人的帮助。在我成长的过程中，我获得了许多有益的帮助，如果没有这些帮助，我不可能达到今天所处的位置。并且，有趣的是，在这些一路走来给予我帮助的人中，很多人在自己的成长中也接受过别人的帮助。因此，我深知自己应该怀有感恩之心，将这份帮助继续传递下去。我发誓要利用自己作为赛车选手的经历鼓舞现在的年轻人（特别是年轻女性）学习科学、技术、工程、数学，帮助他们尽早建立对这些科目的兴趣。我成了安柏瑞德航空大学里有史以来最年轻的 STEM 项目大使，作为大使，我有机会鼓舞成百上千名初中生在科技工程等相关领域寻求发展。我还在大学里设计主持了一个实践项目，把大学生们带到赛车跑道上，让他们有机会将自己学到的知识运用到现实生活中。作为 STEM 大使，我为佛罗里达全州几千名女学生做过演讲，令我感到非常震惊的是，她们最需要的其实是别人告诉她们"你们也可以"。她们能够很聪明，她们能对数学和科学感兴趣，她们可以在赛车、工程、编码等行业里取得成功。演讲结束后，经常有女生过来与我交流，并告诉我，她们根本不知道自己也有能力与男生们一道学习这些科目。她们并不知道这一切都很"正常"。也许，这听上去有点儿搞笑。但是现在，在美国，在这些孩子决定自己未来的关键时刻，这种迂腐的想法依然存在，影响着她们的选择。这些女孩子需要有个人告诉她们："女生也能行。"并且，她们更需要知道的是"女生一直都能行"。有些时候，演讲结束后，有些女生会写邮件给我，她们在邮件中会问我一些关于汽车的问题，跟我讲讲她们回家后如何与自己的父母一起研究汽车，或者告诉我她们的数学及其他理科成绩很好。这一切都让我意识到，我竟然可以对别人产生这么大的影响，我必须继续竭尽自己所能鼓舞别人，改变现状。

鉴于我对推广STEM项目的投入、对丰富大学学习体验所做出的贡献，以及我作为大学生领导先驱人物的表现，我的母校安柏瑞德航空大学成了我自己公司的第一个赞助方！有了他们的支持，我在大学期间可以在作为全职学生学习之余去参加每一场赛车比赛，我打破了佛罗里达州的纪录，并在全州很多活动中做过演讲。

时光飞逝，到现在（19岁的"高龄"），作为一名女性，我在赛车这一男性为主导的运动中渐渐站稳了脚跟。我参加了F500、F2000等多项赛事，打破了一项纪录，驾驶不同车型赢得了多场比赛，并且在2012年USF2000全国冠军系列赛中完成了自己作为职业选手的首秀，总成绩在36名赛车手中名列前10（两次最优成绩分别为第6名和第9名）。我也是圣彼得堡赛车大奖赛历史上成绩最好的女选手，并有幸成为全世界首批在英国著名的银石国际赛道上试驾福特最新款开轮式赛车的选手之一。一般说来，要想取得赛车比赛的胜利，选手需要专注采用某一种固定车型进行训练（这种训练需要强大的经济支持）并且获得队友的支持。但是，以上两个条件我都不具备。

开始追逐自己的梦想时，你总会在前进的路上遇到阻碍，而我的阻碍就是：我选择的这项运动非常昂贵。我的家庭并不富有（很多其他车手的家境都非常好），并且在刚开始从事这一行时什么人也不认识。但是，我没有被这些困难打败，而是逼迫自己咬牙坚持。我知道，我的逐梦道路上有很多难关，但我就是不放弃。这些年来，我靠的就是不屈不挠、全心投入、坚持不懈的精神，它们是助我成功的基石。

为了追求自己的赛车梦，我必须很早就具备创业精神。我得不断适应、不断进步。要想成为一名职业赛车手，我得具备创建公司、开创品牌时应该具备的素质、技能。我得学习很多不同种类的技能，包括网站编码、编辑视频、管理社交平台、设计融资提案、筹措资金、策划互动活动、推广品牌、说服企业决策者、建立商业合作关系等等。

前路困难重重，我渐渐意识到，从长久的事业发展方面考虑，我得有点儿更大的动作才行。

2012年9月，我与全球最负盛名的风险投资家蒂姆·德雷普会面，其间我们进行了深入的交流，我了解到了他对于创办一种新型大学的革命性想法。几个月后，我获得了一份奖学金，成了硅谷德雷普英雄学院创业项目的首批学员。在那里，我像块海绵一样不断地吸收自己所能接收到的一切：学习设计复杂的商业计划和发展方案、听取其他创业成功人士的建议、参加野外生存训练、体验驾驶电能驱动的车辆、第一次尝试向硅谷最厉害的风险投资人提出自己的融资计划。在那里，我懂得了该如何将自己的赛车生涯和作为赛车手的品牌转变成为一个高增长的商业机会。

这一路以来，我一直在不断克服困难、执着前行。现在，我终于可以不用再为比赛的报名费而苦恼，不用再担心自己的比赛成绩了，我相信自己很快就可以为世界上最棒的赛车队效力——我相信，这一切很快就能实现。

我将震撼整个赛车行业、创造历史，鼓舞年轻女性奋勇追求自己的梦想，这是我的使命。这一切才刚刚开始。

在网上写博客赚钱

巴米德莱·奥尼巴鲁斯（Bamidele Onibalusi）

巴米德莱·奥尼巴鲁斯是名19岁的创业者，来自尼日利亚。16岁时，他得到了人生中第一台电脑。很快，他在网络上发现了博客，从此以后，他将自己的全部精力都投注到了博客中去。他是知名博客"Writers in Charge"的创始人与CEO，该博客每月吸引数以万计的读者，并且雇了至少7名兼职工作人员。他曾经接受美国《福布斯》杂志、意大利《富翁》杂志以及多家当地报刊杂志的专访。美国商业网站Under30CEO、Blogtrepreneur、Retireat21都曾将其作为青年创业者进行推荐。

在尼日利亚长大可真够难的，在这儿谋生更是难上加难。但是在很早以前，我就打定了主意：**没有什么能够阻止我取得成功。**

7岁时，我的父亲就去世了。此后，母亲独自承担起抚养我和其他6个兄弟姐妹的重担。我是家中的老二，很快我就意识到，父亲的离世在很大程度上影响了我和兄弟姐妹的生活水平。我们家中没有父亲，没有第二份收入，所以我们只能待在家里，在母亲外出工作时互相照看。与此同时，我和我的兄弟姐妹眼巴巴看着其他孩子在放学后相约到处玩耍，他们一起玩游戏、做运动，彼此分享着我们永远听不懂的笑话。

母亲必须没日没夜地工作才能勉强支付维持我和兄弟姐妹生存所必需（食物、水和房子）的种种费用。然而，在镇上的另一边，我看到有钱人家小孩的父母们都在用钱生钱，他们不必做什么繁重的体力活儿，就能够享受优渥甚至奢侈的生活。而且，因为他们不用干那么多活儿，他们可以花很多的时间陪在家人身边。在我的青春期，我每天都对此满心嫉妒，每晚睡前都梦想着有朝一日我的母亲不用再做那些手工活儿——而且我也不用。

2009 年，我听说有个东西叫"互联网"，它能够带来"无穷的机会"。但是，我的问题是，我根本没机会接触到"互联网"所能带来的那个神秘世界，我必须得学会如何操作一台电脑。那时，我甚至还从未近距离地看见过电脑。在学校里，电脑总是摆在一扇玻璃窗的后面，看上去是那么遥不可及，并且，电脑看上去好像很难操作：电脑上有那么多的按键，还有一个空白的平板（后来我才知道那是触控板）以及模拟试卷的软件。但是，当我听到其他孩子逐渐开始讨论人们如何用电脑每年赚 7000 美元（在我们国家，这就相当于美国的百万富翁）时，我意识到，电脑可能就是我通向富足生活的通行证。我知道，我必须学会用电脑。

我的电脑学习计划始于学校。我经常偷偷观察别人如何操作电脑，找到机会就敲击键盘看屏幕上会不会有什么反应。但是，很快我就意识到，如果我想用电脑赚钱，我就得投入更多的时间学习电脑，只是用学校的电脑还远远不够，我需要在家里买一台电脑。

当时，我们家的经济情况非常窘迫，要想说服母亲拿出那么大一笔钱投资买电脑可并不容易。我与周围每一个对电脑略知一二的人交流。他们有人告诉我，别费神学电脑了，电脑太复杂了，我学不会。另一些人告诉我，一旦买了电脑，我就要开始与那些会"搞乱屏幕"的软件打交道。但是，也有其他一些人鼓励我买电脑并花点儿时间好好学习电脑。后来，我发现我的牧师正好懂电脑，我就与他一起向我母亲灌输投资一笔钱买电脑的想法。我列出来了这笔投资的直接花费（300 美元买电脑），然后向母亲解释，这笔投资所能带来的收益是无法想象的——这个带着屏幕和按键的神奇盒子没准能让我们以后再也不用为钱操心。

在很多国家，电脑已经成为居家必备品。但是，在尼日利亚，极少有家庭拥有电脑。所以，当我母亲最终买了一台电脑并把它带回家时，我别提有多兴奋了。我整夜练习用双手打字，并且努力搞懂电脑上那些我从没见过的图标（如 ESC 键和屏幕亮度图标）。

此后的几周，我一直在学习电脑及其附带的软件。不久后，我所在的教会发现我已经能够打字了，能够把数字和字母输入电脑中的程序来记录事物。很快，一个教友就为我提供了一份信息录入的工作。

在空闲时间里，我探索互联网，想知道如何通过网络赚钱。我知道，如果我建一个网站卖东西，我可以从出售的货物中赚钱。我只需要一个域名、一些可以销售的物品、一个能够接收到付款的方式就行。

我非常努力地做着信息录入工作，攒够了钱，注册了我的第一个域名并开办了我的第一个网站。我花了一整天的时间制作了几个简单的网页卖东西，使用 PayPal（一款国际贸易支付工具）收钱。但是，我很快就意识到，即使我有了一个网页，却没有什么人光顾这个网页。我坚持了 4 个月，却什么都没能卖出去。我得想个其他的赚钱方法了。

我研究了很多种通过网络赚钱的方法，然后偶然间读到了史蒂夫·帕夫里纳（励志演讲家、创业者、作家）的文章——《如何通过你的博客赚钱》。无疑，史蒂夫非常有说服力，并且他通过写博客也确实获得了显著的成功，因此我决定试试看写博客这条路。史蒂夫写博客的成功秘诀是：给别人提供有价值的东西，不求回报，由此积累一定的读者群。然后，这些读者就可以帮助你实现自己的商业目标——帮你销售那些你一直都想要卖出去的东西。

我决定放手一试，于是开始写一些关于小企业、创业、社交媒体的博客文章。有那么几个月的时间，我坚持更新博客，并且开了些其他的博客为我自己的博客做宣传。坚持了一年后，我收到一个人的邮件，让我为他的网站撰稿。虽然互联网带来的赚钱机会并未如我预期的那样到来，但是无论如何，写作成了我赚钱的途径，所以我还是渐渐开始了独立写手和博主的职业生涯，并且开始积极寻找更多的客户。

时至今日，我依旧坚持每月写作（并且雇了4个人帮忙），赚了不少钱，我的母亲不必再辛苦工作养家了。并且，我还准备上大学（我已经能够全款付清学费），接受更好的教育。我依旧在寻找电脑可能带给我的下一个机会，但同时，回首往事，我非常高兴自己当时冒险进行了这笔投资，买了一台电脑，开始了网络赚钱生涯。

在 15 岁时创办 "Teens in Tech" 永远改变了我

丹尼尔·布鲁西洛夫斯基（Daniel Brusilovsky）

丹尼尔·布鲁西洛夫斯基现任金州勇士队的科技指导，为金州勇士队策划数字运营活动，将科技、创新、分析、创意活动等融为一体。在加入勇士队之前，丹尼尔是便捷支付平台 Ribbon 的商务开发拓展部主管。并且，丹尼尔还创办了"Teens in Tech"实验室，为青年创业者提供了交流的平台、沟通的契机、创意的孵化器。他还曾在高原资本担任暑期实习生，高原资本是家有着 25 年历史、超过 30 亿资本的风投公司，专注于投资有潜力的、处于起步或发展阶段的公司。加入高原资本之前，他还是 Qik（后被 Skype 收购）创始团队的一员，并曾在 TechCrunch 工作过。

我的故事，源于好奇。也正是在这份好奇心的鼓舞下，我帮助了全球千百名年轻的创业者扬帆起航。

我很幸运，从小就生长在加利福尼亚州旧金山市，这让我总是能够处于最新科技带来的震动中心。我的父母从事的都是与科技相关的职业，所以从小到大，我成长的环境中科技氛围都很浓郁。不论是在家里，还是在父母的办公室，甚至是在晚餐的餐桌上，科技都是我们的中心话题。在我很小的时候，我的父亲就会带着我一起拆开家中不用的电脑，他会详细地向我解释每一个零件对于电脑来说起到了什么作用，告诉我为什么缺少了某个零件后电脑就没法用了。科技是我生活中必不可少的一部分。随着我的年纪不断增长，我越发想要对这一领域进行进一步的探索。

中学时，我得到了一个工作机会，在一家叫作 Remend 的公司的 IT 部门实习。虽然 Remend 最后没能像 Facebook 一样成功公开上市、功成名就（事实上这家公司最后倒闭了，它的资产被廉价出清），但是在那里的学习经历令我终生受益。回首往事，我要特别感谢我在 Remend 时的经理，他布置给我许多项目，帮助我个人在这个过程中不断得以锻炼和成长。

也就是在那个时候（2006 年至 2007 年间），在父亲的推荐下，我开始在电台收听知名科技播客、作家、创业人利奥·拉波特的节目。在那段时间，我受利奥·拉波特的启发，也开始写博客、制作播客节目、拍摄影像网络日志。

2007 年底，我的兴趣集中到了一个新兴的领域，一个叫作 Qik 的创业公司。在那个时候，Qik 开发了一款只能应用于诺基亚手机的应用，通过该应用，用户可以把视频实时传送到网络上，其间只有 1 毫秒的延迟。当 Qik 的联合创始人巴斯卡尔·罗伊在一家星巴克咖啡馆里第一次向我展示这款应用的样品时，我简直惊呆了。几周后，我得到了在 Qik 实习的机会，此后三年我一直在 Qik 工作，直至它于 2011 年被 Skype 收购。

在 Qik 的那几年里，最初我最重要的工作之一就是宣传推广我们的产品。我参加各种会议、活动、洽谈，向人们展示 Qik 所代表的先进科技。在参加了许多类似的活动后，我渐渐注意到了这样一个问题：我一直是房间里年纪最小的一个。我不停地参加这些完全没有年轻人在场的会议和活动，并不断地问自己："怎么会这样呢？"

也正是带着这一问题，我在2008年2月创办了"Teens in Tech"实验室，我想在硅谷见到其他有创业梦想的年轻人。我深知，自己绝对不可能是唯一一个身处一堆中年人中感觉孤立无"朋"的年轻人。我希望利用自己在业界积累的知识、自己最新学习的播客经验来将这些年轻人聚集在一起。4年后，到2012年底，"Teens in Tech"实验室已成功举办了6场会议（5场在硅谷，1场在洛杉矶），组织了第一个只针对青年创业者的孵化培育项目（此后两年间，十余家公司在该项目的帮助下成立了起来），并且举办了其他一系列能将成千上万名年轻创业者汇聚一堂的活动。在我担任"Teens in Tech"实验室CEO的5年里，我成功获得微软、谷歌、英特尔、通用汽车、JBL音响等多家大公司的支持，他们为我们的会议提供了资金赞助。所有这一切，都源于一个非常简单的想法：我想见见那些和我一样对科技和创业感兴趣的同龄人。

通过"Teens in Tech"会议和孵化培育项目，许多人真正进入了科技产业。效率网站Goal Hawk（我们2012年孵化培育项目中的公司之一）联合创始人马克·丹尼尔获得了泰尔"20名20岁以下"（20 Under 20）奖金，并从纳什维尔搬到了旧金山。马克只是从"Teens in Tech"获益的年轻人中的一员。还有很多人通过"Teens in Tech"掌握到了一手的创业经验，并将这一机会转化为毕生追求的事业。还有很多青年创业者（包括本书另外两名作者布兰登·王和本·朗）也在"Teens in Tech"学习到了如何筹募资金、构建关系网络、构建社群的基本知识。

在"Teens in Tech"之后，我又做了些什么呢？由于拥有运营"Teens in Tech"的宝贵经历，我有机会到很多有趣的公司工作，如2009年到2010年间，我在TechCrunch工作。2010年，我在极富创意的互联网广告公司JESS3工作，为几个全球大品牌提供资料视觉化服务。2012 年，我作为暑期实习生加入了拥有 25 年历史、35 亿资本的风投企业高原资本。2012 年末，我作为商务开发拓展部主管加入了一家新兴的便捷支付平台公司 Ribbon。我与 Ribbon 的创始人、CEO 哈尼·拉什万相识于 2008 年的 "Teens in Tech" 活动中。最近，我作为数字运营活动主管加入了金州勇士篮球队。

2008 年，我做梦也想不到，我原本只是渴望结识其他有共同兴趣的年轻人，而这一渴望竟然能把我带到现在这个地方。我们围绕 "Teens in Tech" 这一理念构建的社群孵化出了许多公司，改变了成百上千人的生活。时至今日，我仍为我们的社群感到无比骄傲。

每天起床后，我都心怀感恩。对于 2007 年加入 Remend 之后所发生的一切，我深深感恩。**如果我没有在小时候就抓住机会、追求梦想，我的人生会完全不同。如果我当时因为自己是房间里年纪最小的一个就深感恐惧，我的人生历程也会大不相同。但是我不怕。**相反，我以此为出发点，改变了我周围的世界。并且，我相信，只要继续怀有这种想法，在未来，我还会遇到很多很棒的人、拥有很棒的经历。现在，我还不知道这些人、这些经历究竟会是什么样，但是我相信，他们一定是有意义的，并且一定能够改变世界。

去接近你想要成为的人

安德鲁·奥德（Andrew Aude）

安德鲁·奥德从小就对电脑感兴趣。iPhone 上市后，他的兴趣立马转到了 iPhone 编程，他希望可以利用自己手中的手机做到一切。他通过看书自学 C 语言、Objective C、iPhone API（应用程度编程接口）技术，并且在高二时就开发了自己的首个 iOS 应用程序 iWhiteboard，获得全球共计 15.5 万人的下载使用。高三那年，他获得了苹果公司提供的苹果全球开发者大会（WWDC）学生奖学金门票。以此为契机，在大会结束两周后，他离开威斯康星州，来到帕罗奥多，开始为 Refresh 股份有限公司进行 iOS 开发工作。现在他在斯坦福大学学习计算机科学专业，并且担任一门计算机科学入门课程的小组长（本科生助教）。他曾经供职于 Venmo 公司，现在供职于苹果公司。

可以说，我从很小的时候，就对科技以及整个科技行业深深着迷。小学时，我深深迷上了科技频道，它可以 24 小时不间断地介绍有关科技的一切。看了这些节目后，我希望自己能拥有市场上所有的小玩意儿（我的零花钱却远远不够我买这些"玩具")。高中时，我迷上了 iPhone，于是自学了应用开发技能。

高中毕业后，我决定去参加苹果全球开发者大会（WWDC），那是苹果组织的全球开发者年度旗舰级大会。作为一名拿着学生票的穷学生，我在旧金山莫斯康展览中心附近到处寻找最便宜的住处。我在专门针对创业人士开办的"创业者之家"旅社订了一个房间，房间价格每晚 50 美元。

那里的房间非常简朴，甚至连个窗户都没有。但是，入住之后，我很快就发现，这个地方非常特别。尽管这间旅社装饰乏善可陈、房间拥挤不堪，但是，就是在这里，我人生中第一次结识了其他许许多多像我一样热爱科技、充满激情、善良友好的人。每天晚上，我都会在旅社大厅待到很晚，与其他住客交流。其中，克里斯是一家新兴公司的社群经理（那时候，我甚至都不知道"社群经理"是什么意思）。他告诉我，在旧金山湾区，人们很容易建立起关系，并且告诉了我该如何融入。在我看来，你所需要做的就是：与别人交谈，介绍一下自己，看看对方对什么感兴趣，交换联系方式。一切就是这么简单。并且，事实证明，不论你是否身处科技相关行业，如果你想与别人建立联系，你所需要做的就是这些。

接下来，我遇到了保罗·亨利，他在一家叫作 Wanelo 的公司做全栈计算机工程师。他一直在家接受教育，高中毕业后才从得克萨斯州乡下地区搬到湾区。现在，他赚得非常多，比我在威斯康星工作了那么长时间赚得都多。保罗和我分享了彼此的故事，作为同样来自美国中部地区的、对科技感兴趣的孤独孩子，我们有很多共同话题。而他更是为我树立了一个好榜样，告诉我一个人可以从自己的兴趣中赚到钱，过上舒适富足的生活。

保罗和克里斯只是我在那周里遇到的五十多个人中的两个。每天晚上，我都会去参加 WWDC 会议后举办的聚会，我在那里结识了许多超级赞的人。我遇到了很多 CEO、开发者、设计师、猎头，甚至还见到了苹果公司的 iOS 副总裁。与他们进行交流是那么地轻松，现在我总算知道在哪里能找到朋友了！

可想而知，我并不想离开这里。我在这一周里遇到的朋友，比我在整个高中时期交到的朋友都多。但糟糕的是，我知道 WWDC 会议结束后，我还是得回到威斯康星，我很可能再也见不到他们了。我人生中第一次感到自己对某一个社群有着强烈的归属感，我害怕失去它，而这种恐惧很快就战胜了即将离家闯荡所带给我的那一点点犹疑不安。在会议的最后一天，我开始全身心投入，决定要在湾区找到一份工作。创业者之家的创始人向他的所有朋友发送了我的简历，我还直接走进了附近的创业公司，当场询问是否有合适的工作机会。我的心中充满了激情，我可不想空着手回家。

尽管我很想一直待在这里，但是，我还是得回家处理些事情。不过，我并没有停止找工作的步伐。在从飞机场回家的两小时车程里，我下定决心，一定要搬到旧金山湾区。我一回家就把这个决定告诉了父母，并且对此非常坚持。此后几天，我通过手机接受了几家公司的面试，最终与帕罗奥多一家新创办的公司签订了工作协议，买了一张单程机票，并在网上找好了住处。两周后，我就已经在湾区开始了作为创业公司前端工程师的工作。

来到帕罗奥多后的第一周，我在 Facebook 上收到了一个到旧金山参加乔迁庆宴的邀请。聚会的主人是保罗·亨利，那个我以为再也不会见到的 17 岁工程师。当然，我去参加了这场聚会，并且在那里结识了很多人。他们很快就变成了我在那个夏天里最好的朋友。因为那场乔迁庆宴，我结识了几百个人，他们中的很多人直至今日仍与我保持着密切的关系。我与他们一起参加编程马拉松，一起参加聚会，一起度假，并且一起玩跳伞。我还和他们一起与 Venmo、Twili、Stack Overflow 等公司的创始人进行了当面沟通。我还和一些人一起参加了 TechCrunch Disrup 举办的编程马拉松并最终取得了胜利，得到与马克·扎克伯格见面的机会。我想我真的是非常幸运。

如果我没有参加保罗举办的聚会，没有在那里与人们交流，我就永远不会在旧金山湾区有那么棒的经历和体验。当然，如果我当时没有住在创业者之家，没有在那里的大厅中和保罗·亨利交谈，我就压根没可能听说他举办的这场聚会。

现在回想起我住在创业者之家的第一晚，我发现克里斯是对的：建立人际网络并不难。你要做的只是去参加聚会、与别人交谈、交换联系方式。找到一个你感兴趣的活动、会议、聚会，去参加、去认识些与你有着共同兴趣的人。我敢保证，在那里，**你一定会遇到一些很棒的人，他们会对你的生活产生重要的影响。**如果你不这么去做，你就会错过这一切。

去和那些陌生人交谈吧，这能带给你百倍的回报。即使你认为再也见不到那些人了，跟他们一起坐坐、聊聊天也不会浪费你的时间。因为，你非常有可能会再次见到他们。

特别是当你努力想要再次见到他们时。

好运气不会主动找上门

泰勒·阿诺德（Tyler Arnold）

泰勒·阿诺德创办了 SimplySocial 公司，致力于帮助企业和组织有效利用社交媒体的工具和内容。此前，他还创办了其他两家公司（Purlize 与 Tyler Systems），与微软、HBO、麦肯锡等大公司均有商业往来。他曾经接受过美国《福布斯》杂志、美国著名科技博客 VentureBeat、美国知名新闻网站《赫芬顿邮报》以及"TEDxAnchorage（安克雷奇）"的专访，并且在其家乡阿拉斯加安克雷奇市被评为 2011 年度年轻创业人。

"不！"我说，"我不想做这个。""你竟然说不？对于一个创业者来说，这可真是个不同寻常的字眼！"

安迪·霍勒曼是我中学时的计算机老师，可以说，就是他激发起我对科技和商业的兴趣。他有着成年人难得一见的激情梦想，并且总是耐心解答我的每个问题，满足我的好奇心，鼓励我进一步思考。那时候，我在网上做着买卖电脑的小生意，赚了些钱，然后发现我的梦想原来可以转变成商业行为（虽然那时我只有

12 岁）。通过在网上买卖电脑，我总是能够拥有最新的"玩具"，体验最先进的科学技术。

升入高中后，我和安迪·霍勒曼依旧保持着联系。有一年夏天，在我即将过16 岁生日时，他送给我一本托马斯·弗里德曼写的《世界是平的》，并嘱咐我一定要读完这本书。

"为什么我要花一个夏天的时间读一本 450 多页的书？不。这本书太厚了，我不想读。"

当时，我们一边在当地超市闲逛，一边进行着这番对话。安迪叫我过来一起进行他每周日下午的例行采购。

他反驳道："世界另一边的人很快就会抢你的饭碗了。读读这本书，了解下全球化的进程。这可能会改变一切。"

我回答道："嗯，好吧。随便了，无论如何我肯定没问题的。"当时，我非常自信，认为自己肯定是很安全的，与世界其他地方根本没什么联系。几周后，我非常不情愿地（完全是出于对老师的尊敬）拿起这本书，开始阅读。读到第一章时，从书中掉出来了一张纸。我打开那张纸，发现原来那是安迪写给我的一封信。他这一不同寻常、充满温情的举动令我深受触动，我打起精神仔细阅读起这封信来。

在信中，安迪指出，当今世界正在不断发展、变化，他还列举了这个"令人兴奋的时代"里的种种现象，并且写道："好好读读这本书，看看这是一个多么伟大的时代。"

最后，我终于明白了，安迪做了这么多到底是为了什么。书中写道，在未来，一批新兴的全球化中产阶级将会异军突起，世界上很快就会涌现出一批能将发达国家和发展中国家沟通起来的创业者，他们就像是经济领域的先知，预示着 21 世纪经济全球化时代的到来。我立刻意识到，在安迪看来，我非常有必要好好地读读这本书。我决定继续读下去，把它当作我的福音书，而不是什么不得不完成的暑期阅读作业。

读完前 25 页后，我从一个孤立主义者（如果你成长在阿拉斯加的话，这经常发生）转变成为一个对全球化有着开放心态的人。读到 50 页的时候，我开始认为全球化是个好主意："新兴全球化中产阶级这个概念听上去还真不错。"读到第 100 页的时候，我开始从中看到了机遇。有整整一代人能够从不断扩张的全球化进程中获利，跨越国家的门槛积累财富。我可不想被落下。

读到第 125 页时，我就有了一个灵感，我要开创自己的生意。对于网页开发，我略知一二，同时开始寻找海外的网页开发技术外包团队。这本书告诉我，在全球范围内，机会无处不在。我意识到，我可以在网络上与罗马尼亚、巴基斯坦的编程团队建立合作，把他们的服务以低廉的价格提供给美国和西欧国家的广告公司。

那时，我才刚过完 16 岁生日，我写了一份简单的商业企划，并向父母借了 400 美元作为首次创业的启动资金。我知道，我的父母一定会很想知道我打算怎么用这笔钱，于是我使出浑身解数向他们阐述我的想法，希望他们能理解我的预期目标。我会把这 400 美元作为设计一个网站的首笔预付款，设计好这个网站后，我就可以开始宣传推广我的生意，做项目赚钱，然后把尾款支付给设计这个网站的设计师。我们的头号客户是广告公司里的设计师，我会将这个网站的链接发布在设计师们经常登录的网上讨论组里，请他们给我们的网站设计提提意见。这样，我们就会收到很多有用的反馈，更重要的是，我们可以借此非常自然地将我们的网站摆到目标客户面前。很快，我们就为几家美国、荷兰、德国的广告公司做了一些 100 美元的项目。事实证明，我父母的投资非常明智！

那时，我通过黑莓手机的邮件收件箱做生意。开学后，我很快就对学校里的功课失去了兴趣，将大部分的精力投入到了做生意上。8 个月来，我在网络上进行着轰炸式的宣传推广，请每一个认识的人帮我介绍生意，几乎将所有的收入都用来购买网上的广告位。很快，我们开始为微软、eBay、HBO等大公司做了几个大项目。不需要任何形式的营销，他们就在我们的网站上填好了项目预订单。他们有的是从其他公司的朋友那里听说了我们的业务，有的是之前就与我们在其他的项目中合作过、换工作后继续找我们合作。我们的网站信誉很好，并且，我们向客户保证一定会保持品质。学业不再是我的首要任务，那个学期我的初级微积分得了一个C（我第一个也是唯一一个C）。我渴望拥有一个能让自己得到锻炼、挑战、不断成长的地方。我对于微积分什么的根本不感兴趣，我更愿意和来自罗马尼亚、巴基斯坦、欧洲、美国本土的人们一起工作，他们总是能够令我倍感振奋。

我的第一个创业项目进展顺利，积累了相当多的收入，开始吸引投资者的目光。我给阿拉斯加安克雷奇市鼎鼎大名的企业家艾伦·约翰斯顿写了封冷冰冰的邮件。我记得有一句是这么说的："如果你要钱的话，你会得到一些建议；如果你寻求建议的话，你会得到一笔钱。"见面后，艾伦和我一见如故，我不知道是不是走了狗屎运，还是本能太过强烈，我向他寻求起建议来。我告诉艾伦，我想让自己的生意如何发展，如果要达到我的目标，我需要得到哪些帮助。30天后，我向他提交了一份商业企划，他将其发送给了他的朋友和一些有名的投资人。最终，我幸运地得到了他们的认可，得以继续扩展自己的生意。而且，他们给我提供了一个高中毕业后环游世界的机会。大部分时间里，我都待在欧洲，我在那里有几个客户，并且在几年前我就参与过一个德美交换项目（GAPP）。那段时间里，我就像是在读MBA一样，学到了很多东西。并且，在那里，我结识了我的新创业公司SimplySocial的联合创始人。他们其中一个是荷兰人（他点击了我的网页广告栏），另一个是罗马尼亚人（他曾经获得过我们的外包工作机会）。在我的这场商务旅行中，我们花了很多时间待在一起，并最终合作创办了新的公司。

现在，SimplySocial已经雇用了18名员工，并且仍在不断壮大。由于我有过与投资人共事的经历，所以，即使年纪轻轻，我仍然能够成功地从此前合作过的关系中寻求到资金支持，创办起自己的公司。我们一直厉行"精兵简政"，直到不断发展壮大，取得良好收益。

回首往事，我发现，每个关于创业起步的故事里，好像都有一些"注定"要去做的事情，就仿佛命运已经把一切都安排好了一样。但事实并非如此。**每个关于创业起步的故事里，都缺少了永不停歇的自我怀疑、自我否定，事实上，它们贯穿在创业的每一步里。**有的时候，你会觉得浪费了自己的 16 岁生日礼物，你正在为了没价值的东西耽误学业，你正在为了一个根本不可能争取到的客户飞往另一个城市。一路走来，并非所有事都一帆风顺。但是正如我的一位导师道格拉斯·格罗贝所说："饼干就是这么碎的。"

事实上，经过长时间的观察，你会发现：运气、主动性、好时机，这三点非常重要（每一个成功者都需要这几个因素）。

你真正需要做的，就是开始行动！

发现自己的与众不同

伊曼努尔·尼阿默（Emmanuel Nyame）

伊曼努尔·尼阿默是《把握时机》课程的全球伙伴之一，并作为商业战略专家荣获过多个不同奖项。他的专长主要在于战略制订、商业情报、创业企业扶持。他在加纳组织了美国国务院"创业者杯"创业催化项目，并且是位于纽约的风投公司 iYa Ventures 的合伙人之一，为有潜力的创业公司提供资金和指导。伊曼努尔也活跃在演讲、写作的舞台上，曾在包括加纳中小型企业（SME）峰会等高规格的会议上发言，并且为加纳最负盛名的商业报刊《商业和金融时报》撰写专栏，告诉人们如何在当今形式下在发展中国家做生意。伊曼努尔还为《赫芬顿邮报》供稿，分享自己在非洲发展、可持续发展方面的真知灼见。

回首往昔，我不禁想起自己的起步阶段。那时候，根本没人在意我是否取得成功。对于当时的我来说，生命的全部就在于在学校取得好成绩、接受未来能够带给我的命运。那时，**我遇到的最大挑战是如何真正地认识自己，战胜周**

围世俗的压力，勇敢选择与众不同的道路，做真正的自己。

感谢我的父母与教会，让我在良好的环境中长大。但奇怪的是，我一直都不知道自己想做的是什么。直到后来，我变成了家里的英雄。只要家里一有什么东西坏掉，维修它们的任务就会自然而然地落到我头上。我记得有一次，家里的螺丝刀坏掉了，我只花了几秒钟就把它修好了。这还只是个开始。我希望将这种修理东西、解决问题的智慧运用到学业上，但是，说实话，我的学习成绩实在是不怎么样。

在中考前的一次模拟考试中，我考得非常糟糕，这简直把我逼上了绝路。我的朋友们都嘲笑我，我自己也常常想："为什么不干脆放弃呢？"对所有人来说，放弃是最简单的事情。我怎么能在100分满分的数学考试中只拿到5分呢？我哭了，但还是选择咬牙继续。那时的数学老师鼓励我，让我看看自己错在哪里，着力改正这些错误，在最后的考试中再试一次。我听取了老师的建议，并且取得了成功！我在中考时取得了优异的成绩，成功被高中录取。

一次糟糕透了的考试经历，最后竟然演变成了我人生中最棒的事情！后来，我代表学校参加了国内外许多不同的比赛，均取得了优异的成绩。其中，令我印象最深刻的是，我参加了全国金融比赛，和加纳全国50多名高中生同台比试金融知识。在那场比赛中，我为我的学校取得了第一名的好成绩！我还和朋友们一起做了一个金融模型，为在校学生提供课本和学习用品，帮助他们在学业上取得进步。一年内，这个项目为我和我的朋友赢得了两个奖项。

我想要告诉你的是，我们究竟该如何才能找到令自己充满激情的方向，并以独立自主的态度看待这个世界。海伦·凯勒曾经说过："生活要么大胆尝试，要么什么都不是。"

你所能看到的所有伟大的事物，其实都是从一个很小的想法中萌生出来的。你的这个想法一定要是你自己感兴趣的、能令你充满激情的。**当你遭遇挫折时，**

只有激情能让你坚持下来。比方说，我喜欢帮助别人做生意，这是我的激情所在，所以说，我现在就是一个企业战略顾问。做起自己的工作来，我感觉得心应手；当事情不顺利的时候，我也能欣然接受。

改变现状。这就是商业世界的现实。不要重复去做市场上已经有的那些产品。让你自己与众不同，去做唯一的那个！去出售那些市场上没有的东西！只有这样，你才能够脱颖而出。大部分的投资人最看重的就是这个方面。如果你没有足够的竞争力，那就干脆退出吧！

制定切合实际的目标，对你的公司有个长远的规划。特别是当你的公司处于扩张阶段时，这尤为重要。你的眼界和目标决定了你最后能走到哪里。

坚持努力，直到成功。对于找我寻求咨询建议的许多公司，我的建议都是：许多产品还有完善的空间，需要进一步精心设计、改善基础设施，只有这样才能够吸引到买家。因此，一家公司的首席执行官应当以身作则，避免团队成员甚至全体员工出现心理上的松懈，或者产生"我们已经成功了"的想法。如果你真的想取得成功，这种态度是要不得的。你应该更专注地干活、与别人建立关系、不断努力把你的公司打造成业界的翘楚。

最后，我想说的是，不要让体制决定你的未来。我最欣赏的演讲艺术家舒利·布雷克斯曾经说过："我们有不同的能力，不同的思维方式，不同的经历，不同的基因。那么，为什么我们要让一整个班级的孩子接受同样的测试呢？"你能成为家里、学校中、商场上的超级英雄！找到你的梦想，找到你自己的路线，希望你每天都能充实快乐！现在就行动起来吧！

一个夏天的 500 小时

爱德华·兰多（Edward Lando）

爱德华·兰多生于巴黎，现在在宾夕法尼亚大学沃顿商学院读本科，主要研究领域为创业、计算机科学、国际问题研究。此前，他曾创办网站 Famocracy，帮助有才华的人成名。现在，他是一个雄心勃勃的小说家和创业者。爱德华定期为《赫芬顿邮报》供稿，其作品获得过线上文学杂志《Bartleby Snopes》评出的"每月好故事"奖。

不是所有无所事事、到处闲逛的人都迷路了。这个夏天，我辞掉了一份只做了三天的实习工作，决定把所有的时间都花到阅读和小说写作上来。到现在，我已经坚持一个月了，小说初稿写了八十多页，并且读了八本书。

我很高兴自己能有条件这么做，并且很高兴自己正追随着梦想努力奋斗。现在，我免费住在亲戚位于旧金山的一间地下室里，这让我至少不必为房租发愁。然而，虽然我在这个夏天不需要向谁汇报工作，也没有什么每日工作计划安排，但这其实从严格意义上来说也并不能算是一段完全"自由自在的时光"。对我来说，这段时间更像是对一个重要哲学问题的证明过程：如果我只做自己喜欢做的，一心追求自己的人生目标，我能活得下去吗？对我来说，如果能找寻到这个问题的答案，"浪费"一个夏天的时间也是完全值得的。

一年前，一些奇怪的事情发生了。也许是因为我长大了，也许是因为我阅读了冯内古特、托尔斯泰的作品，还有塞林格的作品。如果你在恰当的时间读到他们写的书，他们绝对有可能搞乱你的头脑。你会觉得在你的脑中发生了什么变化。对于所有的事情，你的看法都改变了。这很吓人，也很有趣，并且你不知道自己是否能够回头。

你开始质疑人生中的所有规则。你开始意识到，规则都是无意义的，一切都是荒谬的。然后，你可能会觉得，既然人生是荒谬的，那就在这荒谬的余生中自由自在地生活吧。至少，你可以花一个夏天的时间试试看。毕竟，这个代价并不算太大，大不了重新回到你曾经辞掉的实习岗位，或者把全部精力投注在学习上，以此作为在未来找到一个世俗好工作的资本。牺牲一个夏天里的 500 小时，避免生活的"荒谬"，这不是挺划算的吗？对我来说，在这段时间里我会努力去掌握一项技能。很多人都能擅长挺多东西，但是极少有人能真正地掌握一样东西。然而，如果你真的能够掌握某样东西，你的人生会非常快乐，并且让你感觉自己实现了某种更高的价值，让你相信自己其实很幸福。

我很高兴现在就有了这种想法，而不是在四五十岁时才意识到这个问题。人们所说的"中年危机"讲的大概就是这个吧。但是，如果真的等到中年才意识到问题，那就有点晚了，因为你没有多少时间可以改变了。每天我都会不停地思考，人的寿命是多么短暂。曾经，一想到所有人都终将死亡，我会感到绝望。但是，现在，渐渐地，我不会了。这只会让我迫不及待地回到工作中去。现在，所有的一切都会让我激动不已，面对世界上的任何东西，我都会充满惊奇。有一天，就像那个夏天里的其他日子一样，我没有什么特别的安排，于是就从旧金山的金融区沿河边一路走到了内河码头，其间还跨过了金门大桥。走在路上，一切都令我兴奋不已。每分钟，我都会在手机上匆匆记下几个场景、几个想法，因为这一切都是那么地迷人。

我相信马尔科姆·格拉德威尔所做的 10000 小时分析。在他的《异类：不一样的成功启示录》（这是我最近看到的最棒的商业著作）一书中，格拉德威尔说，他研究了许许多多成功人士的一生，想要找到令他们功成名就的秘诀。最后，他发现，如果想要真正掌握某样技能，就需要 10000 小时的勤学苦练。格拉德威尔一次又一次地发现，不论是小提琴演奏家，还是微软公司的创始人，甚至是披头士乐队，如果想要在各自的领域取得成功、超越其他人，他们都需要 10000 小时的练习时间。正是因为知道了这个原则，我决定冒险放弃自己的实习工作，以及这个实习所能带来的金钱、安全感、"名声"和其他可能的机会。我知道，我想要掌握的唯一技能就是写作。如果我要不断提高自己的写作技能，如果我想通过写作让自己的生活幸福快乐、衣食无忧，甚至有能力贡献社会的话，那我唯一能做的就是：坚持写下去！

这个夏天之前，我可能已经在写作上花了几千小时。这个夏天，我又多了 500 小时。我放假 90 天，每天 24 小时中有四分之一的时间可以用来写作——因为事实上一个人每天很难高效写作超过 6 小时，这就至少给了我 500 小时的练习时间。这可能并不算很多，但也不能算少了。即使在前行的路上可能会有点儿犹疑，这段时间也是我们决定是否为自己的目标继续付诸努力的临界点。记住，练习 10000 小时才能真正掌握某种技巧。

如果你不知道该如何迈出实现自己人生目标的第一步，我鼓励你在这个既定方向上投入 500 小时的时间。如果结果不尽如人意，那就试试另一条道路。不要犹豫，放手去做吧，做什么事都行，然后看看它是不是你愿意继续为之投入时间和精力、不懈追求的事业。

把热爱的变成你的生活方式

◯ 基里尔·切卡诺夫（Kirill Chekanov）

基里尔·切卡诺夫来自俄罗斯，14 岁时首次创业，17 岁时创办了 Hippflow 公司，搭建了一个创业孵化机构、商业加速机构的全新平台，帮助创业者与导师、投资者、其他利益相关集团分享数据。创立后几个月内，Hippflow 的估值就已超过了 100 万美元。很快，在投资者的帮助下，Hippflow 进一步发展，为其客户提供了更好的服务。现在，基里尔不仅将 Hippflow 打造成了网络平台，还将其打造成为一款谷歌眼镜应用，为全球创业社群提供商业开发战略指导服务，协助它们发展。他曾经接受过新闻网站 TechCrunch、PandoDaily 等媒体的专访。

我在俄罗斯长大，一直把做生意看作具有浪漫情怀的事业。我看到那些我尊敬的商人好像很乐在其中，他们大笑，握手，就这么"做生意"。在我的心目中，要想做生意的话，就要说话、对人友好，并且乐在其中。然而，后来我渐渐认识到，事实绝非如此。

高中时，我做了一个项目，想把大学生和那些想要向大学生打广告的品牌联系起来。我试着把这个项目的价值向那些品牌公司进行推广。但是，创业第一周时我就意识到，要想跟他们做生意，就得跟他们搞好关系，而搞关系是那么困难。一开始，我经常被人忽视。我发出去的邮件石沉大海，我想要会见的人干脆地拒绝了我。即使是我有机会参加一些会谈，我却发现，当我走进房间时，人们都是以异样的眼光——一个高中生——打量着我。我认识到，"做生意"意味着从零出发：向别人证明，我有能力待在这个房间里。

我参加了一些创业公司、创业者的聚会活动，发现很多人都像我一样，我们遇到了同样的问题。他们中的很多人都在寻找投资人（大部分是个人，因为俄罗斯的风投公司往往要求占据公司的大量股权），希望投资人能够为自己的公司注资、进行产品分配。我与他们建立起友谊，并且逐渐意识到，决定一个人成功与否的，其实是他的关系网络。那些成功吸引到投资的人往往都很有关系，或者是得到了别人的（来自一个共同朋友的）热情推荐，只有这样才能得到投资者的青睐。而那些没有关系的人，则一无所获。

认识到这个问题一年多后，我决定将我的创业项目进行整体转型。我不再想着怎么样把年轻人和品牌联系在一起，而是希望将创业者和潜在的相关投资者（如在相关领域拥有一定经验和能力的投资者）联系起来。我和我的团队将产品（我们叫它"Hippflow"）做起来后，就立刻在俄罗斯找了几家企业孵化机构做测试，收集尽可能多的反馈意见，改进产品的使用初体验（我们希望用户在注册阶段能坚持下来，不会一开始就放弃）、提高产品使用的便捷性、提升产品价值。这个过程不仅帮助我们进一步完善改进了Hippflow，更让我们与我们的两大客户群——创业者和投资者都建立起了良好的关系。

拥有了在前期阶段积累的关系，以及初步成型的产品，我们终于可以向投资者证明：我们是值得投资的。一旦进入到与投资人会谈的房间，我们就只需要用我们的产品说话，展示我们前期做的所有工作。我们向投资者展示了我们的核心产品，并展示了我们做的子产品——一个针对谷歌眼镜的应用程序，该程序整合了投资者所投资企业的数据（媒体数据和创业者提供的数据），通过该程序，投资者可追踪这些企业取得了哪些成就、还需要哪些帮助。拥有了前期积累的商业合作关系、经过不懈努力，我们最终成功筹得了项目启动资金，得以进一步追寻我们的梦想。

现在，我是一名大学生，回首从前，我不禁想起自己曾经对"做生意"这个想法有多么不切实际的认识。诚然，**在"做生意"的过程中，确实需要说话、大笑、握手，但是，你必须付出坚苦卓绝的努力才能达到最后这一步**。好好努力吧，建立一个扎实的关系网络，只有这样，你才能够在做生意的过程中获得快乐。

帮助他人也能成就自己

阿迪布·阿亚（Adib Ayay）

阿迪布·阿亚今年19岁，是个社会公益创业者、和平缔造者。他创办了"公平农场"（Fair Farming）项目，对发展中国家的小型个体农民进行帮扶。他的项目为摩洛哥农村的千万户家庭提高了经济收入。他积极加入摩洛哥SIFE（国际大学生企业家联盟），成为活跃的一员，并在就读于非洲领导力学院期间积极投身摩洛哥创新与公益创业者中心的各项工作。他应邀参加了在伦敦举办的世界青年高峰会议以及在纽约举办的Three Dot Dash和平峰会，被英国文化协会授予"世界变革者"荣誉称号，被美国We Are Family基金会授予"全球青少年领导者"荣誉称号。现在，他就读于芝加哥大学，正在积极将"公平农场"项目推广到尼日利亚、孟加拉国等发展中国家。

有段时间，我渴望摆脱城市的喧嚣，重新找回内心的力量，于是在摩洛哥的阿特拉斯山脉找了一个隐蔽的地方，准备隐居几周。我住在那里的每个早上，当地人都会送我一篮子美味的红苹果作为礼物。对于他们的热情，我深表感激，执意要见见送我苹果的这位好心人，当面向他道谢。于是，他们带我去见了附近果园的园主米卢德。从果园的规模上看，我以为他一定是住在一个富丽堂皇的大房子里。

然而，走进他家大门后，我发现他住在一个简陋的泥屋里，生活条件极其简陋。这令我大惑不解。可以说，外面果园里的苹果有多新鲜美味，他家的墙壁就有多寒碜破败。对于他和他的家人来说，最基本的生活条件是他们最奢侈的愿望。

这个样子怎么生活呢？对于每天早上收到的苹果，我心中本来充满了感激，但是现在，这种感激很快变成了愧疚：他们怎么能被束缚在这么贫困的生活里？我又怎么可能没心没肺地坐在那里每天享受着米卢德送我的苹果，无动于衷，不去想想帮助他的方法呢？**他是那么善良友好，我必须全心全意地回报他。**

米卢德的情况令我疑惑不解。于是，我动员摩洛哥当地 SIFE（国际大学生企业家联盟）的一批学生，让他们和我一起做田野调查，看看究竟为什么米卢德拥有一个伊甸园般的大农场，却过着那么贫穷的生活。调查结果显示，苹果的市场价比村民们拿到手的苹果收购价高出了五倍之多。根据供需原则，米卢德的产品有着非常大的需求量，其产品的市场价格比他拿到手的价格高出了一大截。但是，米卢德从未离开过那个小村庄，他并不知道市场的真相，于是坏心肠的中间商就毫不留情地利用了他的无知，肆意欺骗他，以极低的价格收购他的苹果，然后高价卖出，从中赚取高额差价。

我回到了那个村子，下定决心要鼓励米卢德提高他的苹果销售价格。这个主意可把他给吓坏了，因为他觉得他的邻居会继续低价销售苹果，这样他就会失去自己的客户。我和他进行了长时间的热烈讨论，我们聊了他现在的生活状况，我劝他提高苹果价格，为自己的孩子提供更好的生活条件。最终，他同意把这个区域的其他果农聚集起来，共同找到一个结束困境的方法。

在协调的过程中，我们可以明显感觉到，果农们虽然对中间商的无耻行为充满了愤慨，但是面对这一改变时，他们的心中依旧充满担忧和不可言说的恐惧。

不过，他们都更关心家庭的未来，都希望能过上好日子。在充分听取他们的意见、充分理解他们的不安情绪后，我建议他们把丰收的成果汇聚到一起，一块儿给这些苹果定个销售价，不再让其他人剥削他们。我与 SIFE 组织里学习商科专业的学生合作，为果农的合作行动制订了行动计划。并且，根据这一新的集体商业协议规定，在该合作行动开始的前两年里，我们将与果农们保持着密切的联系。

现在，这个果农集体（拉赫曼合作社）已经开发出了几个增值产品，并获得了国家人类发展项目的支持。最后，不到两年间，包括米卢德在内的每户果农的收入都提升了70%。

米卢德的成功，激励我开创了"公平农场"（Fair Farming）项目，促进农业的公平贸易，帮助小户农场主从自己辛苦栽培的产品中获得最大的利益。"公平农场"创办以来，已经与 7 个农业合作社建立了伙伴关系，帮助全国范围内三百多户农民过上了更好的日子。"公平农场"项目获得了英国文化协会授予的"世界变革者"荣誉称号，被美国 We Are Family 基金会列为"Three Dot Dash"项目之一。现在，我们正在将这个项目向尼日利亚、巴西、哥伦比亚、孟加拉国推广。

米卢德现在还一直给我打电话，告诉我拉赫曼合作社的最新消息。这总是令我不禁想起几年前他作为礼物送给我的那些美味的苹果。**原来，我们小小的一个举动就能够将我们周围的世界变得更美好。**

找到你自己的"混血营"

○ 佐薇·沃尔斯佐（Zoe Wolszon）

佐薇·沃尔斯佐刚刚从北卡罗来纳大学教堂山分校毕业，本科期间她学习的是生物医学工程专业，曾担任急诊医生，她喜欢到处旅行，从来没有在任何正常时间里睡过觉。她现在参加了富布莱特项目，在韩国大邱市担任英语助教。回国后，她将加入波士顿咨询公司旧金山分公司，担任助理顾问。此外，佐薇还是一名创业者，她的创业主要集中在健康领域，最感兴趣的是医疗器材、临床医学、国际公共卫生、可持续发展等领域的交叉点。

12岁时，我就成了得克萨斯州最大的独立书店"书人书店"（Book People）的实习生。从小时候开始，我就经常手捧一本好书，蜷缩在书店的某个角落，度过了不知多少美好的时光。因此，我对书店的童书区简直可以说是了如指掌。我很乐意帮助人们找到他们想找的书，并且，在书店里，我那一点点强迫症也派上了用场：我非常喜欢整理书架，把书本按照字母顺序排列整齐。很快，我就与书店的员工们打成了一片，参与青少年读书俱乐部的相关工作，并与其中一个名叫托弗·布拉德菲尔德的书店员工成了好朋友。托弗是个儿童书专家，并且非常擅长讲故事。周围所有孩子都喜欢听他讲的故事，每到周末，他们就聚集在童书区，等着托弗读一段最新推出的童书片段。也就是他在某次读书会上无心提出的一个问题，推倒了第一个多米诺骨牌，孕育了此后一连串的活动。只不过，当时的我对此一无所知。那天晚上，他正在给我们读雷克·莱尔顿的《波西·杰克逊与魔兽之海》，阅读间隙，他停下来问了我们这样一个问题："你们想不想去混血营呢？"

对于那些没有听说过这一系列丛书的人来说，我想我有必要在此先花点儿时间介绍一下。《波西·杰克逊与魔兽之海》是《波西·杰克逊》系列丛书的第二部，该系列丛书主要讲述了年轻的波西·杰克逊发现，他在学校课本上学习到的艰难晦涩的希腊神话其实并不仅仅属于过去；事实上，那也并不仅仅是神话。希腊诸神在 21 世纪还活得好好的呢，他们正高高地坐在奥林匹斯山（位于纽约帝国大厦第 600 层）的王位上，并且一如既往地到处制造麻烦。在这个系列中，波西渐渐发现，原来他自己就是一个半神半人，并且必须马上转移到一个安全的地方去：混血营。对于半神半人来说，混血营是他们的训练营，在那里，他们会参加一些不同寻常的活动：比试剑术、射箭、激烈的夺旗比赛（可以用上所有的武器和盔甲）、攀爬火山岩墙壁、双轮战车比赛等等。在这个系列中，波西来到世界各地，遇到了各种各样神话中出现过的野兽，但无论如何，混血营总是他冒险中的一个必不可少的元素。所以，当托弗这么问我们的时候，大家没有片刻迟疑，立刻给出了积极的响应："愿意！""当然了！""那还用问！"看到这些孩子天真、急切、兴奋的面庞，托弗笑了。你可以感觉到，从那个时候起，他的大脑就开始转起来了。

几个月后，我们在位于得克萨斯州奥斯汀市的 Zilker 公园举办了第一期现实版混血营。营员年龄从 7 岁到 14 岁不等，参加活动前所有人都填写了问卷，根据问卷调查结果，不同性格的孩子会被分配到不同的奥林匹斯神的队伍，住在不同的小屋里。问卷的问题设置非常有意思，有常规的"你最喜欢参加什么活动"这一类型的问题，也有一些非常可爱的奇怪问题，例如："如果你要派一头 500 吨重的猪去把地面碾碎，你会说些什么？""雷电是什么颜色的？"我们用一周的时间学习如何摆出希腊方阵进行战斗，如何坐在三轮车（我们的"双轮战车"）后面把矛投过挂在树上的呼啦圈。我们还比试剑术、上历史课，每个人都给自己挑了一个希腊语的名字，并且，我们与其他战队竞争，抢夺"金苹果"——正是因为"金苹果"散落在不同的地方，才引发了世界上的诸多问题。最后，营员们聚在一起，我们意识到，要想重建世界秩序就必须通力合作，让"金苹果"重新变得完整。尽管听上去有点儿俗气（也很疯狂），但是这个夏令营取得了巨大的成功，每一个参与其中的营员都从中深深受益：他们自信心大涨，他们彼此之间建立起了深厚的友谊，并且他们对于文学也产生了更浓厚的兴趣。

尽管夏令营本身取得了巨大的成功，但是，最后我们听到了一个令人难过的消息：托弗的妻子切奇刚刚毕业，他们得搬回加利福尼亚，找一个员工福利更好、报酬更高的工作。听说要失去托弗这个伟大的梦想家之后，我可真是难受坏了，因为我想到，以后我们再也没有办法像这个夏天一样创造奇迹了。

我坚决不能让这样的事情发生。于是，我发起了一场运动，向书人书店请愿，向他们说明像托弗这样的人无疑会为书店带来巨大的价值，请他们想个办法让托弗留在奥斯汀。那个夏天，我与每一个混血营营员的家长取得联系，并且找了一些曾经参与过托弗读书会的图书管理员，请求他们提供支持和帮助。很快，消息四散开来，书人书店收到了大量来自全市的孩子、家长、图书管理员的信件、电子邮件、电话。那年 8 月，托弗有了一个新的工作职位：儿童外联协调员。这个职位是根据他特有的才华为他量身打造的。并且，最好的还在后面呢！他工作的一大重点就是继续开发、拓展儿童文学夏令营项目。我知道，我们赢了。但是，当时的我并不知道，这场胜利究竟意味着什么、有多么重大的意义。

差不多一年后，我的肌肉与骨骼出了点儿问题，不得不放弃网球、功夫、小提琴等兴趣爱好。并且，我的医生告诉我，我还需要马上做一个手腕手术，因此我不得不放弃所有的运动，这让我身体的其他部分也变得越来越糟糕。我很不安，急切地想要找点儿东西填充自己的时间。所以当托弗邀请我加入书人书店，协助他扩展夏令营项目时，我非常开心。一开始，我做的是秘书工作，工作内容是记录电话留言、回复邮件、告诉家长我们做过些什么。但是，到了夏令营报名时（注意，当时是 11 月，夏令营正式开始前半年多），托弗要出差开会，于是我在书店里负责夏令营的报名事宜。那时，我根本不知道自己将要做的究竟是怎样的事情，书人书店里的其他人也不知道。结果，报名当日，人们蜂拥而至，电话从来没有间断过，我们的传真机都坏了，收银机也出了问题，因为谁都没有在一天内处理过如此大量的交易。我就像只没头苍蝇一样到处跑来跑去，甚至比这更糟。但是，等到这一天结束时，我对这天所做到的一切深感自豪。像这样在"真实世界"里取得成就的感觉非常棒，跟在学校里取得好成绩的感觉完全不同。有生以来第一次，很多成年人向我寻求帮助，从中我感受到了责任的重量、机会带来的激动，以及不断增长的自信。几周后，我被其他员工评为"本月最佳员工"，从我脸上的微笑和走在书店里时自信的步伐中，你就可以看出，我当时简直感觉自己上了天。

对夏令营，我投入了越来越多的心血。每天下课后，我都会去书店里待几小时，创建并管理夏令营营员数据库，将所有营员的数据整理妥当。我有了自己的办公桌和电脑（至少是临时电脑），并且开始参与夏令营预算会议，甚至与托弗一起外出开会。我锻炼出了通过电话和邮件与家长、社区成员沟通的能力，自信心得到了提升，并且学会了如何应用企业邮件系统向人们群发包含重要信息的邮件。我还学会了如何冷静、自信、高效地与不快或者迷茫的家长、客户进行沟通。不论是在商业上还是生活的其他方面，这种能力无疑都非常重要。

我会告诉人们，我有多爱自己的工作，并向他们介绍我的具体工作（数据录入、数据归类、预算会议等等）。一般说到这里时，人们对此都会露出茫然、困惑的表情。我知道，他们并不能理解为什么我会那么喜欢往超大的 Excel 文档里填充信息。但是，我根本不在乎别人是怎么看待这些看上去乏味无聊的工作的。为什么呢？因为我对我们正在做的东西充满激情，坚信我们组织的夏令营非常棒、非常有价值。我喜欢被别人围着，喜欢这种"我正在做一件伟大的事情"的感觉，对我来说，这比写一篇英语论文或参加一场历史考试有意义得多。

我一直坚持了下来，好好完成自己的工作，一如既往地投入其中，渐渐获得了更多的职权，开始承担更多的职责。作为除了托弗之外唯一一个全年参与项目筹备工作的员工，我可以学到的东西永远没有尽头，我的能力得到了无穷的锻炼，我的经验也在不断增长。

很快，夏令营就以令人难以置信的速度发展起来。下一年，家长们开始早早地在书店门口排队，以期获得报名的机会。此后的每一年里，家长们排队的队伍越来越长，开始排队的时间也越来越早（现在，要想给自己的孩子报上名，家长们得提前 24 小时排队）。我们还开发了其他文学主题的夏令营，如《奇幻精灵事件簿》夏令营、《基基·斯特赖克》夏令营、《皇家骑士》夏令营等，甚至是"星战"主题夏令营。但是，无论如何，最受欢迎的还是"混血营"主题夏令营，那是我们的旗舰产品。2013 年夏天，超过 800 名营员参与了不同时期的夏令营，越来越多的人力、资源、想法加入夏令营的筹备组织工作中来。现在，夏令营里需要用到专业的化妆师、一批投入的演员和"斗士"、许多专门定制的道具，并且，每天我们都得从孩子们的只言片语中获取信息，将他们的有趣想法融入故事中去，不停地改变我们的故事线。

我在夏令营中的职责也越来越多。我从见习顾问、行政助理，一步步成长为夏令营管理员、副营长。我负责夏令营的所有行政事务，包括所有的文书工作、组织工作和法律事宜（每个夏天州里都会审查我们的文件、员工记录以及其他信息）。并且，我还是家长、孩子、员工、夏令营股东之间的联系人。夏令营期间，我要指导每天的活动，包括向孩子们解释游戏规则、制订日程安排、布置员工工作、确保各项工作安全展开。此外，我还得去看望生病或受伤的营员，协助指导员工开展工作，并且在开营前和闭营后组织员工会议。

当然，我非常忙碌。但是，令我们的夏令营（以及我们的工作）与众不同的是：这里的一切都不是平铺直叙、简单粗暴的。这里与一般的夏令营不同，这里有很多不确定的因素（如演员、道具、不断变化的故事线、各种突发事件），这一切都非常地疯狂。我可以非常自信地说，我可能是唯一一个每天接到很多这样的电话或短信的人："我们正在往树上装东西——千万别现在带着孩子来夺旗营地。"而当时，毫无疑问我正在带着营员们下山，去往夺旗营地。我绝对可以这么说，在应对突发情况时，我能够随机应变，随时随地调整计划——我会立刻带着孩子们开始讲故事、做突击行动等等。

在整个夏天，我每周工作超过70小时，但是我甘之如饴，因为，每当看到孩子们眼睛中闪烁着震撼、惊奇、兴奋的亮光，我就感到这一切都是值得的。我看到有诵读困难症的孩子与书中的人物和世界建立起联系，意识到小说的巨大力量；我看到那些从来没在一个夏令营待满一个上午的小孩向父母请求，希望能够在营地里多待一会儿，完成与他们的新朋友之间正在进行的剑术比赛；我听到一个母亲说，她已经有两年时间没看到自己的女儿哭了，但是在那个周四的夜晚，因为舍不得让夏令营结束，她哭了。我还听到、看到了很多很多类似的故事。

在夏令营里，不仅仅是孩子们有很多收获，我自己在人际交往、组织策划、管理运营方面的能力也不断加强，信心也在不断提升。我周围的同事们也是一样。夏令营里的所有工作人员都非常棒，为了给孩子们带来难忘的体验，他们不知疲倦地工作。并且，他们的智慧、信任、支持令我受益良多。我与他们建立起了深厚的友谊，而这份友谊还会一直持续下去。

后来因为考上了其他州的大学，我不得不放弃了在夏令营里的工作，但是我知道，这份经历必将令我终生难忘。我对夏令营的热爱、对夏令营理念的认同、对夏令营中同事们的感情，将会永远不变。现在，我知道了，适合的工作环境和志同道合的同事是多么重要。**我也认识到，只要拥有梦想和激情，认同工作的价值，一个人即使做着最卑微平凡的工作，这份工作对他来说也将会是最有意义的投资，因为这份工作能够给他带来幸福、成就感、满足感。**我知道，我的年纪和我的文凭并不能把我局限住。我有能力，可以投身一份伟大的事业。我不是那种穿着白大褂在实验室里做实验的人。我要闯荡世界，每天和新认识的人交流，从他们的身上学习，找到或者开创我的下一个"混血营"。

趁年轻还可以肆意尝试

夏洛特·布拉温·李（Charlotte Bravin Lee）

夏洛特·布拉温·李今年18岁，是作家、艺术家、艺术策展人。她现任青少年艺术馆馆长，旨在为有创意和才华的年轻人提供场地，在纽约展出他们的作品。此前，她顺利完成了爱荷华州青年作家工作室、《凯尼恩评论》作家工作室项目，并参加了在米德尔伯里举办的新英格兰青年作家大会。她曾展出过自己的诗歌和艺术作品，获得了学校颁发的绘画作品金奖、艺术和写作金钥匙奖。现在，她主持策划了"青年创意人"网站项目，在Tumblr上展示青年作家和艺术家们的作品。她正在凯尼恩大学就读，并在凯尼恩大学冈德（Gund）美术馆担任实习生。

小时候，我既不会踢球，也不会在舞台上表演。我不知道怎么识乐谱，并且总也学不会那些复杂的舞步。但是，当我拿起纸笔，我就知道自己可以用它们来做点儿什么。那之后，我的父母再也不为我报名学芭蕾舞了。我的家人放弃了体育、戏剧、音乐、舞蹈，以画布、笔记本、彩笔取而代之，并且不断给我打气。一开始，他们会鼓励我说："夏洛特，你可真棒！"后来，他们的评价渐渐变成了："我真的很喜欢你写的这篇文章。但是，如果让这个段落更加紧凑一点儿，是不是全篇文章的节奏就更统一了？"我的家人教会我该如何接受他们的鼓励，并且尊重他们的意见。此后很多年，我不停地画画，用画笔填满每张纸的每个角落；我也坚持在笔记本上创作诗歌和短篇小说作品，把令我着迷的每个词语都一一记录下来。很长一段时间以来，我只和家人与朋友分享我的作品。我并不认为还会有其他人愿意看到我的作品。出于这种不安，我雪藏了我的所有作品，只让亲近的人看到它们。

但是，上初中后，我渐渐觉得，我的想法是那么地独到，我应该向别人展示一下。很明显，我并不是唯一一个对自己的天赋感到羞涩的人，我希望那些与我同样充满不安全感的同龄人有个机会和平台，能够展示出他们的才华，展现充满创造力的自我。六年级刚开学的某一周，在一节数学课上，我和往常一样，一边任由数学老师讲课的内容从我的左耳朵进、右耳朵出，一边想着自己的心事（你们肯定能够理解这种状态）。我随手写下了"charlottehatesmath.com"（"夏洛特恨数学"）这个网址，并决定建立一个网站，在那个网站里，一切都是数学的对立面。我会将我自己的文学和艺术作品挂到这个网站上，更重要的是，这个网站还有一个页面供别人提交作品。我非常急切地想要展示我自己的创意作品，并且希望能够给别人一个展示他们作品的机会。

这个网站并没有取得什么成功，那时我年仅 11 岁，只收到了 4 份作品（其中一份还是我弟弟提交的）。但是，在我六年级那年，这个网站还是维持了几分钟的热度。很多同龄人会过来问我："数学老师知道这个网站吗？"对此，我会笑着摇摇头，对他们解释道："虽然这个网站的名字是'夏洛特恨数学'，但其实这个网站和数学一点儿关系都没有。"我希望孩子们通过这个网站能看到自己朋友的作品，并从中受到启发。这个网站让我第一次有了这样一种感觉：我终于射入了一球，赢得了一次胜利。

十年级开学时，我读到了一篇刊登在《纽约时报》上的文章，其中报道了一个 17 岁的年轻人为青少年建立了一座艺术馆。这座艺术馆就叫作"青少年艺术馆"，旨在为有才华的年轻艺术家提供机会，在纽约的艺术馆里展出自己的作品。这个想法令我着迷。我知道，我也想要成为其中的一员。我不会完全放弃自己的网站，但是我可以同时试试这条新的路线。由于羞涩和担忧，我犹豫了好几周，最后才鼓起勇气联系了那个创办青少年艺术馆的女生。邮件往来了几次后，她给我布置了一个很简单的任务：在我们学校的墙上贴宣传材料。

我非常勤勉地完成了她交给我的每一个任务。在这一过程中，我认识到，在工作中，"靠谱"是多么重要的品质。你一定要表现出自己对工作的认真态度和投入精神，因为，只有当你能够在规定时间内保质保量完成一份工作，你才有机会获得另一个工作机会，有机会去承担更重要的工作任务。此外，这个经历还让我认识到，直接找到负责人、询问自己是不是能在其他地方帮上忙，这也很重要。不必担心你会因此而显得太急切。

第一次受邀参加青少年艺术馆会议时，对于如何推广这个项目，我的脑中还完全没有概念。我只是很单纯地感到兴奋，因为我终于有机会加入一个由青少年艺术家和艺术爱好者组成的圈子了。我比其他人都小两岁，所以一开始我还有点儿担心。但是，我的顾虑很快就烟消云散了。他们让我为青少年艺术馆提建议，并且，他们准备在毕业后把青少年艺术馆交给我。

现在，我有机会让青少年艺术家们发出自己的声音了。我问了自己很多问题："我们如何能展示出更多年轻人的艺术作品？哪些杂志会有兴趣印制青少年艺术家的作品？有没有什么其他我们可以合作的组织？"

很快，我意识到，要扩展现有项目的规模，我们还有很多路要走。网站上需要展示更多的艺术作品，于是我们增设了"艺术家推荐"页面，让艺术家们提供他们的最新作品。我们还在网站上展示了每一个参与过实体展览的艺术作品。此外，我们还做了些细节上的调整：此前，公告栏上只有展览的名称和地点；现在，我们把艺术家的名字也加了上去。我们还用 Facebook 不断地发布艺术作品，并对每位艺术家都进行了充满趣味的介绍。我们甚至创办了 YouTube 频道，分享青少年艺术家的影视作品和我们自己展览的开幕视频。

在接手青少年艺术馆前，我有点儿紧张，不知道自己是否能担此重任。此前，我从来没有担任过领导角色。我一直以为自己很害羞，没办法成为别人的代表，也没办法督促其他人在即将到来的截止日期前完成任务。但是，随着时间的推移，我逐渐认识到，做青少年艺术馆的馆长并不需要告诉别人该去做什么。我要做的就是给别人施展才华的机会，对每个人能做出怎样的贡献有清楚的认识。在青少年艺术馆里，青少年为青少年服务；在青少年艺术馆的管理上，道理也是一样的。在最近举办的一次展览上，我看到青少年艺术家们和他们的家人是那样支持着彼此，青少年艺术家们互相交流、互相学习、共同欣赏彼此的作品。对此，我深感骄傲。我真的想象不到，如果我不是其中一员的话，现在的我会在哪里。青少年艺术馆让艺术家们有了观众，那是一批真正赏识青少年艺术家才华的观众。

六年级时，我首次认识到发出自己声音的重要性，首次与别人分享了自己的作品。现在，距离那时已经过去了许多年，但是我仍然在思考着这个问题。我相信，在青少年时期，在我们成年之前，把自己的想法诉诸笔端，为别人创造点儿东西，这不论是对现在，还是对未来，都是非常有益的。这是一段自由自在的时光，在我们长大成人前、在我们不得不做出这样那样艰难的选择前，我们应该把握住这段时光。年轻时，我们享有一定程度的自由，大可以尽情犯错，不断尝试，因为没有人会对我们有特别苛刻的指责。现在，我们还可以不必为未来的职业过分忧虑。并且，**作为青少年，我们无拘无束，因此可以放心大胆地走自己的道路，天马行空地想象、创造。**因此，如果你在年轻时就找到了自己的梦想，那就行动起来吧!

　　高中毕业后,我也会将青少年艺术馆交给别的年轻人。我一直在想,我该如何以此为起点,找到一个新的路径,这样,未来在大学的四年里,也许我可以通过网络将这份事业继续坚持下去。我无法想象,如果有一天起床后,我的收件箱里再也没有了青年艺术家的投稿,没有了那些急切希望被世界听到的声音,那时候我该怎么办。

让学生参与到教育决策中去

贾克森·卡恩（Jaxson Khan）

贾克森·卡恩被评为加拿大"20 名 20 岁以下"青年领袖、世界青年峰会（One Young World）全球大使。他现在就读于安大略省休伦大学学院，攻读全球性发展战略专业。他联合创办了"学生之声"活动，并担任执行总监，在加拿大全国范围内推广活动，让学生在教育领域内发出自己的声音。贾克森是一名社会活动家，曾面向五千多名年轻人发表过演讲，鼓励他们做出积极的改变。此前，他曾在皮尔教育局担任理事，担任安大略学生理事协会的 CEO，代表安大略省二百多万学生向教育部发出自己的声音。他还是影响力创业集团（Impact Entrepreneurship Group）的主席，影响力创业集团拥有十几年的历史，主要致力于为全加拿大的青年创业者提供指导。此外，他还曾作为人权代表团成员前往卢旺达，其中，加拿大一共只派了 2 名代表，而且他是 15 名代表中年纪最小的。在卢旺达期间，在联合国难民署的指导帮助下，他们与多个 NGO（非政府组织）、健康发展组织、难民营一起合作，服务于当地人民。

可以说，高中生正处在走向成熟的关键点上，这段时间对于他们来说非常重要。他们是大学生和初中学生之间的支点，我相信——并且也有很多成功的先例可以证明——高中生能够帮助社群焕发热情、积极行动、奉献服务、不断壮大。

那么，我们为什么不去信任他们、赋予他们更多的责任呢？

首先，让我跟你讲讲我作为学生和青年领袖的故事，分享一下一路上我所遇到的困难和收获的成功。跟在北美上学的很多人一样，我的起点是学生会。我觉得，学生会的经历相当不错，但是，我想做更多的事情。我相信，除了在学校里筹办舞会、组织烘焙售卖活动之外，我应该还能做更多的事情：我想要与同龄人们一道，改变教育。这就是我在16岁那年决定参选安大略省米西索加市皮尔教育局的学生理事一职的原因。对于那时的我来说，这无疑是件天大的事情。我要与其他十几名候选人竞争，争取全区45 000名高中生的投票支持。我们是这个国家里最年轻的政客。后来，我成功当选了学生理事，代表超过15万名学生出席教育委员会，有能力影响那些（成年）学校理事的决定，参与共计15亿美元的教育预算的制订。

在竞选的过程中，我认识到，相比于政治，我更看重的是代表权。说实话，在这个学生选举中，我看到了各种商会和加拿大下议院里司空见惯的谣言诽谤、虚情假意是从哪里发展来的，这令我深感痛心。当然，你可以说，学生投票的话主要是看谁更受欢迎——那么，在这方面，成年纳税人又是怎样的呢？我相信，如果给学生机会和平台，他们会真正热心地投入到公共事业中去，并且，作为教育系统里最直接的利益相关者，他们对于教育有非同一般的洞见。在加拿大的安大略省，教育局学生理事这个职位已经存在15年了，它让学生可以和成年人共同合作，不断提高教育质量。在我竞选的过程中，很多学生给我发信息，告诉我他们想在学校里看到哪些政策上的变化，这让我意识到，学生们有能力推动积极的改变。竞选成功后，我代表了更多的学生，先是在安大略学生理事协会任职，后又被选为理事协会的 CEO。我们代表安大略省超过 200 万名的学生，向教育部发出学生在心理健康、科学技术、社会公平，甚至是课程改革发展等各方面的声音。我意识到，**如果真正得到尊重，学生们是有着强大能量的；如果在学生和决策者之间有一个有效的反馈环节，学生完全可以协助进行教育政策的制定。**

担任学生理事、学生省代表之后，我在 4 年前发起了一个名叫"学生之声"的活动（http://studentvoicei.org），提议加拿大其他省市、区域也设立学生理事这个职位。我相信，这个职位绝对不是一个空壳。在最理想的情况下，学生理事这一职位下还应该有一个区域学生自治会，所有学校的学生会主席都参与其中。这样的话，不论是在全省范围内还是全国范围内，在教育委员会中，学生理事都是学生的民主代表，能够真正代表各学校学生的利益，为他们说话。这是一个能让学生真正发声的组织架构。我相信，创建这一架构，能够有效提高教育决策水平，同时让年轻人真正体会到民主的价值、公民的职责。当然，要做到这一切并不容易。我经常被敷衍——人们听我说话，但是从来不真正把我当回事。并且，在将学生理事推广到全国的过程中，我也曾经想到过放弃。我和我的队友都是学生，来自加拿大不同地方，我们花了两年半的时间（这是相当长的一段时间，因为上学期间一共也没几年）才取得了第一个突破——有机会向全国范围内的教育决策者介绍我们的项目。这是一个很好的立足点，我们学生正是需要这样的机会。作为年轻人，最令我们受鼓舞的就是有成年人愿意支持我们，给我们机会让我们发出自己的声音。因此，现在，我的主要精力都投注于发掘那些愿意与学生合作、把学生当作教育决策伙伴的成年支持者。

在我看来，"学生之声"计划在初始阶段的首要目标就是高中。因为，我们在加拿大安大略省有成功的先例，得到了教育法第 55 条的支持。我们开始这项行动后，包括不列颠哥伦比亚省、艾伯塔、魁北克、萨斯喀彻温在内的四个省份也相继设立了学生理事这一职务。在我们的倡议下，全省范围内 45 家学校的校董事会做出了政策调整，超过 50 万名学生有了真正能够替自己发声的学生代表。虽然我现在已经上了大学，早就离开了高中，但是在我的领导下，"学生之声"主要关注的还是在高中建立让学生能够发出自己声音的组织架构。我相信，"学生之声"带来的宝贵财富值得所有人投资，并且将会令所有人受益——不论是青少年还是成年人。只要在学校里和社群里真诚相待，我们就可以打破代沟，建立起沟通的桥梁。

我坚信民主、坚信教育，我不仅坚信它们的原则，更坚信青年人、学生在决策中的重要价值。着眼未来，在教育决策的过程中，我们应该从倾听现在的学生开始着手。不倾听学生的声音，学生就不会真正投入教育决策的过程，教育决策也就无法取得真正的成功。我们可以保持现状，但是，我们必须认识到，在高速发展的今天，维持现状已经远远不够了。我们需要面向未来，我们需要改变。要想培养未来的领袖，就应该从现在开始倾听他们的声音，从学校开始，从学生开始。学生的声音是未来教育的前沿阵地，我们可以倾听他们的声音——从现在做起。

卖掉 10 万美元的 iPhone

萨菲尔·毛希丁（Safeer Mohiuddin）

萨菲尔·毛希丁今年 22 岁，正在硅谷创业。16 岁时，他第一次做生意就卖掉了总价值 10 万美元的 iPhone。他刚刚从加利福尼亚大学欧文分校毕业，主修计算机科学。现在，他在亚马逊做网络服务工作。他曾作为联合创始人创办了科尔多瓦实验室（Cordoba Labs），一家专注为 MVP（最小可行产品）和内部产品开发提供 iOS/Android 咨询服务的精品公司。此外，他还创办了"未成年投资人"（Underage Investor）网站，帮助年轻人自学经济知识（从什么是信用卡到如何在股市投资），迄今已服务两万余人。

每年总有这么一段时间：期末考结束了，寒假开始了，全世界的人民都与家人欢聚一堂，享受着圣诞和新年假期。在这段时间里，一切看上去是那么美好，但是，有一件事总是令我忧心忡忡——又到了把上学期的成绩拿回家给父母看的时候了。一直以来，我最恨的就是这段时间了。对话总是这么开始的："你怎么没全得 A ？"对此，我的回答也一直都是："我也不知道……"但是，那一年，爸爸没有这么批评我，而是想出了一个好办法，他准备用一个令所有人都梦寐以求的好东西刺激我和我弟弟。天底下怎么可能有这种好事呢？爸爸说："如果下学期你们能拿到全 A 的优异成绩，我就给你们每人买一部 iPhone。"我和弟弟惊得下巴都要掉下来了。我们连想都没想，赶忙答应："这是真的吗？我们一言为定！"市面上，新上市的第一代 iPhone 广告铺天盖地。我知道，为了得到它，我得拼了命地努力，拿到全 A。那时候，我真的是付出了所有的努力，拼了命想赚一部 iPhone 作为给自己的奖励。然而，那个学期很快就过去了，历史又一次重现。而且这一次，事情还变得更糟了：我的弟弟拿到了全 A，而我没有。我气坏了。我感到自己很丢人，并且下决心要找到买 iPhone 的另外一种方法，补偿我自己。

由于 iPhone 供不应求，我弟弟不得不在 Craigslist（大型免费分类广告网站）或 eBay 上买。在这两个网站上，iPhone 的价格千差万别。爸爸指出，在这两个网站上，iPhone 有 50 到 100 美元的差价，并且，爸爸不无用心地说道，利用这些差价做点儿小生意赚点儿钱应该不错。

我太想要得到 iPhone 了，于是迫不及待地要抓住这个机会。两天后，我做了一个电子数据表，详细列出了 Craigslist 和 eBay 两个网站上 iPhone 的差价。我告诉爸爸，在这两个网站上，iPhone 差价至少有 100 到 150 美元，如果我在这两个网站上利用这个差价倒卖 iPhone，（在支付完网站费用和邮费后）每台 iPhone 能为我稳赚 75 ~ 100 美元。他也承认，我算得没错，并且有一定道理，这看上去是个不错的机会。但是，我还需要爸爸帮我一个忙。

我爸爸一直在创业，当然，我很希望听取他的建议，但是我更需要的是钱，一笔帮我把生意做起来的本金。那时候，我决定问爸爸借 2000 美元作为创业资本。在 Craigslist 网站上，iPhone 的售价差不多是 16GB 的 600 美元，32GB 的 700 美元。有了 2000 美元初始资金后，我可以买上几部 iPhone，马上开始我的生意。当然，说服爸爸借我 2000 美元可并不容易。但是，我坚信自己的计算没有错误，这笔投资绝对有利可图。最后，我向爸爸承诺，一旦生意做成，我马上就把买手机的成本还给他，这样他就能马上拿到钱。就这样，我爸爸最终放下心来，同意借给我一笔钱。

如计划的一样，我在 Craigslist 网站上买了几部 iPhone，不出几天，就在 eBay 把它们给卖出去了。利润显而易见，但是我怎么能获得更多的周转资金呢？我已经把本金还给了爸爸，身边只留下了赚到的几百美元。可是，要想把这个生意做大，我需要更多的钱。于是，我和爸爸达成协议：他每周最多借给我 2500 美元，我一旦售出 iPhone 后就立马把本钱还给他。这样，我的生意有了充足的周转资金，爸爸的钱也得到了保障。我当时想的是，如此这般，几周后，我就能赚到足够的钱拥有一部属于自己的 iPhone 了。

一切就是这么开始的。

很快，我就开始在网上尽可能多地收购 iPhone，每天，甚至每隔几小时就问爸爸借钱。

后来，我赚了一些钱，手头上还存了好几部 iPhone。这时，我知道，我终于可以实现我一开始的梦想——拥有一部属于自己的 iPhone 了。我从自己的存货中拿了一部手机。我终于拥有自己的 iPhone 了！终于拥有了梦寐以求的手机，我感到非常高兴。其中尤其令我兴奋的是，这是我创业成功，用自己赚的钱得来的。为了让它物尽其用，我把自己的 iPhone 当作一种商业投资。并且，在那天的晚些时候，它就真的开始发挥起作用。有了 iPhone，无论我身处何地，我都能更快更高效地做生意。只要一有空，我就泡在 Craigslist 网站上，准备收购更多的 iPhone。

两年很快就过去了，我累计销售了总价值 10 万美元的 iPhone。以倒卖 iPhone 作为自己的创业项目看上去有点儿傻，但这就是一切的起点。要想创业，就一定要拼命争取。**创业，意味着不论处境如何，你都必须使尽浑身解数完成要做的工作；意味着要全身心投入到工作中，拼尽全力实现自己的目标。**你在这本书里即将读到的成功创业的那些故事里，在那些你即将认识的令人崇敬的人的身上，都有一个共同点：**拼命**。不论他们是运动员还是演员，不论他们是创业者还是科学家，不论他们是社会活动家还是慈善家，他们从来不会等着别人告诉自己该去做什么。他们自己掌握一切，并且找到了成功的方法。他们坚持不懈、永不放弃，也正是因为拥有这两种品质，不论在何时何地、何种条件下，他们都不断挑战着极限，进行着有意义的创新。

从一封冷冰冰的邮件到旧金山实习机会

乔·普雷维特（Joe Previte）

乔·普雷维特对语言、旅游、文化沟通、音乐、写作充满热情，并且希望能给别人带来积极的鼓舞。他曾经给一家名叫 Verbling 的语言学习创业公司发过一封冷冰冰的邮件，于 2012 年 1 月起开始在那里工作。自此以后，他还为包括 Process Street 和 Aerolab 在内的其他创业公司工作过。他去过九个不同的国家，2013 年秋天在阿根廷布宜诺斯艾利斯待过一个学期，充分融入当地文化。现在，他已熟练掌握了西班牙语，正在学习葡萄牙语。2016 年 5 月，他即将拿到亚利桑那大学通识教育学位，大学期间他的主要研究方向是全球跨文化交流。

我和*我的朋友们*[1]坐在课桌前，耐心等待高中西班牙语课的开始。在西班牙语课上，我可以进入*西班牙语模式*，学习语言，这是我最爱做的事情。"我

---

[1] 本文斜体部分原文均为西班牙语。

刚刚发现了一个非常棒的网站，在这个网站上，你们可以和以西班牙语为母语的人练习口语。"一节课上，我们的西班牙语老师克拉斯基先生用西班牙语对我们说。他在投影仪上打出 Verbling 网站，试着通过网站与某个讲西班牙语的人联系。

此后几分钟，我们一边聊着过去一个周末里自己做了些什么，一边等着网站那边的反应，希望能有个来自西班牙语国家（如巴西或阿根廷）的人应答。"看来，现在没人有空。你们晚上回家后可以试试看，有什么进展别忘了告诉我。"克拉斯基老师说道。然后，他关闭网站，打开课本，开始了当天的课程。上课时，我一直惦记着和 5000 公里以外的人练习西班牙语这件事。我连想都没想，就在日程表上记下了"Verbling"这个网站的名字，决心回家后一定要试试看。

那天晚上做完了微积分作业后，我打开电脑上了网，把"Verbling"一词输入搜索栏里。不出几秒，我就注册成功了。我把英语选作我的母语，西班牙语选作我正在学习的语言。然后，我找到了"与母语人士联系"这个按键，将信将疑地按了下去。我很紧张，不知道自己是否有能力与外国人交流，不知道自己能不能听懂他们的话、能不能与他们对话。此前，我唯一操练西班牙语的机会，还是在打工的爱因斯坦贝果店里与烘焙师傅说西班牙语。

下定决心按下按钮后，不出两分钟，我就与一个来自秘鲁的名叫胡安的人联系上了。"你好吗？"我非常紧张地冲着麦克风说出了第一个词。几秒后，胡安就回答了："你好。我叫胡安，来自秘鲁。你呢？"哇！这个问题很简单。我知道该怎么回答。我松了一口气，感觉如释重负，身体也放松下来，心跳也不那么快了。我们开始一问一答地交流了下去，对话就像河水一样自然而然地进行着。我们聊了 30 分钟，分享了各自的生活经历。后来，我要去吃晚饭了，这才结束了对话。

晚饭期间，我还一直在想：我刚才和一个来自秘鲁的、以西班牙语为母语的人对话了呢，并且一切都很顺利！我非常欣赏 Verbling 将语言学习者和说母语者联系起来的这个想法，并且，我也想成为他们团队的一员。于是，我想都没想就点击了网站上的"工作机会"按钮，寄出了一封邮件，其中详细写明了我在应用Photoshop 和 Final Cut Pro 两个软件方面的经验，希望他们能够给还在读高中的我提供一个工作机会。我不知道自己在这个公司里会做什么样的工作，但是无论如何，我还是决定寄出邮件，碰碰运气。最差的后果是什么呢？没有得到回音？这没问题，我能接受！于是，我微笑着寄出了这封邮件，感觉自信满满。未来几个月里，我仍时不时地在 Verbling 上找人练习西班牙语。

3 个月后，我正在加利福尼亚看望我的祖父母，突然发现邮件箱里躺着一封不期而至的邮件。Verbling 网站联合创始人杰克给我发了邮件，他回复了我先前发的那封冷冰冰的邮件，让我跟他在 Skype 上聊聊。这简直是不可思议！我以为一定是哪里出了差错。Verbling 的联合创始人之一竟然想跟我（一个来自亚利桑那州的普通高中生）在 Skype 上聊天！起初，我根本不敢相信这一切。后来，我看到发件邮箱的后缀名是"@verbling"，才渐渐相信这一切都是真的。于是，我回复道："我很乐意！"当时，我的兴奋之情难以形容，我很高兴，就像五年级的小学生第一次有机会去迪士尼玩一样兴奋。

不到一周后，我们在 Skype 上联系了。杰克告诉我，他和两个朋友如何从斯坦福退学，创建了这家公司。我感觉这一切都非常奇妙，仿佛置身于电影《社交网络》的某个场景里。杰克还向我介绍了一下他自己，并且给我提供了一份网站管理员的工作，让我帮忙测试系统、收集用户反馈。

此后两周，我兴奋得几乎睡不着觉。我不相信我已经成为 Verbling 的一员。这一切简直太美好了，都不像真的了。有人花钱雇我，让我与工程师们一起工作，与世界各地讲英语和西班牙语的人聊天。我相信，我拥有世界上最棒的工作，对此我充满感恩。

通过工作，我每天与世界各地、各行各业的人交流，渐渐对语言学习、文化交流培养起了浓厚的兴趣。我非常明确地知道自己想做的是什么，并且，我知道我的梦想可以帮助这个公司取得成功。

我积极发挥主动性，给全州几乎所有公立高中、大学里的西班牙语老师发送了邮件，告诉他们，现在有一个全新的网络语言学习平台，它改变了我们学习语言的传统方式。我还与一个来自布罗菲大学预科学校的西班牙语老师科尔多瓦先生进行了合作。科尔多瓦先生在收到我的邮件后主动联系了我，我们合作将 Verbling 网站融入他的课堂教学，为他建立了一个发布每周家庭作业的博客。

几个月后，位于加利福尼亚州北部地区的杰克和其他团队成员对我的工作表现非常满意。他们让我找些朋友一起帮忙，为 Verbling 工作。我在高中学校里雇了几个说西班牙语的朋友，我们组成了一个管理团队，我担任团队领导工作了 11 个月。我们这个团队由 7 名高中生组成，是个非常棒的团队。我们的主要工作是维护网站运营，管理不同语言学习者的 Verbling 社群。

2012 年 11 月，Verbling 向前迈出了一大步：在线实时语言课堂。他们让我学习教学方法，因为他们想让我成为网站的英语老师。能有这个教学机会，我深表感谢。我很喜欢教学，甚至对自己说："大学毕业后，不论我做什么样的工作，这份工作都要以某种方式包含教学这一部分内容。"

高中毕业前，我问我的老板杰克，能否让我到位于旧金山的公司里实习一个月。他和团队其他成员沟通了一下，回复我说他们非常欢迎我到办公室帮忙。

此后 30 天，我待在这间位于旧金山市区的办公楼的第五层办公室里，体验到了一家创业公司的一天是如何度过的：开发新产品、与投资者沟通、与工程师团队合作、对公司未来发展做出决策。我学会了如何与客户沟通着解决问题，学会了如何管理公司的 Facebook、Twitter 主页，学会了如何向团队提出一个新产品、如何对一个网站产品是否成功进行考量、如何与团队成员合作，并且学习到了管理运营一家创业公司的方方面面。那一个月里，我得到的信息、收获的知识简直超乎想象。我很感谢 Verbling 团队给了我这么一个绝佳的学习机会。

只要能克服恐惧和抗拒的情绪，你能做到的绝对超出你自己的想象。很多人以为，要想成为一个创业团队中的一员，你必须非常幸运，或者你必须得自己创业。但是，事实并非如此。我鼓励大家坚定信念，试着给那家你非常想加入的公司发一封"冷冰冰的邮件"，或者试着去追求一下那个你一直以来朝思暮想的机会。放手追梦吧。不要担心。你不必事先知道你最终能做到什么程度、到达什么地方。让生活带给我们惊喜吧。走出去，开创属于你的故事。

勇敢地拥抱自己的脆弱

亚历山德拉·A. 萨巴（Alexandra A. Saba）

亚历山德拉·A. 萨巴是个极富创意的梦想家、设计师、艺术家、作家、公益创业者，她正在努力融合自己的兴趣爱好，开创更加持续稳定的未来。她是时尚传媒公司 FutureClaw 的特约撰稿人、编辑，曾经采访报道过巴塞尔艺术展、梅赛德斯时尚周等大型活动。她是自由撰稿人、自由设计师，同时正在不懈努力，希望创办一个艺术类创客空间。

19 岁时，在涉足社会变革、创业领域后，我才开始渐渐相信自己以及同龄人身上蕴含着的知识、力量和善意。我的旅途才刚刚开始，但是，这一切都令我感到亲切不已，仿佛自己生来就属于这里一般。在过去的两年里，我从同龄人身上、从我所归属的社群里学到的东西，比我过去那么多年学到的都多。

刚到旧金山加入德雷普英雄学院（本书另外两位作者柯莱特·戴维斯、安威特·阿迪卡里也曾在此学习）时，我根本不知道什么是黑客，也不知道什么是创客。但很快，我就深入了解到了黑客和创客的生活方式，因为我就住在"黑客之家"里，换句话说，我就住在一个充满科技人才的社群空间里。我渐渐意识到，我的兴趣爱好与这里的文化之间有很多交叉点。我喜欢创作稀奇古怪的艺术项目，愿意把生活本身当作一个科学的试验场，喜欢往脑子里塞满各种各样令人费解的知识。在来到这里之前，我很害羞，不敢向别人表达自己的想法，不敢展现自己的激情所在。过去很长一段时间里，周围的人总是认为我的兴趣和性格很古怪、诡异，他们并没有看到其中的独特和美丽。因此，很长一段时间以来，我隐藏真实的自己，希望以此保护自己，免遭他人的拒绝和伤害。住在黑客空间里，与一群善良有爱、充满赞许的伙伴们在一起，我逐渐走出了此前自己给自己编织的保护网，开始展现真实的自我。在这里，我感觉到安全，感觉到周围人能接受真实的我。我已经很多年没有这种感觉了。

我相信，我之所以能够获得这样的成长，主要是因为这个社群环境包容友好、气氛乐观向上，并且到处洋溢着鼓舞人心的创意文化。我刚刚从此前成长过程中持续遭遇的虐待、创伤中走出来，在我人生中这段最重要的阶段里，我遇到了一群对我有着深远影响的人。如果没有这个社群的支持、指导和爱，我不可能处于现在这个位置。幸运的是，我找到了自己的组织，或者更确切地说，是他们找到了我。即使到现在，当我遇到人生中最大的困难（如痛失所爱）、遭遇心灵的创伤，也还是这批人引导我渡过难关，帮助我保持理智。

在这群人中，许多人都才智卓越、梦想远大、成就非凡，对此我非常敬佩。生活像是一团如旋涡般疯狂打转的光芒，充满了绝望；但是，我们愿意为此奉献、付出。我们中的很多人都选择进行彻底的自我表达。这是一条最辛苦的路，但也最值得。对我来说，**彻底的自我表达意味着绝对诚实（不羞不臊）、甘愿脆弱，向别人展示真实的自己，敢于接受真实的自己。**

要想做到彻底的自我表达，我们就得有勇气去变脆弱、做到全心全意：我们需要勇敢地按照自己的节奏舞蹈，勇敢接受自己的不完美，勇敢面对失败。事实上，"勇气"一词的拉丁语解释是"全身心讲述你自己的故事"。只有如此，我们才能意识到"我"（我们作为个体是谁）。并且，在意识到"我"之后，我们会感觉到自己与别人的联结，意识到有一个更高的目标将我们所有人绑在一起。于是，很快，"我"就变成了"我们"。

梦想家们、艺术家们、创客们，你们都是新的现实的创造者。勇敢地拥抱你们的脆弱吧，不论何时，不论何地，不论是在工作中、爱情中，还是在学习中。这可能会令你感觉到不舒服，甚至会非常痛苦，但这绝对是必要的。这是你作为自己的核心所在，正是它令你与众不同。

试着让自己变脆弱吧，开始做那些你一直梦想着要做的事情！勇敢去冒险，就像我的朋友们在这本书中跟你分享的那样。彻底地去表现真实的自己吧。

接受成长过程中的潮起潮落，在不可避免的失败中不断学习。

若你想要找到属于自己的道路，真正的秘诀就是：变勇敢、变脆弱，行动起来，去冒险，去闯荡，去学习。最后，你终将走向成功。

风险

最大的风险就是根本不去冒险……在飞速变化的世界里，唯一有可能一定会失败的，就是根本不去冒险。

——马克·扎克伯格

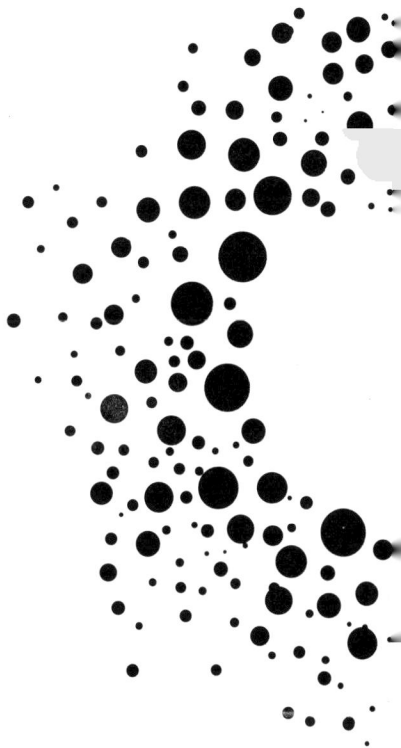

我是一个异类

○ 道·笛（Dau Jok）

道·笛来自苏丹，是苏丹内战难民，他创办了杜特·笛青年基金，并且是宾夕法尼亚大学男子篮球队的副队长。在赢得宾夕法尼亚大学"凯瑟琳·戴维斯100个和平项目"奖后，他创办了杜特·笛青年基金，旨在通过传播知识和体育精神，帮助南苏丹青年与暴力和贫困做斗争。2011年，他曾作为首支宾夕法尼亚希勒尔服务队的队员来到卢旺达 Agahozo Shalom 青年村，并且曾在大学期间赴尼日利亚参加"We Play to Win"组织的贝宁城 2013 青年体育发展训练营。道是哲学专业的学生，辅修非洲研究，他用不到 6 年的时间就掌握了英语这门语言，成功地被常春藤盟校之一的宾夕法尼亚大学录取。他还曾与新奥尔良圣徒队的传奇四分卫德鲁·布里斯一起荣获第十届"伍登教练公民杯"，并且获得 2014 年度全州/全美篮球教练员协会"Good Works Team"荣誉奖项。

我是一个异类。我本不该在现在这个地方。我克服了生命中种种坚苦卓绝的困难。我本不该超出别人对我的预期，本不该烟酒不沾，因为我是在一个极度歧视女性的文化中由一个单亲妈妈拉扯大的。在战争的喧嚣中，AK-47 突击步枪的枪声大得令人胆战心惊。尼罗河畔，子弹在美丽的库什王国到处乱飞。我本该被子弹射死。但是我没有。

一开始，生活一切如常。我有父母、亲戚、朋友，以及所有的生活必需品。大人们都很关爱我，他们绝不会告诉我充满痛苦和死亡的悲惨真相，虽然他们自己对此深有体会。苏丹内战之所以发生，主要是由于以基督教徒为主的南苏丹和以穆斯林为主的北苏丹在宗教上无法互相容忍，并且在资源的分配上有很大的分歧。这场内战夺走了数以百万计的苏丹人民的性命。自从 1956 年独立以来，苏丹大部分时间里都深受战争之苦。这已经是我们的第二次内战了，也是非洲历史上最长的一次内战（1983—2005），它在很大程度上改变了整个苏丹的面貌。生命被压抑在亡者的骨灰之下。

在苏丹总统奥马尔·巴希尔的领导下，喀土穆政权用俄罗斯制造的安东诺夫战斗机在南苏丹肆意轰炸，逼迫南苏丹人民都躲在学校、足球场、住所、医院附近的防空洞里。祖父母脸上写满了悲痛，他们用皱纹讲述着失落的几代人的苦难。人们把脸埋在手里，眼中充满绝望，不时可以看到有人在逃难的过程中丧生——所有的这些都体现了战争的悲剧性。对于这些，我的家人也无能为力，他们根本没办法掩饰。他们可以隐藏自己对战争的恐惧，但是每当有人跌跌撞撞地跑进来说又有一个人死掉了时，他们脸上的麻木却说明了一切。我经常帮着爸爸和他的助手以及保镖们在园子里耕种。其实，我主要是在那里陪着他们，只是偶尔，当牛粗暴地把土地——在漫长可怕的旱季中干涸龟裂的土地——犁开后，我会往地里撒点儿种子。

我的父亲杜特·笛身高 2 米，消瘦，但身上充满了希望、悲悯、爱、骄傲、关怀和责任感。他是无私无畏的苏丹人民解放军的支持者和领袖人物，勇敢对抗武器更为先进的政府军。他是这个饱受战争摧残的家庭中的黏合剂，是一个内心伟大的男子汉。就是在父亲的引导和教育下，我在战争与死亡的威胁下仍照常学习、生活、欢笑，享受着生活。

苏丹的第二次内战夺走了差不多 250 万人的生命，其中也包括我的父亲。2011 年，在南苏丹独立成为主权国家之前，我的父亲不幸去世。父亲的缺失让我的生命充满了无尽的悲苦。没有人再保护我了，我不得不面对战争带来的荒芜现实，以及家庭成员们的贪婪与自私。这个我们称之为家的地方曾经每天人来人往、热闹无比，现在却变得门可罗雀、阴沉凄凉。父亲的去世让人们脱下了爱的面具。我失去了亦师亦友的父亲，失去了唯一一个真正理解我、关心我的人。

那时，我还不能完全理解死亡的真正含义，但是，当我看到上百个亲戚、族人泪洒尼罗河悼念我父亲时，我知道有什么东西永远地改变了。父亲教给我的东西，迄今都蕴藏在我性格中的最深处。他教给我，不要让家人独自战斗，要无私、诚实、值得信赖，他还教会了我尊重的重要性。并且，他还教给我，永远别玩枪。

每天破晓时分，包括我在内的一小群南苏丹儿童会聚集在一棵大树的树荫里，那是内战中难得的一片净土。我们都是幸运儿。当其他的小伙伴正在躲避喀土穆政权的子弹时，我们还有机会学习。教育是宝贵的，只有那些家里有条件、家长愿意把家里的金钱投入教育事业的孩子才有机会上学。我的父母相信教育，尽管暴力是他们为解放而战的唯一武器，但是他们认为，孩子们应该只用纸笔和知识战斗。我们都渴望学习，急切地聚拢在老师身边（由于教育条件有限，老师也还没读完初中），以美丽的非洲土壤作为笔记本，以木棍作为写字算数的工具。每天，战争和暴力的阴云都笼罩在我们身边，我们很快就意识到了教育的价值。

父亲死后，我变得非常脆弱，充满疑惑，我妈妈更是承受了最多的痛苦。我的妈妈得不到家里的什么帮助，只能一个人既当爹又当妈地养育我和我的兄弟姐妹们。我有一个很大的家族（我的祖父有 36 个子女，107 个孙子女，并且去世前还有了将近 40 个重孙子女），但是父亲去世后，我看到了家族里的人们因为资源短缺而充满贪念、仇恨与嫉妒。我的妈妈是名非常聪慧的女性，我很佩服她的决心和智慧。她的妈妈和姐妹都很好，在我们移民到乌干达以及后来在 2003 年 12 月移民到美国的过程中，她们给了我们强有力的支持。在移民到乌干达时，为了帮助我们维持生计，我妈妈的妹妹艾可儿阿姨从大学辍学，工作赚钱。正是因为有了我妈妈和艾可儿阿姨这样的家人，我才能够像现在一样百折不挠、敢于追梦。

我是一个异类，因为我其实没什么希望。我在一个女性备受歧视的环境中由单亲母亲抚养长大。我是一个异类，因为要打大学篮球甲级联赛的话，我还不够快也不够好；上常春藤大学的话，我还不够聪明。但我还是被宾夕法尼亚大学录取了。我在 6 年内就很好地掌握了英语这门语言，被世界上顶尖的高等教育机构录取，并且远超学生运动员的水平，这证明了我的努力，也证明了我坚忍不拔的品格。我是一个异类，因为我看着妈妈辛苦努力，不让我们感觉到父亲死后留下的空洞。她教我们一定要有信念。相信教育能够打开人类能力与想象力的边界。到目前为止，妈妈教给我的东西令我受益匪浅，在我所取得的成就中，妈妈对我的教育成功体现在方方面面。我是一个异类，因为教育对我的人生起到了至关重要的影响。我遇到了我的人生导师布鲁斯·克普尔，这么多年来他一直在学习上给予我指导帮助。我曾经是个幼稚的年轻人，心中充满了愤怒，因为面对挫折时，我知道的唯一的解决方法就是使用暴力。布鲁斯向我展示了讲道理的力量，教我如何用非暴力的方式解决问题，教我如何寻求理解，告诉我教育的重要性。他培养了我的自信心。就在那时，我爱上了哲学，哲学改变了我看待世界的方式。我是一个异类，因为我有来自家人和布鲁斯的支持，我有宾夕法尼亚大学篮球队和大学社群的支持，并且我还有哲学课课程带给我的严格训练，这一切都让我成长起来，树立了更坚定的自我。也正是因为有了以上这些力量，我渴望回报这个世界，因为我得到的机会实在是太多了，超过大部分人的想象。

我希望能够改变世界，让世界变得更美好。要达到这个目标，我必须对自己保持绝对的诚实，充分认识自己的弱点和强项。我投身公益事业和领导项目，因此获了几个奖，其中包括全州／全美篮球教练员协会"Good Works Team"奖。在我的能力和技术不能胜任的领域，我会找其他有能力的、值得信赖的人去做相关工作。我创办了杜特·笛青年基金，希望把南苏丹的青少年培养成学业上和社会上的领袖。我希望以教育与体育为工具，教孩子们保持希望、不断努力、坚忍不拔，把他们培养成未来重建战后南苏丹的主力军。我们都在同一条船上，如果我们认识到彼此的能力、为了共同的目标协同合作，那这条船一定能够一直驶向幸福的未来。我要带来改变。我要为无声的人们发声。我要做盲人的向导，我永不停歇，直到世界变得更好。

我是一个异类，拒绝接受生活环境的局限，拒绝接受别人对我所能取得的人生成就做出的天真局限。

我想知道的是：你是不是也是个异类呢？

种族清洗中成长起来的全球改革者

班图·瑞蒂姆普特尔（Buntu Redempter）

　　班图·瑞蒂姆普特尔是个年仅20岁的实干家。他出生在布隆迪，9个月大时，布隆迪就开始了大规模的种族清洗，迫使他的家人带着他逃往坦桑尼亚。他在坦桑尼亚的难民营里生活了15年，尽管生活条件艰苦，他对于科技的兴趣却一直在不断发展。差不多8岁时，为了研究手表的工作原理，他就开始拆卸手表，并试着自己把手表组装回去。现在，班图20岁了，开创了Doers.bz、Wikindu等创业项目，正在书写着属于自己的成功故事。

　　"创业"这个词很有意思。时至今日，我依然在思考："创业能力"是我天生就具备的呢，还是随着时间推移不断发展来的呢？我倾向于前者——但是我渐渐离题了。

　　我在布隆迪Kinyinya（位于非洲中部的一个小村庄）的难民营里长大。在那里，一切都很紧缺。供总是远远小于求，食物、水、电等最简单的基本物资永远都是匮乏的。只要有任何一点儿娱乐项目，人们就会蜂拥而至。只有极少数非常幸运的人才能拥有像手表、收音机这样的科技产品。

从很小的时候起,我就知道自己属于幸运的极少数。我们有些电子产品,还有几本法语书(虽然我几乎读不懂,但这些书依旧令人兴奋),甚至还有一台能放音乐的收音机。那时候,我努力看书,想要搞清楚科技是怎么一回事。我想搞明白,在按下"开始"键后,收音机是怎么开始播放的,它的工作原理是什么呢?

长大一点儿后,我渐渐了解了周围的世界,对于技术越来越感兴趣,想要知道电器运行的确切原理。很快,我的兴趣集中到了一个核心问题上:我该如何发电?我希望难民营里晚上也能有电,有灯光,这样我就可以读书了。

在难民营和村里,每家每户的厕所都是挖在房子外面的,因此,我能进入所有人的厕所。我的旅程就此开始。我尝试了各种各样的手段:从将厕所的热气转化为电能,到用酸和铜制作能安装在我自制的临时手电筒上的长效电池。尽管我进行了很多尝试,每一次充电却还是只能带给我 15 分钟的光明。我手头没有相关书籍,仅仅凭着自己的想象力和那些令人费解的法语书,要想做到持久发电对我来说无疑是天方夜谭。15 岁时,我总算取得了一点儿小小的成功,我能用自己发的电给电池充电,还做了几个其他的试验项目。那时,村里人都认为我是个发明家。在那几年,我不懈努力,学习了有关电的知识,学习了拆卸、组装电器,那段时间里我学到的相关知识可能比很多人一辈子知道的都多。我充满斗志、意志坚定,对于自己的发明创造感到非常骄傲。

2007 年,我和我的家人来到了美国。自此,一切都变了。我发现,过去差不多十年里我一直在不懈研究的东西,在美国竟然如此唾手可得——人们走进房间,根本连想都不用想就能打开电灯开关。那天晚上,太阳落山后,我深刻反思了自己过去的经历:小时候,墙上的那个电灯开关激发了我的斗志,这对我来说意义非凡。而现在,我曾经所有的梦想、此前我做过的所有努力,看起来都无关紧要了。

但是，我很快就融入了美国文化。渐渐地，我希望自己能够创造更多东西，让生活更美好。我希望能有机会在这个新的地方进行创造。我想创造一些人们还没有见过、还没有习以为常的东西。我希望创造一些独特的、只有我能创造的东西。很快，我就发现了互联网，注意到虽然美国已经非常发达了，但我还是有机会通过网络创造一点儿新的东西。我立刻创建了自己的网站和博客，与年轻人分享励志故事和人生指南。

虽然这几个网站在一定程度上取得了成功，但我还是不满足。因为，一定还有其他项目可以创建，一定还有进一步完善的空间（不论是在美国，还是在布隆迪那样的国家）。**我矢志把握每一天，不把简单的东西视作理所应当，好好利用在美国这里的独特机会和条件。**每一天，我都有机会找到新的关注点，有机会通过实验学习到新的东西，有机会在成功的道路上更进一步。

我是都市小姐，我够好

达比·舒马赫（Darby Schumacher）

达比·舒马赫今年 18 岁，是美国知名的青年科学家。她凭借论文《用过滤器对付污染：对纳米材料雨水过滤装置的研究》在当地、所在州、全国屡获各种荣誉奖项。2013 年，在俄亥俄州代顿市举办的全国青年科学和人文学科研讨会上，她获得了环境科学类二等奖，并且获得了国防部颁发的荣誉奖章和 8000 美元的大学基金。她还获得了诺德斯特龙（Nordstrom）提供的 10000 美元奖金，并且在田纳西州查塔努加市的选美比赛中荣获"都市小姐"称号。今年，她即将赴斯坦福大学就读。

站在镜子前，我看到鲜血正从我的额头流下，地上则躺着一支摔断的铅笔。我知道，我遇到麻烦了。

我一直都没学会接受失败。我不知道我是不是生来就有一种对失败的恐惧，还是小时候我所处的环境向我灌输了"失败是最可耻的结果"这个想法。无论如何，我从不允许自己失败。这最能体现在我的学业上。即使是上小学时，我交上去的每一份作业都必须达到我自己定的标准。问题是，我的标准就是完美。在我有记忆以来，我的所有测验结果和作业全都是满分。我不仅仅希望达到完美，我必须做到完美。我做的很多事情都是没必要的。我的成绩单上全是"A"，但是我发现自己更看重的是最终取得的分数，而非实际学到的知识。

可以说，我是教育体制的产物。我相信，很多人都知道，在学校里可没人欢迎失败。失败是没有任何价值的。在幼儿园时，能够准确无误默写出整个字母表的孩子可以先去休息玩耍。但是，我总是把字母"d"和"b"搞混，因此从来没机会去多玩一会儿玩具。当时我只有5岁，但是这件事在我的心里深深刻下了这样一个印记：犯错就该被罚。如果我犯错后老师或大人不惩罚我，我就觉得自己必须惩罚自己，只有这样才能摆脱不完美带给我的罪恶感。忏悔还不足以满足我追求卓越的愿望，随着我对失败的厌恶感不断加剧，我会加倍努力学习，力争学到更多东西。我变成了我自己的"虎妈"。但是，你们也不要误会——我有一个快乐的童年，充满欢声笑语。但是不论何时何地，我的脑海中总是有根弦时刻紧绷着，不断提醒着我：我还不够好。

"够好"从来得不到它应有的赞誉。如果一篇论文得到的评价是"够好"，那就说明它不是完美的。尽管"够"这个词意味着"非常"，但是"够好"这个词意味着没有达到或超过标准。伟大是超标准的。卓越是超标准的。完美是超标准的。我从来不知道自己已经够好了。我从来没觉得自己够好了，因为我还有缺点，我还会犯错。对于我来说，"够好"意味着超越当下的自我。虽然，事实上，我确实已经够好了。但是出于对失败的恐惧，我从来不敢相信自己已经够好了。如果不做到完美，我就不会快乐。我根本达不到自己制定的那些遥不可及的标准。所以，整个童年时代，我就一直处于自我厌弃、自卑的无限循环中。我不敢去冒险，因为那有可能带来失败。在没有成功保证的前提下去冒险令人感到脆弱不安。但是，从定义上来讲，要是真的有了某个特定的（往往是积极的）保证的话，那冒险也就不能称之为冒险了。由于害怕失败，我不能接受脆弱，不能放弃控制权。

完美主义者的核心是渴望控制。我希望掌控自己生活的方方面面。我以为，如果能操控自己生活中各种变数，我就能够获得全部的福佑，因为我可以让所有事情都达到我自己的完美标准。但是我错了（作为一个改过自新的完美主义者，现在我可以这么承认了）。将自己置身于完美的巨大压力下，这并没有将我琢磨成钻石。相反，我一步步地看着自己的生活碎成一片。讽刺的是，当我的两大"狂热"——全部"100%"和完美——占据控制地位时，我自己在追求"完全控制"的路上却走上了弯路。

四年级时发生了一件事情，让我意识到我已经变成了完美的奴隶。回首四年级时，大部分人想到的是放假、背乘法表，以及对升入五年级的期待——在小学生看来，这无疑相当于成为"校园里的大人"。但是，四年级某个晚上发生的事情令我耿耿于怀、无法释然。那天晚上，我对于超越"够好"的迷恋最终酿成了一个可怕的事件。

每周，老师会布置我们背诵一组单词，周四晚上的时候，家长或者其他兄弟姐妹要给我们默写这些单词。单词表上都是些类似"天气""自行车""相信"这样的最简单的单词，因此我一直光荣地保持着默写全对的纪录；我从来没有拼错过一个单词。那天晚上，默写正常进行。我坐在客厅的健身球上，让哥哥帮我默写。由于这个测试对我来说实在太简单、"太基本"了，我并不很专心。哥哥批改了我的拼写试卷，把试卷还给我时，他瞪大眼睛，非常吃惊地说："你把 act 这个单词拼错了，应该是 a-c-t，而不是 a-t-c。"这是个粗心错。一个只有三个字母的单词。我知道怎么拼。你可能会以为，从这个故事中我得到的教训应该是：对待所有任务，不论它有多小、多轻松，都必须做到全神贯注、一心一意。确实，这狠狠地给我上了一课，当时只有 10 岁的我根本没想过这个问题。我当时只有两种感觉：震惊、对自己彻底失望。20 个单词拼对 19 个，或者说取得 95% 的正确率，这对于一般学生来说可能已经挺好的了。但是，我不是一般学生，我对这件事情的反应也绝非一般。

对于失败带来的这种陌生情绪，我无法接受、无法消化，于是闷闷不乐地回到卧室。我厌恶我自己。我绝对能比 95% 做得更好。对我来说，所有达不到完美的都是失败。我走到浴室里，看着镜中的自己，想道：你太差劲了。那时，我的浴室里铺的是丛林主题的壁纸。我可以感到，周围有数百只狮子、老虎正充满鄙夷地盯着我，仿佛它们都认为我是这世上最令人失望的小家伙。我被这巨大的压力压垮了。我再也没办法承受我自己对完美的追求和需要。释放。我需要释放。此时，即便是在我位于地下室的房间里放声大叫大闹也无济于事。特殊的时期需要特殊的方法。

当时，我的手里还握着做拼写测试时的笔，仿佛是想把自己拼错单词这件事全部归咎于这支没有生命的可怜的铅笔。我清醒了。我知道自己该做些什么。我不仅需要释放，我心中自嘲自贬的声音还告诉我：你需要惩罚自己。接下来的几秒钟，我完全失去了控制。对于完美的执念摧毁了我，我变成了野兽。我看着镜中的自己，看到了一个破碎的、不完美的、差劲的女孩。我的胳膊在空气中挥舞。我感觉不到疼。把笔扔到地上时，我看着镜中的自己。现在，我看上去很不完美，就跟我的感觉一样。鲜血从我的额头流下。我遇到麻烦了。

在我的世界里、我的周围、我的脑海里，有种什么东西把我自己逼上了绝路。是什么让一个 10 岁的女孩用铅笔戳自己的额头？到底是在内部的作用还是外部的影响下，一个孩子的心里竟然会有这样的冲动？为什么一个小女孩会认为自残是解决问题的方法？我生命中的一切都告诉我，我需要变完美。我希望比哥哥优秀。他是一名很有天分的运动员，学校里的领袖人物，是在毕业典礼上致辞的优秀毕业生。我希望向父母和老师证明，我很完美，值得他们尊敬、喜爱。当时，我并不明白的是，周围的人们因为我的不完美而爱我，我没有必要苦苦证明自己的价值。唯一认为我还不够好的，就是我自己。

我心中充满疑虑，上楼找妈妈。我知道，我必须得面对她，因为我需要创可贴，需要在伤口上抹上抗生素药膏。一看到我，妈妈就知道我遇到麻烦了。她带我来到浴室，帮我清洁了头部，问我到底发生了什么。我妈妈不知道该如何解决这个问题。尽管她非常想隐藏起自己脸上的恐惧，但是她的眼睛是撒不了谎的。她觉得我已经被"完美"折磨疯了，但是她也不知道该如何应对我的行为，如何帮助我摆脱对完美的执念。因此，她决定让我自己解决自己的问题。

此后三年，"做到完美"的压力一直伴随着我。我花大量的时间做作业，取得近乎完美的成绩。并且，我对完美的执念还扩展到了生活的方方面面。它破坏着我的生活。六年级时，我在新的初中加入了足球队。教练把我从 A 队、B 队调到全是新手的 C 队时，我放声大哭。我朝教练大喊大叫，直接退出了球队。我不想让自己变得不完美。我害怕，由于跑得不够快、进球不够多、踢得不够狠，其他同龄人对我的印象会大打折扣。自那个下午起，我就再也没碰过足球。发现我的天赋不在体育事业上以后，我转而投入音乐剧的世界。6 岁时，我就第一次登台表演，并且非常喜欢舞台（主要因为舞台是所有人注意力的焦点）。我知道我自己想把更多时间投入舞台表演。所有的演员都知道，娱乐业是非常无情的，一直不断要求完美。在获得成功前，艺人需要面对千百次拒绝。作为一个完美主义者来说，这好像是个危险的世界。但是，对于我来说，这成了我的避风港。

有很多次，我觉得试镜—等电话—被拒绝的无尽循环简直已经把我打垮了。但是，每一次跌到谷底后，很快我又能获得成功。我不断刷新演职员表的网页，等待着，期待着，看是不是这一次就能获得我的重大突破。这只是当地的一个剧院，不是百老汇，但是无论如何，只要能参演音乐剧，我就感觉自己得到了认可。

最后，终于有一个导演让我出演了一个角色，他有一大堆女演员可选，但是选中了我。我感觉很有价值感。在舞台上，我可以发光发亮，没有一丝焦虑恐慌。

在聚光灯下，我可能是个动不动就露齿大笑的傻妞儿，可能是个高中啦啦队队长，也可能是只瓢虫。在舞台上，我可以脆弱，因为我在演戏，我在饰演一个角色。我自己的故事和我表演的故事差异很大，这让我简直脱胎换骨，卸下了我在生活中为了抵御缺点而戴上的面具。在舞台的明亮灯光下，执意追求完美的阴云渐渐消散了。我成了自己生活中的强大的女主角。我掌控着自己的人生。

尽管听上去有点儿老套，但是，灯光确实会熄灭，大幕也确实会拉上。在讲述不属于我自己的故事的过程中，我感受到了久违的平静。我意识到，我不可能此生一直盛装打扮、饰演角色，于是回归到了现实。

但是，追求完美的天性依旧折磨着我。我害怕失败、担心受伤，这令我非常苦恼。我总是操劳过度、闷闷不乐，我知道我对自己的要求实在是太高、太不健康了。我需要有个人进入我的生活，帮助我认识到其实自己已经够好了。但是，每当听到别人夸我，说我学习很厉害、很聪明，这只能加剧我对完美的渴望。我希望能有一个人，告诉我我已经千疮百孔、支离破碎了，我希望能有人指导我突破自己执念的枷锁、鼓励我认识到自己虽然还有缺点但已经够好了。

我不相信世界上真的有"守护天使"，但是我认为，宇宙里的某种力量把一个类似守护天使的存在送到了我的身边。七年级时，我有一门美国历史研究课，对于这门课的老师戴维·库克先生，我非常期待。我听说高年级的学生都非常爱戴他，我也很高兴自己能有一个充满热情的老师。库克先生支持和平和人权，他在教室墙上挂满了海报：民权运动、伟大的女性楷模、有关人性的名人名言等等。他告诉我昂山素季的力量、鲁比·布里奇斯的勇气、罗莎·帕克斯的勇敢。这些伟大的女性都克服了生活中的巨大困难。她们曾经遭遇到的挫折苦难让她们变得更强大。通过这些故事，库克先生给我上了人生中最重要的一课。不论是在美国历史课程里，还是在对当下问题的讨论会上，你都找不到库克先生教给我的东西。戴维·库克先生教我控制恐惧。他要我失败。

在那之前，我认为所有的老师都是发给学生教学材料，讲解材料，然后考察学生对于这些材料理解了多少、记住了多少。库克先生却反其道而行之。第一次测试那天，我准备充分，信心十足。我制作了一个详尽的复习计划，记住了和那些有名的探索者相关的所有日期和姓名。学生们坐好了，库克先生开始发试卷。我也准备好了，我要答对所有题，拿100分了。我不想失败。

库克先生站在教室前面，发布考试说明："我希望你们不及格。"什么？拜托，我们难道不是应该掌握课程材料、拿A吗？"你们一定要坦然接受不及格。"不不不，我不能接受不及格，不能接受失败。"做这份试卷，写上错误的答案。我会在你的试卷上用红笔写一个又大又粗的'F'，然后你就可以向世界炫耀你的不及格了。"我一定要做到完美。我才不会去炫耀不完美呢。

我满头雾水，开始答题。我知道所有的正确答案。习惯使然，我圈出了所有的正确答案。做完后，我走到讲台前，告诉库克先生："我知道所有的答案，我不希望因为这次测试不及格而影响到这门课的总成绩。""我现在是不会收这份试卷的。我希望每一道题的答案都是错的。"我回到课桌前，感到心里的某一部分开始松动了。他告诉我他并不想要我做到完美。他希望的是完全的不完美。于是，我擦去此前的正确答案，开始拥抱这种荒诞。每圈出一个错误答案，我内心自我贬损的声音就会弱下去几分。库克先生歌颂失败，这令我感觉到了自由。我抬起头来，看看同班同学的面庞。考试期间，他们每个人的脸上都挂着笑容，他们感觉到快乐，因为他们再也不用面对高期待值带来的种种压力了。我充满骄傲地走向库克先生，笑着交上自己的试卷。他也笑着用红笔在我的试卷上写下一个粗粗大大的F。我猜，可能在那个时候他就意识到他对我的影响了。但那次是我第一次允许自己失败。我不仅失败了，还知道了失败原来也是可以庆祝的。那是胜利的一刻。作为完美主义者的我投降了，我交出了控制权，全新的达比掌控了自己的人生。

"你不必完美。"人们总是这么对我说，但是在库克先生之前，我从来不相信这句话。我够好了，这比达到完美更好。**拥抱"够好"，我重获自由，可以尽情去冒险，并且真正享受冒险的乐趣。**"够好"不是让人变懒的借口，而是意味着只要付出自己力所能及的最大努力，你就达到了自己的完美。"够好"意味着无畏。冒险，失败，继续失败。不断的失败令成功的滋味更加甘甜。

我相信，完美主义就和酗酒或有其他瘾一样。余生中，我会一直是一个康复了的完美主义者。随着时间的推移，我越来越少想起曾经那段执意追求高不可及的目标的时光。我仍旧在和自己对于失败的恐惧做斗争，但是每冒一次风险，我就会成长一些。我会做一些令我感觉不那么自在的事情，并且这令我更快乐。完美主义将一直是过去的我的一部分，但我会不断努力，减少它对于我的未来的影响。在我的额头上，发际线附近，一道伤疤提醒着我过去的时光，提醒着我完美主义曾经怎样摧残着我。那道伤疤比周围的皮肤摸上去硬一些。曾经的苦难让现在的我变得更坚强。我叫达比·舒马赫，我够好了。

试着冒一次险

⊛ 贾丝明·高（Jasmine Gao）

15岁时，贾丝明·高首次试水，在创业网站myCollegeSTAT工作，初步体验了创业文化。她非常喜欢这种感觉，于是申请并花了4个月参与了谷歌在纽约市举办的科技创业挑战赛（Technovation Challenge），与队员合作设计建立了时尚类应用Trending。后来，她又加入了另一家创业公司Plum Alley，并加入了Enstitute学徒训练项目。参与该项目期间，她从大学退学，在Bitly首席科学家希拉里·梅森的指导下担任数据策略师工作。目前，她在Made公司担任产品和分析团队主管，致力于为顾客提供由独立大厨精心烹制的专业美食。由于以上诸多经历，她曾接受美国《福布斯》杂志、《纽约时报》、CNBC电视台及其他媒体的专访。你可以通过她的个人网站hi@jasminegao.com与她取得联系。

所有人都知道，失败的感觉糟透了。不论你是打游戏输了，在运动比赛中输了，还是没能成功打造出另一个Facebook，如果你真的努力过了却最终没有取得成功，那种感觉无论如何都叫人难受。

对于我来说，在谷歌纽约办公室举办的"科技创业挑战赛"中屈居第二，就令我尝到了失败的滋味。第二名意味着我们没机会飞到旧金山，没有拿到25000美元的发展基金，也没有办法正式发布我和我们团队辛苦了4个月打造的安卓应用。

我确实失败了。但是从创业的角度来看，我取得了成功。为什么呢？因为我失败了。这听上去有点儿说不通，我知道。下面我来解释一下。

现在，失败是最新的潮流。你应该早早失败、尽快失败、经常失败，因为在失败后的那段艰难的日子里，你会学到很多，这有助于你在未来获得成功。尽管我并不同意"努力失败"这个说法，但是我确实认为，不论是在商业上还是在生活中，知道如何失败、如何从不好的结果中学习到更多东西，都是非常重要的。

就我个人的情况看来，在这次的失败中，我学到的最重要的一课就是：如果你愿意，机会的大门就不会关闭。在得知科技创业挑战赛的结果后，我完全可以两手空空地回家。但是，我没有这么做，初尝失败之苦的我在赛后找到评委们，向他们再次推荐了我自己和我的应用。我向他们所有人都要了联络方式，告诉他们，虽然比赛已经结束了，但是我仍旧想要继续发展我们团队做的应用，并且想继续留在科技这一行工作。结果是，我得到了两个面试机会，并最终得到了一个在创业公司 JumpThru 实习的机会。并且，回首往事，也正是由于这份倔强（善良的人们可能会把它叫作"执着"），我从那份实习工作出发，一路走到了现在：从大学退学，在行业领先的网址缩短和数据分析公司 Bitly 工作。

长话短说，在入选 Enstitute 学徒训练项目后，我就从大学退了学。Enstitute 学徒训练项目招收 18～24 岁的年轻人，让他们跟随创业家或者顶级管理者做学徒。

通过该项目，我现在正在 Bitly 首席科学家希拉里·梅森的指导下做学徒。

退学其实很简单。事实上，只要点几下鼠标，就能轻松把自己从2012年秋季学期的入学名单上删除。但是，告诉我的父母退学这件事是很难的。我记得，在做了好几个深呼吸后，我才最终鼓足勇气告诉父母我已经离开学校了，准备去一个专门将网络链接缩短的网络公司工作。我父母对此的反应像极了伊丽莎白·屈布勒－罗丝所提出的"哀伤的五个阶段"（否认、愤怒、协商、绝望、接受），只不过在此期间我的父母还会不断跟我争吵——当面吵，在电话里吵，甚至是在邮件里吵。但是，我心意已决，他们很快就意识到我已经是个成年人了，从法律上来说已经独立了；并且 Enstitute 学徒训练项目为首批学员提供了生活费，因此我在经济上也独立了。

总而言之，即使不听父母的话，世界也不会终结。最后，他们总算想通了，不再想要把我送到中国大陆的某个郊区学校里去了。但是，此后，还有许多人问过我以下这些类似的问题："你为什么要做一个这么大胆的决定？""没有大学学历你以后怎么生活？"甚至，还有人问我："你疯了吗？"这么说吧，我有两条路可选：要么在学校里再待三年，学习抽象的理论，研究课本上的案例，再贷几万块钱的学费；要么直接走上工作岗位，解决现实生活中的问题，生产财富。

信不信由你，我几乎没怎么纠结就选择了后者。三年太长了，我不想浪费这么长的时间追求一些没意义的、令我感觉索然无味的东西。所以，从机会成本的角度看，继续上学可比退学更有风险呢。

我知道，你们从小到大看的动画片后播放的教育公共服务插播节目可不是这么说的。但是，需要注意的是，社会从本质上来讲就是反对冒险的。如果你站在一个根本无法容忍风险的人的角度上评估风险，最后，你所得到的一定是安全的，但不一定是最好的。

如果蒂姆·韦斯特格伦在第 300 次被风投拒绝后就放弃了，没有开通 11 张信用卡以维持他的音乐网站运营，现在就不会有音乐网站 Pandora。如果萨拉·布莱克利没有辞掉卖传真机的工作，把全部身家投入连裤袜行业，现在就不会有价值百万美元的 Spanx 内衣公司。如果埃隆·马斯克因为对航空业一无所知就不去探索太空交通业，SpaceX 太空探索技术公司就不会成为首家为 NASA 国际空间站提供再补给服务的公司。

我们这代人不会待在安全的那一边，不会对新事物说"不"。因为，**在我们的成长过程中，我们见识了很多发明，听说了很多成功的故事——如果一味拒绝冒险的话，它们根本就不会发生。**因此，我鼓励你们也寻找并且拥抱那些隐藏在风险和失败之后的机会。不然的话，谁知道我们会错过什么呢？

成长总是伴着失败与伤痛

麦迪逊·马克西（Madison Maxey）

麦迪逊·马克西热爱时尚与科技，并且对两者的交集深感兴趣。8岁时，她学会了缝纫；15岁起，她就进入了时尚行业，为服装品牌汤米·希尔费格、知名杂志《Nylon》、服装品牌彼得·桑工作。16岁时，她在法国生活了一年，创办了自己的时尚博客，深受欢迎，并应邀出席巴黎高级定制时装周、梅赛德斯奔驰柏林时装周等大型活动。后来，她获得了CFDA青少年时尚奖学金（CFDA/Teen Vogue Scholarship），并且获得了在加利福尼亚和纽约的实习机会。她从帕森斯设计学院休学，创办了自己的服装品牌"麦迪逊·马克西运动上衣"。此后，她在科技公司Enstitute、General Assembly工作过，并成为2013年泰尔青少年创业者计划中的一员。她曾接受过《纽约》杂志、《华尔街时报》、《女大学生》网络杂志等多家媒体的专访，并且曾被Women 2.0网站评为"值得关注的女性创业者"。

我喜欢学习新东西时那种充满力量的感觉。学习新知识令我振奋不已，让我有能力去完成那些此前我根本没意识到自己能够去做的事情。这种感觉简直令我沉醉。我相信，度过一天的最好方法就是去学习些你不了解的新东西。正是出于这种想法，我学习了硬件、编程，以及滑板。

整体上来说，我认为，凡是我愿意去尝试的东西，我就都能做到；我做不到的只有那些我还没尝试过的。但是，前几天，在我练习自己新学的技能时，我的这个想法却受到了别人的质疑。

众所周知，加利福尼亚北部多坡地，这与我从小生长的纽约非常不同。因此，在加州的坡地上滑滑板需要将"滑"和"走"结合起来，这还挺难的，至少对于我来说是这样。

有一天，我有差不多一小时的空闲时间（对于干我们这行的人来说，这很奢侈），于是我决定利用这段时间练习在坡地上滑滑板。一开始，一切都很顺利，但是，该来的总归还是来了。

我在滑板上以高速撞到了一块突出的路面，于是开始摇摆不定，脚不知该放到哪里去，呼吸也开始急促了起来。

我摔倒在了人行道上，滑板也一路沿着下坡滚了下去。

还好，一位带着女儿的女士正好在这个斜坡下，她帮我捡起了滑板，但是给我留下了这么一句话："也许你以后不该再滑滑板了。"

尽管这句话意思很简单、明确，但是，我从未产生过这种想法。为什么我不能再滑滑板了呢？我不是那种激进的女性主义者，但是，我猜她绝对不会对一个男性说这句话的。她是在让我别做一件我不擅长的事情吗？

说到这里，不得不承认，对于风险的厌恶决定了大部分人的一生。

有人会说："我要穿这件素色的衬衫，不穿那件花里胡哨的，因为那实在是太冒险了。"有人会说："我不想去学莎莎舞，因为我可能跳不好，这太尴尬、太危险了。"尽管对风险的规避可以有效地保护一个人的人身安全，但是，我们所做的大部分决定都受到了一些社会观念的束缚：在很小的时候，我们就被灌输了这些社会观念，这些观念要我们害怕风险、追求安全。那位建议我放弃滑板、买双娃娃鞋的女士一定是认为自己很明智，她在看到我摔倒后甚至还低声对自己的女儿说："这很吓人，对吧？"

她想表达的意思是：摔倒是很丢脸、很吓人的，不要去尝试，这样你就不会摔倒，别人也不会被你吓到了。

尽管在陌生人面前摔了个四脚朝天确实是挺难堪的，但是我希望她可以把我作为例子，告诉她的女儿："你看！她摔倒了，但是又站起来了。执着才是关键！"或者说："看！你也可以做任何你想做的事情，即使失败了，也别放弃。"然而，她所说的那句话却告诉了她的女儿："吓人"是不好的，你不该去做"吓人"的事情。

确实，这只是我滑滑板过程中碰到的一件小事，这件事情所体现的社会标准却让我不禁质疑我们对孩子的教育。

摔倒在马路上后，我的第一反应（除了本能地想到"怎么这么倒霉"之外）是：我应该多练习滑板，这样才能不断提高。多练习滑板意味着我能掌握滑滑板这项技能，以后摔倒的风险就变小了。

然而，社会公认的标准反应却是："我摔倒了一次，我以后也不应该再去尝试了，因为这样我就不会再摔倒一次了。"看上去，失败的风险是那么可怕，以至于人们都不会想到应该为了取得成功而去做一点儿尝试。

作为实干家，在我们的世界里遍地风险。但是，其他地方不是这样。回忆起这个滑板事件，我意识到我们的想法是多么与众不同。**失败与伤痛只会逼我们继续向前，我们不会因为一点点失败就完全放弃。**

如果你也曾狼狈地摔倒，四脚朝天地躺在人行道上，该做出决定了。你是准备直接放弃，还是爬起来继续练习，直到自己充分掌握这项曾经令你摔得很惨的技能？

你可以慢慢来，不用着急做决定。但是，与此同时，**作为一个实干家和梦想家，我要继续滑着滑板行进在我自己起起伏伏的人生道路上。**

有时交点儿学费不是坏事

○ 诺亚·琴蒂内奥（Noah Centineo）

诺亚·琴蒂内奥 17 岁，是名演员，曾经在迪士尼频道热门节目《奥斯汀与艾丽》《舞动青春》中有过出色表演。他还参加过 Monopoly、Old Navy、可口可乐等多家公司的广告拍摄。此外，他也触电大银幕，主要作品是 2009 年参演的《金毛巡回猎犬》，还投资参与了其父拍摄的电影《奥兹国的桃乐西》。

风险无处不在。事实上，如果没有风险的话，生活也就没那么有意思了。16 岁时，我和一个朋友一起非法侵入了一处政府产地——我们在著名的好莱坞标志上转圈、跳跃，甚至把自己吊在了上面。我们在上面疯狂胡闹了 20 分钟，摆出各种好玩的姿势拍照，并远眺洛杉矶天际线。直到最后，一架警用直升机在我们上空盘旋，命令我们下了山。

我们会不会被逮捕呢？很可能。如果冒这个险令我完成一条人生心愿的话，这是否值得呢？当然值得！这个经历在我的生活中或者说在我人生的画布上又添了浓墨重彩的一笔。

在那之前几个月，我记得我有一次出城去飞机场接我的好兄弟们。我希望他们一到洛杉矶就能品尝到经典的当地美食，于是接到他们后立刻就带他们去吃了In-N-Out汉堡。我让他们每人点一份"双肉饼双芝士汉堡"（当然还要配上特质酱料）、一杯奶昔、一份薯条——典型的快餐搭配。收银员是个漂亮的波斯姑娘，可能比我大三四岁，但我还是跟她说了几句俏皮话，并且在端走食物、享受美味大餐前把自己的电话号码写在餐巾纸上塞给了她。

她后来有没有给我发短信或打电话呢？没有。我这么做，最差的结果是什么呢？她会当着整个餐馆所有我再也见不着的陌生人的面吼我一顿？把电话号码给那个漂亮的收银员时，我并不知道她会有什么反应。但是，我知道，如果我不把握机会试试看的话，任何事情都不会发生。

冒险会带来两种后果。它们决定了你将成为怎样的人。它们塑造了我们，让我们成为现在的自己。是否敢于冒险决定了我们是停滞不前还是不断进步。

下面，我来谈谈失败和成功。

如果不经历某种形式的失败，或者"交点儿学费"（我更愿意这么说），你就无法取得成功。不冒险的话，你就什么都学不到。只有通过冒险，你才能分辨出什么有用、什么没用。并且，我相信，没有失败的人生是无聊的，就像一张白纸一样。我们的每一段经历，不论其是好是坏，都在我们人生的画布上留下了一笔，而我们也就是在这种经历中不断成长起来的。冒险是种技能，需要有自信、有智慧、有胆量。但是，我愿意去冒险，去创作自己人生的美丽画卷，而不是守着一个空白的调色板畏缩不前。

我不知道你们是否知道跑酷这个运动项目。在跑酷这个项目里，人们需要做出跑、跳、转、爬等不同动作穿过各种障碍，以尽可能快的速度到达终点。在练习跑酷的过程中，你学到的第一件事就是如何倒下。事实上，我练跑酷的第一课就是学习如何从一个十英尺高的平台上跳下，以安全的方式在一块垫子上着陆。

在我尝试飞檐走壁等高难度动作前，我必须要先学会如何倒下。

学习跑酷的方法和冒险很像。在冒险的过程中，甚至是在整个生活中，我们都需要知道如何倒下。"失败"并不是真的失败，它只是一段可以从中汲取经验教训的经历。就像杰克船长说的那样："问题并不在于问题本身。问题在于你对待问题的态度。"从现在起，不要因为失败就放弃对梦想的追逐，而是把失败看作你成功的垫脚石、追求梦想的试验场。这可是杰克船长的命令。

就我个人而言，我从 8 岁起就开始表演了。尽管我取得过一点儿成绩，参与过几部校园作品的演出，有几段没什么人关注的模特经历，参演了一部几乎没什么人听说过的低成本影片《金毛巡回猎犬》（我在这部电影里献出了银幕初吻，所以还是挺成功的！），不过在演艺事业上，我要走的路其实还长得很。但是，我没放弃。15 岁时，我下定决心要把全部精力投入表演，于是我说服父母，让他们同意我从高中退学，然后从佛罗里达不远万里搬到了洛杉矶。

我此前做过的所有冒险，仿佛都是为这一破釜沉舟的巨大冒险做准备的。事实上，如果我真的要认真追求自己的目标和梦想，我就必须去洛杉矶，让自己处于演艺行业的中心地带。离开朋友、家人、熟悉的生活方式可并不容易，但是，要想取得成功，我就必须这么做。我得冒这个险，不论最后是否能如愿取得成功，我人生的画布上总归会因为这段经历而变得更加丰富灿烂。

我现在 18 岁了，在演艺生涯中又前进了几步。我很幸运有机会在迪士尼频道热门节目《奥斯汀与艾丽》和《舞动青春》中扮演了角色，参加了可口可乐、Old Navy、Monopoly 等多家公司的全国广告的拍摄。并且，在我写这篇文章时，我已确定出演迪士尼频道推出的原创电影《完美男友养成记》《昏迷中的女友》，并且将与米兰达·科斯格罗夫等人共同出演一部 NBC 情景喜剧！

不冒险的话，我就永远不知道如何取得成功。不冒险的话，我可能也会取得一点儿进步，但是如果我不知道失败长什么样，也就无法区别自己做的事情中哪些是有意义的、哪些是无法帮助我继续前进的。可悲的是，大部分读这本书的人可能会同意我的观点，但还是决定不去冒险；或者是，很多人一开始动力十足，下定决心改变自己的生活，可不到两周就回到了从前那种贪图舒适、自我满足的状态中去了。

但是，你不会这样。我希望你能保持动力，不断逼迫自己去冒险，并且每一天都能从中汲取到有益的经验。你能做得到！

不要害怕改变自己的生活。

失败帮你摆脱没有意义的事

安威特·阿迪卡里（Anwit Adhikari）

安威特·阿迪卡里来自尼泊尔，此前曾在 Seasteading Institute 实习过，现在正在自己创办的公司 Anveya 里研究能够产生永动能的装置。他是德雷普英雄学院的校友，德雷普英雄学院由百万富翁蒂姆·德雷普创办，旨在培养青年人的创业精神。

我在尼泊尔的美丽山间长大，小时候一直是个孤单但是充满好奇的孩子。我不知道鞋带是怎么做的，但是一直都很清楚我想要拥有怎样的人生。我想要永动能：充满创意的、免费的、所有人都能享有的能源。对于一个孩子来说，想要拥有永动能可能是个挺奇怪的事情。可能是因为尼泊尔每天都停电，我从中受到了启发吧。无论如何，我一直都渴望世界上能有大量的、纯洁的能源，永动能这个想法令我着迷。虽然当时年纪还小，但是我真心相信这一切是有可能实现的。并且我相信，从我充满童趣的幻想发展出来的不完美想法一定能改变这个世界。我相信我可以让这一切成为现实。

于是，9岁时，我就一直待在学校的图书馆里读书。我如饥似渴地阅读我能找到的一切书，从汽车引擎的设计到动力推进飞机背后的科学原理，我想利用这些知识来设计我的第一台永动机。研究了两年后，我终于感觉到自己已经够"专业"了，可以制作一个永动机模型了。于是我就去做了，然后惨遭失败。

我被打垮了。我扔掉了那个模型，再也不想看它一眼。

那时我才11岁，没有人告诉过我什么是失败，也没人教给过我应该怎么面对失败。因此，11岁时，我就放弃了改变世界的梦想。

虽然放弃了制造永动机的梦想，但是，我还是有很多的精力。很快，我开始创作自己的《哈利·波特》系列的第七本书（当时《哈利·波特与死亡圣器》还没出版），不过没写几页就停笔了。然后，15岁时，我想拍摄一部纪录片，以此为流行病肆虐的尼泊尔部分地区筹款，但是这个想法始终停留在纸上谈兵的阶段。有一天我甚至冲进老师的办公室，宣称要帮助城里的500个乞讨者填饱肚子，但是这个想法很快也遭到了打击，并且打那以后我再也不敢探索解决这个问题的方法了。我的人生失去了目标，我不知道应该把自己的这一股子精力投注到哪里。我迷失了，毫无头绪，并且对自己的现状非常不满。

几年后，我17岁了，我决定重塑人生，投入新的项目：设计制造风力涡轮机。这是个雄心勃勃的计划。我希望每家每户的房顶上都能安装一台私人的风力涡轮机，这样人们就能够有充足的能源，使用能源时不用再受到大公司的种种局限。我相信，解决能源问题的下一步就是建造风力涡轮机，我对此充满热情，希望能够取得成功。但是，我又一次碰壁了。截止日期过去了，曾经的期待都破灭了，而我的设计还只停留在纸上。筹款的过程中也处处遭遇挫折。我本来希望发表一篇科学论文来筹款，但是这条路走不通；我和两家大银行谈了我的想法，却没得到任何回应；国家科学与技术学院根本不相信我所做的这一切。我的队员也受够了，纷纷离开了我。设计建造风力涡轮机的期限从2个月拖到了4个月，然后再拖到了半年，最后甚至拖到了3年。我只能靠我自己：在我认识的100个人中，只有不超过 5 个人信任我。

直到要申请大学时，我才意识到我的麻烦到底有多大。我全身心投入到自己的项目里，完全忘记了申请大学这回事，我草草准备的大学申请材料也糟糕透顶。最终，我申请的所有美国学校都拒绝接收我——一共 20 所学校。这真是丢死人了。

2011 年夏天，我的朋友们纷纷挥别朋友与家人，飞往美国继续学业。而我却只能守着我那间只有一个人的公司，盯着我那未完成的项目，自信心跌到谷底，没办法上大学，我不知道自己未来的生活会怎么样。

J. K. 罗琳在 2008 年哈佛大学毕业典礼上的发言中讲多了很多主题，其中我最感同身受的一个主题是：失败对你产生了怎样的影响。意识到自己失败，这是一个很艰难的过程。但是，**失败会帮助你摆脱生命中那些没有意义的事情，让你与那件对你来说最重要的事情赤诚相对。**如果你足够热爱某样东西、某个事业，你会有勇气卷土重来的。

最后，我总算在泰国的一所大学里找到了容身之处。在泰国，我远离了尼泊尔那些拒绝我的人和可怕的失败，重新找回了久违的宁静，决定从头再来。不论是在尼泊尔飞往泰国的飞机上，在课堂上，还是在 2011 年为了躲避泰国大洪水而居住的旅馆中，我抓紧一切时间工作、读书、做研究。最后，我干脆不去上课了，所有时间都泡在寝室和咖啡馆里，手拿白板和活页纸，研究我自己的项目。对于我来说，这个项目比世界上其他的一切都重要得多。它变成了我的一种执念，并且，渐渐地，风力涡轮机开始成型了——它不再仅仅是疯狂、天真的想法，而是变成了拥有纳米外观和美丽羽翼的设计稿。这个项目本身已经积攒了成堆的底稿和成千上万兆的研究文件。很快，我三年前创办的公司 Anveya 有了其他两名设计师，虽然风力涡轮机还停留在设计阶段，但是我已经可以清楚地看到，在未来的某一天，它终将变为现实。

此外，在泰国的宁静生活还对我产生了其他方面的影响。我进行了认真的反思，终于意识到我的过去、现在与未来是怎么联系在一起的。我看着风力涡轮机，意识到它和我小时候丢弃的那个模型其实很像，只不过是它简单得多，不像过去那个一样充满野心。我意识到，我之所以设计风力涡轮机，并不是因为我喜欢风力涡轮机，而是因为我担心永动能是永远无法实现的。我被自己宏大的梦想吓到了，于是就想设计点儿小的东西。

其实，有什么可害怕的呢？如果到我死的那天，我知道自己的梦想已经实现了，这难道不比所有这些恐惧、不安全感、借口都重要得多吗？于是，我决定将风力涡轮机的设计推进一个新的阶段，将研究重点转移到我一直梦寐以求的永动机上。世界需要能源，我的 Anveya 公司将把能源贡献给这个世界。

一旦找到自己愿意毕生追求的事业，我的下一步路就很明确了。我决定离开大学，继续到美国追梦。Anveya 是一家尼泊尔工作室，但是我需要的经济支持和技术条件只有美国能够提供。因此 Anveya 的第一个产品只可能在美国的土壤上诞生。

要去美国，唯一的方法就是在美国找到一份兼职工作，同时利用其他时间做我自己的研究。我可以通过工作取得美国签证。我在网络上到处寻找能够发挥自己一技之长的公司或机构，最后发现了 Seasteading Institute。简单说来，这是一家非营利机构，致力于建造漂浮在海上的城市。Seasteading 认为，海上城市能提供一个崭新的平台，研究开发出一套创新性的、无需政府的制度系统，这可能最终将造福整个人类。我对这个想法很感兴趣，但是很快我发现的另一个东西引起了我更大的兴趣。我看到了 Seasteading 发布的一条博客的标题，这永远改变了我的一生：

本科实习生招募

我立刻与他们取得了联系，询问是否能够在他们的组织里实习。在他们看来，他们无法理解一个在泰国读大学的尼泊尔学生为什么会愿意跨越大半个地球来到美国，做两个月的义务实习。此后的一个月里，我与他们邮件往来，告诉他们我是实习生的最好人选。一开始，他们有点儿犹豫，但是渐渐地，事情开始向好的方向发展，2013 年 2 月，他们总算同意了。

我终于到了美国。

2 月的一个寒冷的夜晚，我收拾好行李，告别自己的寝室，离开了校园。我打了辆车，当出租车划过夜色驶出校园时，我感到一阵激动。那是一种纯粹的高兴。我感到了一种轻快的、清新的、美妙的感觉，纯粹的自由的感觉。我终于要开始自己的生活了。我终于自由了。

不到一个月后，我拿着签证，总算到达了美国，开始重新研究永动能机。我为了研制它而创办的 Anveya 公司现在已经有了一个由 5 人组成的设计团队，我们慢慢地推进着研究计划，希望能够最终推进能源领域的大变革。在两个月里，我遇到了很多很棒的人，交到的朋友比我此前交的朋友都多。我那疯狂的冒险最终取得了好结果，我终于开始追寻童年时就有的梦想，而且，我再也不会想放弃了。

如果能回到 10 年前，我会告诉当时的自己，我们的决心比一路上遇到的各种挫折都大得多。即使是在最坏的条件下，人们也有足够的能力勇敢面对困难。对失败的恐惧是一种不成熟的想法，我们应该训练自己避免这种想法。我希望自己在小时候就能知道这些。但是，无论如何，现在我知道了这个道理，我希望能够凭借它实现我的毕生目标。

这只是时间上的问题。

非做不可的激情将成就你

米歇尔·林恩（Michelle Lynn）

米歇尔·林恩今年 21 岁，是视频制作公司 VIP 工作室的董事长兼 CEO。17 岁时，她就领导机器人电子团队在 FIRST 机器人大赛中取得了优异的成绩，获得了 30 个大学学分，入选全国院长嘉许名单（美国大学生名人录），并且有机会在美国国家航空航天局肯尼迪太空中心实习。16 岁时，她曾作为学生代表在毕业典礼上致辞。现在，她是一名视频制作创业者，拥有 10 年电子技术和机器人技术经验，19 年作为舞台达人的经验，6 年从事各种幕后工作的经验，以及 6 年前台采访、调查的经验，分析与执行是她最大的专长。她拥有丰富的科技知识，受过正规大学教育，并且有大量一手实战经验，已经为国家橄榄球联盟（NFL）和多家公司拍摄制作过视频影片。

许多人问我在娱乐业工作感觉如何。一般来说，他们都希望我根据自己的经历给他们提点儿建议，或者希望我分享一下一路走来遇到的某个名人的建议。如果你正在"考虑"是否进入娱乐业，以下这条是我能给出的最好、最直接、最真诚的建议：

你准备好了吗？

如果你需要考虑一下才能决定是否进入娱乐业，这就意味着你根本不适合走这条路！如果你不是不论吃饭、喝水、睡觉每分每秒都梦想着进入娱乐业，那娱乐业根本不适合你！这一行里有很多人最后染上毒瘾，甚至死去了。干这一行，你必须是一个富有主动性的创业者，自己决定自己的未来，而不是被那些可能会把你引上歧途的人利用。

娱乐业可不便宜。不论是经济上、心理上、身体上、情绪上，还是精力上，你都需要付出巨大的努力。如果这世界上还有任何其他你能做的事、任何其他能让你过上稳定、快乐、满足的生活的事，就去做吧！现在回头并不丢人。照顾好自己才是最重要的。

但是，如果你确实对这一行满怀无限激情……如果你确实不论吃饭、喝水、睡觉还是做梦，每分每秒都想着这一行……如果你觉得自己必须创造出有意义的作品，否则就要爆炸了……那么，好吧，你可千万别爆炸！

创造那些美妙的作品吧！

展现出那些你必须实现的梦境吧！

让这世界欣赏你梦想中的作品吧！

在这一行取得成功的人，并不是因为自己想做才去做的；他们是不得不去做！

尽管我简直就是为了娱乐业而生，但是，如果你不在这一行，你可千万别被骗。"这一行"可以是令你感到"如果不去做就受不了"的任何一行。一旦你找到了这种激情，不论是在哪一行，都要紧紧抓住它，不要放手！

我曾有幸见过约翰·辛格尔顿两次，他在23岁时就凭处女作《街区男孩》一举获得奥斯卡最佳导演和最佳原创剧本两项金像奖提名。他无疑是我见过的最有激情的人之一。因此，当他说如果当时不赶快拍摄出《街区男孩》这部电影，他会爆炸时，我真的相信了他。说起电影《稳操胜券》，斯派克·李也有过类似的说法。《稳操胜券》是他的第二部电影作品；第一部电影失败了，因为他当时并没有全身心投入其中。当他激情满满地准备拍摄第二部电影时，他浑身上下热力十足，简直一点就能着，根本就没考虑过失败这件事。最终，他凭借炽热的激情一举取得成功。

我说这些并不是想令你垂头丧气。我想说的是：要么就搞大的，要么就回家。因为，如果想取得成功，就要付出鲜血、汗水和眼泪。我说的是，如果想要达到顶点，你需要付出的是实打实的努力！并且，要想留在这行，你还要付出更多。史蒂夫·哈维曾经说过，成功就好比是第一次一口气做了 100 个俯卧撑，而成功能维持多久，则要看付出全部力气做了这么多之后，你还能以同一个姿势维持多久！

对此，我感同身受。因为说句实话，高三那年差不多过了一半的时候，我对自己说："我一定要作为学生代表在毕业典礼上发言，否则我就要爆炸了！"你猜怎么着？我是我们高中二十多年来首个在毕业典礼上发言的黑人学生代表。我不愿自吹自擂，所以不经常提起这件事。但是，在毕业典礼上发言绝对是我人生中最骄傲的一件事——迄今为止。

许多人想要进入娱乐业。因为这里的一切看上去都光鲜亮丽、绚烂夺目。好莱坞（Hollywood）要看上去充满魔力，因此也确实令无数人神往不已。可是，你知不知道，很多人一直认为冬青（Holly）树的木头（Wood）有一种充满魔力的特性？你认为这仅仅是种巧合吗？

要想"一夜成名"，其实需要的是多年的积累。其中每一年都要做大量的工作。

是的，我知道有些人在远处羡慕着我的生活。在他们的想象中，我每天的生活充满了无忧无虑的冒险，他们认为我每天都会去到一些他们梦寐以求的地方，遇到他们崇拜的名人，做一些在他们看来惊奇的，甚至是令人敬畏的事情。好吧，让我告诉你，我的生活可没有这么轻松愉快。是的，我很享受自己的工作，但是我每天都在苦苦挣扎。每当我想取得一点儿突破、上到一个新的高度时，我就会遇到更大的对手以及更强的阻力。我根本不需要打电子游戏，因为我每天的生活就是动作片＋冒险片＋悬疑片＋惊悚片，这对大部分人来说可绝对不是什么简单的事。

但是，**每当我遇到一个看上去无法克服的巨大障碍，我就会想：如果不继续追求梦想的话，我就根本活不下去。**如果你也有同样的感觉，你会知道自己已经入行了。

把问题转变成解决方法

○ 维贾伊·马诺哈尔（Vijay Manohar）

维贾伊·马诺哈尔入选北得克萨斯大学的早期大学入学项目，高中二、三年级就读于该大学下属的得州数理高中。在那里，他首次尝到了创业的滋味。北得克萨斯大学墨菲创业中心举办了"点子大赛"，寻找有意义、有发展前途的点子。在这场比赛中，维贾伊把一直萦绕于自己心间的点子——PCs2Prosper 报了上去。PCs2Prosper 是一个非营利组织，旨在将企业中退役的电脑捐赠给需要电脑的优秀学生。

把电脑递给贾丝明·马丘卡时，我的双眼湿润了。我站在那里，想到她的过去就心痛，但是想到她的未来又充满着信心。她的脸上绽放起美丽的笑容。我知道，这就是改变世界的真正意义。

我面前的这家人来自得克萨斯州丹顿市的郊区，过去几年来遭遇了很多困难。单亲母亲在一家快餐连锁店里打两份工，艰难供养着 4 个子女。其中一个孩子衣衫褴褛、又瘦又高、面色饥黄，就像好几周没吃过饭一样。他们所上的学校非常破败，学校周围的社区环境也差不多，社区居民的日子也都很不好过。尽管如此，我还是保持着镇定。贾丝明想当作家，和其他几个那天在博尔曼小学图书馆里的孩子们一样，他们都有一笔宝贵的资产：尚未发挥的潜能。

孩童时代起，爸爸就往我的脑海里灌输了一个概念：要改变世界。他不想让我变成另一个数据，就那么按部就班地出生、上学、工作、成家、死亡。他不知疲倦、无休无止地教育我，应该对社会做出有益的影响。最终，这个想法也深深扎根在了我的心中。很快，只要一想到"循规蹈矩、按部就班地过一生"，我就会深感恐惧。我要成为一个先驱——但我还不知道应该怎么去做。像比尔·盖茨、沃伦·巴菲特这样的社会企业巨头的形象一直不断地出现在《时代》杂志、《新闻周刊》的封面上。但是，他们都有多年的经验、大批的支持者和大量的资本。我什么都没有，但是我不想等到长大或者老了以后再行动。我经常想："我为什么不能现在就留下一点财富呢？是什么阻碍了我？"

2011 年春天，学校预算大幅削减。首当其冲受到影响的就是电脑，学校无力购置新型号的电脑，也就是说我们每个人不得不自己在家里买新型号的电脑。这个问题激发了我进一步的深入思考，我发现很多低收入家庭的学生根本就没有家庭电脑（事实上，有七分之一的学生家中没有电脑）。这个发现令我胸口一疼。从小到大，我都天真地以为电脑是每家每户必备的，是所有人都可以轻松拥有的。我经常连续几小时用电脑上网、工作，在刷 Facebook 时还嫌网速慢。对我来说，电脑这样的科技产品是我生命中自然而然的一部分，我从来没在这方面受过任何委屈、遇过任何问题。所以，当我猛然发现原来拥有一台电脑竟是一种特权时，我不禁为此前自己的抱怨感到羞愧。许多同龄人都还苦于没电脑呢，在这种情况下我怎么能抱怨呢？他们的学习生涯已经不再由他们自身的学习意愿或学习努力程度控制；他们的学习竟然受制于能否获得一台电脑或一个硬件。

差不多就在学校预算缩减的同一时期，我看到爸爸用上了新的手提电脑。我问他："你那台旧的电脑怎么了？"很显然，虽然由于资金不足，学校无法更新电脑，很多企业却定期淘汰工作电脑，以保证自己能时刻走在科技的尖端。

我想到了一个好主意。一切都很清楚了。

把淘汰下来的工作电脑送给那些买不起电脑的学生怎么样呢？这就是我两年前创办 PCs2Prosper 的初衷。我可以架起企业和学生间的桥梁，让学生们认识到，其实他们获得成功的机会比自己曾经以为的大得多，我希望能以此回馈社会——赐予我那么多的社会。

就是这样，我遇到了贾丝明。那时，我的眼睛湿润了，但同时脸上也绽放了笑容。贾丝明终于可以如愿当上作家了，她不仅能用这台电脑写出让大众欢欣鼓舞的故事，而且还能重新书写自己的未来。

每个人都有点子。我发现，当朋友或者家人在日常生活中遇到问题或不便时，他们常说："要是能发明出某个东西就好了，这样我就再也不用遇到这个问题了。"确实，大部分时候，这些主意都很好。但是，谁去做呢？什么样的人去发明或创造这样的东西呢？

你和我就能。今天，我们就开始吧。

一个微笑对你来说意味着什么

佐薇·梅斯尼克 - 格林（Zoe Mesnik-Greene）

佐薇·梅斯尼克 - 格林在华盛顿大学读大四，是 Lavin 创业项目的学员。不做生意或不上课时，佐薇喜欢挥洒汗水，她热衷锻炼和旅游，喜欢与朋友、父母、她的金毛犬弗罗多一起玩。

有个故事我已经听过很多遍了：6 个月大的时候，我一边高兴地尖叫着一边爬到了冰箱的顶上，直到我妈充满恐慌地一把抓住我，不顾我的意愿，把我抱到相对安全的地面上来。从小到大，在我的生活中，我就从来没想过求安稳。现在，我 21 岁了，在华盛顿大学读书，并且是个充满激情的公益创业者，正在积极打造我的公司 StartMark，已经于 2014 年秋天发布了公司的第一款产品："持久的微笑"（Lasting Smiles）润唇膏。

我有一个很高的目标：我希望通过合作可以不断改善产品质量、提高人们的生活水平、促进全球环境保护和发展，在世界上留下浓墨重彩的一笔。我是如何从一个无畏无惧、勇于攀高的小娃娃成长起来，变成现在这样一个充满干劲、目标坚定的青年公益创业者的呢？

回首往事，我发现自己习惯于通过不断地冒险来达到新的成就，不论一路上有多少艰难挫折，摔过多少次、受了多少伤。在我还小的时候，每周除了上课外，我还要参加22小时的体育训练。上了高中后，我挑战自我，开始练习撑竿跳这个技术要求很高、充满危险的运动项目。每当我拿着重重的、高度是我身高两倍半的撑竿跑向插斗时，我都要凭借直觉把竿子插进去，然后无畏地跳起来，向着4米的高度翻越过去。在这个非常辛苦、技术难度很高的运动项目上，我理解了我的坚持和勇气到底源自哪里。我之所以能成长为现在的自己，愿意投身解决世界上的大问题，这一切都始于我的运动生涯：我看到了某种运动技能，并决心掌握它。在竞技体育中，我需要成百上千次的重复练习，每一次都要精准无误，才能最终轻松完美地掌握。每一次出错、摔倒，我都要勇敢地站起来，鼓足勇气再试一次。在这个过程中，身体上和情绪上的压力都非常大，但是一旦成功掌握了某样吓人的、危险的技能后，那种喜悦却是那么单纯而有力量，足以让我坚信辛苦训练的价值，下定决心永远不在追寻目标的过程中放弃。

高三那年，我与奥林匹克撑竿跳金牌获得者斯泰西·德拉吉拉一起住在加利福尼亚的奥运训练中心，接受斯泰西对我的训练。在那里，我遇到了视觉受损的残奥会跳远运动员亚力克西斯，他给我上了关于"努力"和"不放弃"的最好一课。观摩亚力克西斯和其他残奥会运动员一起训练对我产生了巨大的影响。亚力克西斯告诉我，他决不让自己在"看"东西方面的困难妨碍他"看到"自己梦想成真。这对我产生了巨大的震撼。我相信，在生活中我们会遇到身体上的问题，遇到情绪上的问题，但无论如何，我们仍旧可以自己做出选择：**站起来，不放弃**。

15岁时，我在秘鲁阿亚库乔Wawa Wasi日托中心做志愿者，照顾父母在监狱或者父母是街边摊贩的小孩子。这段经历让我知道了另外的一种逆境。在抚养我长大的过程中，我的父母一直教育我，不能只关心自己，还应该尽自己的努力让世界变得更美好。所以，十几岁时，我就开始服务社会，思考如何可以尽自己的力量改善世界上的不公平、不平等问题。我知道，不论是在远方还是在我们身边，都有很多人需要我们的帮助。

回到西雅图后，我希望能够在这方面学到更多，于是参与了两个不同的青年慈善和援助组织。高中的暑假里，我抓住每一个为各种非营利组织和营利组织工作的机会。我主动找到那些从没用过高中生的服务机构和公司，寻求在那里工作和学习的机会。我很早就意识到，让我更有成就感的是有创造力的工作，我更愿意担任领导角色。

2012 年 11 月的某个晚上，在寝室里，我无意中在网上看到了一个视频短片，这个短片点燃了我的激情，最终让我创办了自己的公司 StartMark。每 600 个小孩子中就有 1 个人患有唇腭裂。在发展中国家，很多唇腭裂的小孩子没有条件接受治疗，于是终其一生都生活在唇腭裂带来的屈辱中，他们无法正常吃饭、说话，并且往往无法融入社会。这让我深受触动。我无法相信，只要差不多 250 美元就能解决这个问题，永远改变孩子的一生；但是仍然有很多孩子因为没有钱或没有资源而无法得到手术治疗。

那天晚上，我心里很难受，绞尽脑汁想要想出一个能解决这个问题和其他那么多问题的方法。我该如何利用我对商业，特别是对创业的兴趣，解决世界问题？那晚我躺在床上，辗转反侧，不停地想来想去。有没有一种每个人都需要的东西——所有人都能用得上，并且需要重复购买，同时价格又很低廉，所有人都能轻松买得起。突然，我想到了。我可以把唇腭裂和嘴唇这样亲密的、私人的东西联系起来。我们用嘴唇微笑、吃饭、喝水、交流、亲吻……和嘴唇有关的是什么东西呢？我终于想到了：唇膏。

唇膏是我们会一直购买的东西。我自己就有很多支唇膏：一支放在抽屉里，一支放在钱包里，一支放在车上。并且，为了保持嘴唇营养，我还经常需要重新购置唇膏。于是，我想我可以做一种高品质的，同时价格合理的唇膏。我在脑海中和内心里默默起誓，一定要让这一切成为现实。并且，我的唇膏还要能够为社会慈善做贡献。

此后几周，我充满热情地投入了这项工作。我不知疲倦地打电话、上网。我找到了一家唇膏生产商，保证唇膏的所有成分都是有机的，其中乳木果是从非洲中部的一个妇女合作社采购的。我找到了一名设计师，设计了产品商标。我订购了几千支唇膏，在等待送货的时间里，我制订了市场和销售计划。我满心以为，在拥有 42 000 名学生的大学里卖出首批几千支唇膏一定会很简单。令我失望的是，虽然很多学生组织和社团（包括销售俱乐部、第 13 届女学生联谊会、多支运动队、几栋宿舍楼）一开始答应了帮我卖唇膏，虽然我非常认真努力地为这些组织和社团准备好了唇膏销售礼包和宣传材料，但最后，由于各种原因，所有在学校里卖唇膏的路都走不通了。

我把所有的心血和精力都投入了这项事业，我会将销售净利率 100% 捐赠给需要的儿童。我非常失望，但绝不放弃。接下来，我把目光投向了校园之外。我单枪匹马和扶轮社等专业机构联系。我亲手制作唇膏展示箱，带着两种口味共计 50 支唇膏奔走在各个医疗诊所、牙医诊所、银行、运动员俱乐部、日托中心之间，希望有人能支持我的项目。我希望能在情人节前将首批唇膏全部卖出。

我获得了一点儿成功，但是距离自己的目标还很远。于是，我进一步挖掘周围资源。可千万别小瞧年轻人的力量。在我 13 岁的弟弟的帮助下，我找到了一批初高中生，他们分别来自西雅图的不同公立学校和私立学校，答应帮我在各自的学校里卖唇膏。我用我在当地零售商店里获得的一些小东西作为奖品，激励他们努力销售。售卖唇膏 3 个月后，在照常上课、每天体育训练两次的情况下，我卖掉了所有唇膏，赢利 3 万美元，并将全部收入捐献给了唇腭裂儿童做手术。

唇膏首批试售的过程比我想象中的困难得多。但是，我得到的顾客反馈非常好，他们纷纷说这是他们用过的质量最好的唇膏，买唇膏的同时还能做公益，这令他们感觉非常好。来自顾客的良好口碑推动我继续前进。

我开始一步步建立一个以社会慈善为基础的商业模型。我大量阅读了关于唇膏产品的市场调研报告。我组建了自己的公司 StartMark，一家以社会慈善为目标的公司，重新设计了商标，进一步完善了唇膏的成分，开始与来自世界各地的小型农业合作社合作——从他们那里采购原料，帮助其所在地区发展经济。我构建了一个商业模型，每售出一支唇膏就能为唇腭裂手术筹集一定款项。我的决心、热情、努力最终得到了回报。2014 年秋天，我与诺德斯特龙连锁百货店、全食连锁超市、Lori's Gifts 礼品店以及网络零售商 drugstore.com、Walgreen.com 合作，在全国范围内发布了"持久的微笑"润唇膏。

与过去辛苦参加体育训练和竞赛一样，在商业的旅程中，我也是依靠自己持久不懈的辛苦努力一步步前进。有的时候我会遭遇挫折，完不成自己的目标，但是我会继续咬牙坚持，直至达到目标。我意识到，过去多年的体育训练生涯和我现在作为创业者的工作有许多相似之处。我在创业的路上一路前行，心中充满改变世界的力量与激情，绝不允许任何事或任何人妨碍我服务他人、奉献社会。

令我感到震惊的是，一个简单的想法、一段简短的对话，就能对我们的文化产生这么巨大的影响。倾听你内心的声音，找到你的梦想所在，找到那个能令你浑身沸腾、不断前进的激情所在。在日常生活中，要一直保持积极创新的心态，留心注意身边有没有什么需要改善、改变的事情。对事物保持探究之心，用充满想象力的眼光观察自己的周围、审视自己的情感和本能反应。虽然我决定练撑竿跳（以及小时候爬冰箱）吓到了我的母亲，但是从小她就教育我：**不要害怕问问题，不要害怕犯错。永远不要让自己满足现状。逼自己打破陈规，跳出既有的条条框框去思考问题。敢于冒险。**如果能够找到一个想法或一种感觉，以此为出发点，不断努力，最终创造出什么东西，这简直是个了不起的人类壮举。只要有勇气、有激情、有毅力、有恒心，你也一定能做到！

把街头少年变成反毒品支持者

阿尔法·巴里（Alpha Barrie）

16 岁时，阿尔法·巴里就已经在 B-Gifted 基金会志愿担任青年和平协调员两年了。工作期间，他在多所中学的学生中协调开展旨在促进和平的各项活动。活动形式包括辩论、小测验、互动工作坊以及创意和平表达等。他现在 18 岁，在自己的祖国塞拉利昂创办了"青年反毒品滥用项目"。2014 年，他组织了一支由青年人组成的队伍，他们走访了 5 个贫民窟，帮助超过 55 名年轻人认识到了毒品的危害。他的这支队伍还与 B-Gifted 基金会合作，为其他社区项目提供建议服务。

如果花点儿时间审视一下我们的生活和做出的努力，我们会发现，我们个人的大部分行动与愿望其实都是与其他人的存在联系在一起的。因此，不论我们在这个世界上开创了怎样的事业，这项事业都应该对我们自身之外的其他人有所裨益。从小到大，我渐渐学会，面对自己以及他人生活中的苦难时，要保持恒久的耐心，尽量寻求或提供慰藉。

2010 年，我们塞拉利昂威尔士王子学校的校长邀请了 B-Gifted 基金会（一个致力于通过创意和科技解决人权问题、促进和平和发展的非营利组织）为我们做演讲，阐述他们的使命。在这场讲座中，B-Gifted 基金会的创始人与我们分享了他对于发展、创新、教育、和平、社会活动等多个人类共同关注的问题的看法。讲座结束后，我深受鼓舞，与其他几个同学一起找到了他。我们都愿意发扬他的精神，并将这一精神转化为实际行动。

在与我们交流的过程中，他热情表达了对青年社会活动的期待与支持。当时，对于自己在未来可能会面临的诸多挑战，我还完全没有概念。但是，他简洁而真诚的话语鼓舞了我，我深受启发，决心投入行动。

当我第一次跟朋友和家人说起我要在我的祖国塞拉利昂创办一个"青年反毒品滥用项目"时，他们感到非常害怕。因为，我要去劝说、帮扶的人之前可能做过儿童兵，可能有毒瘾，等等。他们中的很多人都是在贫民窟、棚户区或者类似的地方长大的，与他们接触可能会非常危险。虽然其他人都为我担忧，我还是意志坚定，下定决心要不断前进，告诉同龄人吸毒的危害，并以此改变世界。我想要告诉他们，他们有能力改变和影响自己的未来。我觉得自己能够帮助这些被研究人员称为有吸毒"风险"的年轻人。

我说话和气可亲、善于说服别人，因此，走进贫民窟的时候，我很自信我一定会有观众。我跟着一位在这片区域里非常受人尊敬的"博博尔·卡洛伊"先生一起，一路碰到了很多正在吸毒、喝酒、赌博的年轻人。我可以从他们的动作和表情上看出来，对于这片区域来说，我是个入侵者，他们并不欢迎我来到他们由临时房屋组建成的家。我坐到他们身边，问是否能够加入他们，一起玩游戏。他们同意了。我坐在那里，了解到了这些年轻人遭遇过的可怕经历（刺伤、持刀抢劫、谋杀等），想到如果他们决定拿起武器来对付我、伤害我的话，我该有多危险。

他们渐渐开始问我是不是记者，是不是安全人员。对此，我都予以否认。我告诉他们，我和他们一样，就是个想要改善这个地区的年轻人。我向他们发出邀请，请他们来到我们的活动中心，在那里与其他年轻人一边吃东西、喝饮料、分享各自独特的才艺，一边聊聊体育、电脑、音乐等话题。他们的眼中闪烁着兴奋的光。我知道，他们已经准备好远离战争、帮派斗争、毒品这些可怕的东西，准备好改变自己的生活了。

就在那时，我意识到自己冒的险有多么大的价值。通过让自己置身那种环境，虽然有点儿潜在的风险，但是我能够改变别人的生命。自从第一次与这些备受困扰的同龄人接触以来，我的使命感与日俱增。我始终不忘初心：我要帮助别人，回馈社会。

让我们像 B-Gifted 基金会的创始人一样，不懈尝试，让别人的生活变得更好。因为，**说到底，我们所有人都是联系在一起的，我们休戚与共。**

请主动与人交流

布兰登·王（Brandon Wang）

布兰登·王是学生、创业者、设计师、社会活跃人士。他出生在得克萨斯州休斯敦市，正在新罕布什尔州的菲利普斯·埃克塞特中学读高三。他8岁时就开始设计网站，设计和科技带来的变革令他深深着迷，他希望能够通过设计和科技开创更美好的生活。在Schooltraq，布兰登与团队其他成员一起，帮助学生通过组织规划自己的学业任务来提高效率。在Sponsr.Us，布兰登通过筹募资金和建立导师制度，催化青年创意人的发展。在Better Journalism计划中，布兰登帮助全国各地高中的学生记者队伍重新焕发活力。

布兰登还曾经在硅谷Teens in Tech实验室、休斯敦非营利组织Teach For America、哈里斯县民事法庭工作过。他经常在新英格兰和休斯敦之间穿梭，一有时间就喜欢和他的狗"花生"一起玩。

我喜欢飞机场。我喜欢走在人行道上的速度感，喜欢拖动行李箱时发出的摩擦声。我喜欢在门口伸展一下筋骨，悠闲地喝一口冰拿铁，看着其他人从我身边匆匆而过。我欣赏机场这个庞然大物的高效率。大部分时候，我根本不介意安全检查。我总是需要带上 3 个箱子，每次在安检前我都会提前把它们整理好。

其他人都是乘巴士上高中的，我的高中却离家 3000 多英里。我每年都要乘飞机往返几次，每次飞机航行需要 4 小时时间。18 岁前，我将至少在这个航线上往返共计 36 次。对我来说，机场就是日常生活中固定的一部分。我和机场之间有个协议，我们互相尊重、保持安静，我一直遵守着这个协议。

旅行让人更独立。在机场，你只管前行，根本没必要和别人讲话。机场赋予人的力量感和自由感仅仅是其次的，更重要的是，在机场，你是一个完全独立的个体。我并非特别内向，但是我喜欢在航站楼里穿梭时塞上耳机，这样就能完全沉浸在自己的世界里。我也正是这么做的。

机场是我生活的一部分。

但是，具有讽刺意味的是，我讨厌坐飞机。

在我离开登机桥、踏上飞机的那一刻，我就对飞机深恶痛绝。我讨厌机舱里再循环的空气，讨厌机舱里拥挤的陈设，讨厌机舱里的灯光，以及机舱里的一切。其中，我最讨厌的是遭遇气流。遇到气流时，我的心里从来没有那么清醒过：飞机每一个向上的剧烈爬行后都会伴随着一个向下的俯冲。我紧紧抓住座位的扶手，希望从中得到一点儿安慰，但是我抓住的每一个东西也都在动。

那时，我坐在 24C，旁边坐着一对夫妻，他们也在紧紧握着座位扶手。在现代社会里，没有什么会比一场飞行计划得更周密了。但是，虽然我们有价值几十亿的基础设施，虽然我们有昂贵的监控设备，航空业还是无法解决或者预测气流问题。

在生活中，意外事件、突发状况是非常常见的一部分，它们充斥在我们的日常交往中。从某方面来说，虽然有点儿诡异，但是飞行确实像极了我们的日常生活：在那些我们认识、预测得非常充分的事情中，常常会出现一些不幸的时刻，一切好像都开始分崩离析，虽然我们也知道，大体上来说一切都会好起来的——飞行员会搞定的。在这样的时刻中，唯一能把我们拖回到现实中来的是一些最基本的东西：人的情绪和人与人之间的沟通。

于是，我转过头来开始跟坐在 24B、穿着红色格子衬衫的人说话。我向他介绍了我自己。当然，这是一个自然而然的举动，我们开始了对话，脸上也渐渐恢复了血色。这位男士从事 IT 行业，他正在去探望自己侄子的路上。他的侄子差不多和我一样大，也可能稍微小一点儿。然后，他又说起了自己的工作，飞机也渐渐稳定了下来，开始平稳飞行。

我觉得走在机场时的感觉非常好，这是因为我可以很轻松地与周围的环境分离开，戴上耳机，沉浸在自己的世界里。当我感觉到无助时，当我坐在机舱里拥挤的椅子上，再也感觉不到安全或者独立时，这么做却一点儿用都没有。在这种时候，唯一有用的就是找周围的人一起说说话。

后来，我也渐渐意识到，我不必非要等到不舒服的时候才去主动跟别人交流。在国外，我会主动联系当地企业和创业团队，而且，很棒的是，大部分时候他们都会很高兴地邀请我去参观。我有一次还在伦敦 Spotify 网站的办公室里待了一个下午，与他们的总监一起喝咖啡、聊天——而我之所以能做到这些，仅仅是因为我之前发的一条微博。真诚才是最重要的。

下一次在飞机场时，我一定要在排队过安检时和周围的人聊聊天、说几句玩笑话，虽然我本性有点儿内向。

记住：不论何时何地，尽可能地与别人说话。在飞机上和别人说话，在火车上和别人说话，在巴士上和别人说话，即使周围都很安静，也要说话。如果我们能通过说笑让周围的环境变好一点儿，那就说几句话，让你周围的人活跃起来。说话要有点儿技巧，这样就没什么人会拒绝你。还有整个世界等着你去探索呢。

　　下飞机时，那位男士给了我一张他的名片，要我与他保持联系。现在，我已经从飞机邻座那里积攒了许多张名片。虽然走在飞机场里时，我还是会戴着耳机，但是我会在有需要的时候随时随地冲别人微笑、开始与周围的人谈话。对我来说，我正在尝试着尽量让自己外向起来，力所能及做一个热情开朗的人。

　　你永远不知道自己会碰见谁，也永远不知道坐在你旁边的会是个什么样的人。但是，他们绝对也有故事，一个和你自己的故事一样生动的好故事，只要你激发一下，他们就会愿意与你分享自己的故事。主动一点儿，询问一下他们的故事。也许，你会就此找到一个新的客户、朋友、爱人、员工，或者至少，他们也可以帮助你从飞行或人生中遇到的艰难险阻中转移一下注意力。

　　一切，就从说一句"你好"开始。我是布兰登，很高兴遇见你。

决定了就去做

○ 丹尼尔·阿玛德扎德（Daniel Ahmadizadeh）

丹尼尔·阿玛德扎德是个胸怀大志的创业者，热衷于为他人服务。他曾经作为助理效力于Uprising风投公司，该公司规模不大，总部位于旧金山，致力于催化公益创业项目的发展。他还曾在非营利组织CareMessage（该组织曾获得过《福布斯》杂志"30位30岁以下创业者"奖）担任助理，帮助通过设计、建造、应用创新移动技术解决全球健康危机。丹尼尔现在就读于石溪大学，创办过多个组织，包括一个"魁地奇团队"，以及非营利组织Watsi的首个大学分支（Watsi是一个全球医疗资助平台，将捐款人和需要医疗救助的人联系起来，资助他们进行花费小、疗效好的相关治疗）。

你好。热黄油牛角面包，法国航空748号飞机，飞往纽约肯尼迪机场。要去"大苹果"（纽约别称）了。所有出租车都让我想到第戎芥末酱。伊朗—法国—加拿大混血的住在纽约布朗克斯区的穆斯林人士？白皮肤，红色鬈发，有雀斑。爱尔兰人？波斯人？！我的故事每次都能震撼所有人。

感恩节晚餐。西班牙海鲜饭大餐。下决心一定学会读写波斯语。好朋友变成家人。

生活继续。

夏日的圣迭戈阳光明媚。柠檬水摊位。生活很轻松。2001 年 9 月 11 日。

又一次在机场被"随机检查"。"随机检查"力度迅速增强。再见预科生涯，你好公立教育。"这个孩子是谁？"哈莱姆区的高中，表现得像钉子一样强硬。"白巧克力"时代开始了。

出生。爱。希望。未来。生活。兄弟。克隆。

大摇大摆地走路。洪都拉斯的临时保姆变成私人西班牙语教师。爸爸的工作下一步会把我带到哪里去？马达沃斯卡、肯特堡、卡尔斯巴德、莫德斯托、米拉米希、斯坦福德、菲尼克斯、特洛克、林奇堡、内布拉斯加对战纽约。纽约洋基获胜！这就是高中？！欢乐时光开始。艺术课上的简笔画。生物课上的青蛙。真轻松啊。

检视现实。专注。确立目标。开始行动。这是很长的一段路。思考……她真漂亮。她也是。真漂亮啊……专注，专注，专注！

犹太屠杀博物馆的法语导览。绝对额外加分。沙漠中的滑雪场？我们生活的这个世界真是奇妙。再见迪拜，你好美国海关。

黑屋子。一个人。父母等在外面。"2008 年 1 月 3 日你在哪里？""学校？""别对我说谎！"10 分钟的时间里大气都不敢出一口。我能回家吗？时间确实是相对的。意大利，法国，伊朗。旅游令人眼界大开。

"这一年将会决定你的下半生。"所有人都这么说。今天是崭新的一天。"别去。太不安全了。"我们还是去了。波斯食物太好吃了。学会在德黑兰的大街上开车。兼职出租车司机。篮球队队长。大学入学申请："什么是勇气？""这就是。"事实胜于雄辩。

遇到毕生所爱然后心碎了。唐恩都乐甜甜圈的员工拒绝接受大学生给的小费？谁会想到一个来自孟加拉的中年男人会永远改变我的一生。更加清晰地认识了自己。开始。行动。缓慢。几乎要达到目标了。"小子，你可以成为任何你想成为的人……医生，律师，或者工程师。"所有的移民父母都这么说。

追随自己的梦想。拼上一切。一时兴起飞往旧金山。给所有认识的人发邮件。从失败中学习。跌倒。站起来。不断失败。

图片应用很不错，但是你真的想因此而被人们记住吗？民主化。赋予权利。授人以渔，而不是仅仅授人以鱼。

什么令你激动得浑身起鸡皮疙瘩。好。你去做这个。"你现在所做的是否值得你付出毕生努力？"是？从今天就开始吧。不要妥协。

第一阶段完成。一次冒险在前方等着。

"长大后我想当总统／建筑师／摄影师／宇航员。"

我亲爱的弟弟，为什么不呢？**这是你的梦想……抓住它……坚决不让任何人阻碍你**。我爱你，永远爱你。

让梦想照进现实

凯文·布雷尔（Kevin Breel）

凯文·布雷尔 21 岁，是名青年作家、单口喜剧演员、致力于推动心理健康的社会活动家。作为作家，他为《赫芬顿邮报》和 CNN 供稿。作为单口喜剧演员，他是加拿大历史上最年轻的喜剧演员。作为推动心理健康的社会活动家，他曾经在包括 CBC、CTV、MTV 和 NBC《今日秀》节目在内的全球各大媒体上出现过。他所做的 TED 演讲《一个抑郁喜剧演员的自白》在网络上广泛流传，30 天内就有超过 50 万人观看了这个演讲。现在，这个演讲与史蒂夫·乔布斯、比尔·盖茨、赛斯·高汀的演讲并驾齐驱，成为历史上观看次数最多的 TED 演讲之一，全球点击的观众将近 20 亿。对于心理健康问题，人们并不愿多谈。但是凯文为这个棘手的问题赋予了浓浓的人情味和无与伦比的洞见，因此，整个北美地区的学校和活动都力邀他参访出席并演讲。2014 年，凯文花了一整年的时间在世界各地巡回演讲，分享自己对于心理健康问题的认识。在巡回演讲的过程中，他去了美国超过 15 个州和加拿大的 3 个省。

我不知道该如何回答这个问题："你是做什么的？"我想说我骑摩托车、打篮球，因为我确实做这些事情。但是问这个问题的人其实想问的是："你是做什么工作赚钱的？"我真希望自己能给出一个很酷的回答。

但是，我不行。对于这个问题，诚实的答案是：我做三件不同的事情。有时候我写点儿东西。有时候我表演单口喜剧。还有些时候，我在大学和各种活动中做关于心理健康方面（特别是关于自杀预防和抑郁）的演讲。

这些事情其实是八竿子打不着的。但是我觉得还可以。我从来不觉得自己是个"创业者"。因为在我的印象中，创业者都是些穿着白 T 恤编程或者开发应用程序的人。与此相比，我更认为自己是一个梦想家，偶尔采取点儿行动让自己的想法得以实现。之所以说是"偶尔"，是因为大部分时候我都更擅长做梦，而不是行动。我想，这也还算可以吧。

今年，我可能会在北美地区的大学和活动中演讲 50 多次。然后我还可能会在纽约和洛杉矶待几周，表演单口喜剧。我可能还会花大量的时间对着笔记本电脑，为几家媒体写客座文章（我很幸运有机会为《赫芬顿邮报》和 CNN 供稿），或者只是简单地记录一下自己的各种想法。

在这个过程里我需要不断磨炼"创业者"的各项技能。

我雇了一个人帮我预订机票和酒店。我有一个商务经理，一个叫杰德的洛杉矶棒小伙帮我处理所有的媒体和新闻事宜。我已经组建起了一个小小的但是很能干的团队，帮助我在演艺事业和个人事务上不断发展进步。

渐渐地，我越来越喜欢自己所做的事情中"商业"的这一部分了。因为，从中我看到：我的影响力直接关系到我的收入水平。

我的经理乔希喜欢这么说："如果你卖出了 10 本书，你会影响到 10 个不同的人，你也就赚到了 10 本书的钱。如果你卖出了 10000 本书，你就能影响到 10000 个人，并且赚到 10000 本书的钱。"

这是一种很简单的看待事物的方式。但这是对的。

我希望，不论你追求的是什么，你都能真心热爱这个事业，对此充满激情。但是，无论如何，所有人都得吃饭、养活自己，并且以后还要养活家人。因此，在你追求自己的艺术或技艺的同时，你需要意识到，这也是个生意，你需要把自己的梦想和现实平衡好。

对我来说，我把大部分的精力都投注在自己的技艺上。作为表演者、演讲者和作家，如果我的水平不断提高，我就能赚到更多的钱。但是，我也知道，说到底，最重要的还是如何巧妙地把你正在做的事情变成生意，打造出品牌（我实在找不到一个更好的说法了）。因为，到最后，如果你根本赚不到什么钱，那么你也根本无法对别人产生你所希望产生的影响。

所以说，不论是好是坏，这两者都是紧密联系在一起的。

最后，我想说一点跟这本书的主题比较贴合的东西。

3 年前，我坐在高中的课桌前，感到自己正在浪费生命。

每天到学校后，我会在那里待上六小时：读书、写东西、背诵、抄写、作弊等。（背诵的那部分只是说个玩笑话，作弊那部分是很认真的哦。）

过了一段时间后，我问了自己这么一个问题："我上学有什么用？"

答案其实很简单：一点儿都没用。

现在，我正在做着三件人们认为八竿子打不着的事情，并且把它们做成了"生意"：写作、单口喜剧、作为社会活动家做关于心理健康方面的演讲。

虽然在学校里我学到了些最基本的准则，但是我成长中的绝大部分都是在走出校园、走向世界、不断探索中积累而来的。冒险。在我做出那个 90 天内获得 100 万观众点击量的 TED 演讲前，我做过许多很差劲的演讲。在我有能力在大剧院、大舞台上表演单口喜剧前，有很长一段时间我的观众每天只有那么一点点。在我有机会为《赫芬顿邮报》和 CNN 供稿前，我写过很多很糟糕的东西。

尝试和犯错是最好的老师。

我知道，每当我站在舞台上，或者每当我对着一张白纸准备写作时，我所面对的都是另一个尝试的机会，并且我还很有可能把事情搞砸。因此，我时刻保持警惕，不断发展提高。

年轻时，你有足够的自信和天真，相信自己会改变世界。你会有一些非常宏大的梦想，制订疯狂的计划想要统治整个宇宙。但是，在年轻时，你也应该真正去做些什么。

不要只是纸上谈兵。不要光想。不要光做梦。真正去做点儿什么，感受它，品味它。

我的一个导师曾经跟我说过："你想要的是一门生意和一种生活，而不仅仅是一些空落在纸上、看上去很美好的想法。"

有时候，学校的教育让我们总是花太多时间和精力去思考、计划，而不是去行动。

有时候，你应该走出空想的世界，用实际行动追随心中的梦想。

我想，这本书想表达的就是年轻人要敢于做梦，并且勇于追梦。每个人的故事都说明了这一点。这些故事并不是在罗列每个人的成就。它们讲述的是每个人如何找到自我，勇敢跳出既有的框架模式，尝试去做一些新的事情——可能会完全失败，但也可能非常有意义。

从中，我们可以受到很多启发。我们所有人都有可能失败。但是，在我看来，正是因为有了失败，一切才变得更加令人兴奋。

我感到非常幸运，在年轻的时候就开始了自己的征程。为什么呢？我不知道。可能是因为年轻人身上有一种可贵的纯真，因此他们相信自己能够真正地改变世界。

并且，我也渐渐意识到，也许，正是因此，我们也真的能够改变世界。

旅程

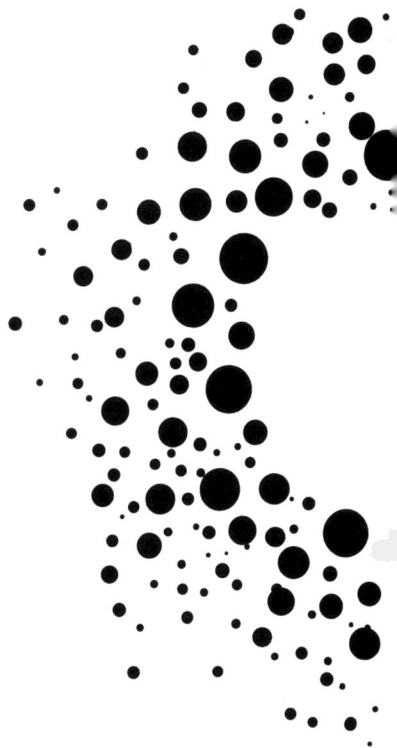

在生活中，每个人都会遇到艰难险阻。没有哪个人的旅程是一帆风顺的。如何应对这些困难决定了你是个怎样的人。

——凯文·康罗伊

通往 2012 伦敦奥运会之路

塞缪尔·米库拉克（Samuel Mikulak）

塞缪尔·米库拉克现在 21 岁，是密歇根大学的学生运动员。他曾 3 次获得全国大学生体育协会男子体操冠军（2011、2013、2014），并且曾作为美国队的一员出征 2012 伦敦奥运会。2011 年和 2013 年，他获得了全国大学生体育协会体操男子个人全能冠军。2012 年，他与其他 4 人组成美国男子体操队，出战夏季奥运会，获得团体总分第 5 名和男子跳马第 5 名的好成绩。塞缪尔曾接受过包括 ESPN 电视台、《今日美国》、《商业内幕》杂志、《洛杉矶时报》、NBC 体育台、CNN、《体育画报》、《波士顿环球报》和美联社在内的多家新闻媒体的专访。

上高中时，如果有人问起我的目标，我会说："入选国奥队。"没想到，就因为这句话，此后的一年里我有幸收获了一段难忘的经历；这段经历很好地说明了我是一个怎样的人。在夏季奥运会开始的前一年，我双脚脚踝都骨折了。想到我有可能就此与我毕生的目标失之交臂，我和我的教练详细制订了下一年的训练计划，希望能够帮助我尽快恢复，成功入选奥运国家队。脚踝骨折后，我更加坚定了信念，知道了自己最想要的是什么，该怎么做才能达到这个目标。在通往伦敦奥运会的征程上，这点儿伤痛只是我前进过程中付出的一点点代价。

2011 年夏天，我参加了波多黎各杯体操大赛，这是我第一次作为美国队成员参加国际赛事。为了准备这场比赛，我付出了比其他比赛多得多的时间进行密集训练。因为，如果能在这场比赛中表现出色，我就能进入奥运体操运动员选拔的队伍中，并且有机会参加几个月后的体操世锦赛。我的准备非常充分，并且我在赛场上表现得充满自信、活力十足。但是，在自由体操环节中，我一个双脚落地动作出了点儿问题，脚踝当场骨折。我的目标仿佛也随之破灭。当时要不是因为肾上腺素的作用，我根本就无法完成比赛。我的脚踝骨折非常严重。那时，我面对的是一个巨大的挫折，它挑战着我的决心和意志——即使我努力恢复、尽最大努力拼搏，也不一定能入选奥运国家队。但是，我知道，要是一点儿都不去尝试的话，我就更没可能入选国家队了。

我的目标很简单，就是入选奥运国家队。我还买了一个上面写着"冠军精神"的橡胶手环，每天提醒自己要为目标努力。但是，仅有手环还不够，我还在网上买了一个奥运五环旗，把它挂在我的床前。我长时间地盯着它，质疑自己的能力，计算自己的把握。但这根本没什么用。最后，我下定决心，我要杜绝所有的负面想法，谨防它们如病菌一般侵蚀我的精神。我把所有的注意力都投注在如何恢复上。

如果 10 月份参加体操世锦赛的话，就有可能在那里给美国奥林匹克委员会留下好印象。半年过去了，我脚踝的恢复速度很快，我有了另一个机会。3 月中旬，我参加了凯洛格环太平洋体操锦标赛，获得男子个人全能第二名，紧随克里斯·布鲁克斯之后。布鲁克斯一直是一名非常优秀的体操运动员，也是美国奥运体操队的有力竞争者。我又恢复了自己的最佳状态。但是，我下定决心要保持专注和沉着，正是因为有了它们，我才重新站到了这里。很快我获得了越来越多的关注和支持，美国奥委会和体操运动员协会已经清楚地看到我想加入奥运体操队的决心。人们好像都挺相信我能取得成功。尽管他们能这么想对我来说是很大的安慰，但是要取得成功，我只能全神贯注地投入到积极的事情上，不去理会那些来自我自己和别人的怀疑。胡思乱想根本没用，别人的道听途说也只是令我分心。因此，那时，我只能依靠自己的家人、朋友、队员。那里才是我的希望所在。

Visa 体操锦标赛上，所有有志加入美国体操队的竞争者首次同台竞技，接受同一批裁判的评价。到了那个时候，我的精神已经如城堡一般坚定了，没有什么想法能够轻易动摇我。在那次比赛中，我遇到了一点儿小状况，这考验了我的精神力量，同时很可能也是我最终能入选美国队的一个关键因素。那时，我正在为双杠比赛做准备，工作人员检查了设备，加固了双杠，摆平了跳板。但是，当我紧紧抓住双杠时，我感觉到它们松动了，我赶紧用眼神向我的教练求助，晃了晃双杠示意他们进行紧急检查。我的一个教练立刻跑过来加固了其中的一根杠。与此同时，我没有一丝迟疑，跳跃并完成了前几个动作。同时，我的另一个教练跳上台来，在我做几个高难度动作之前把另一根杠也加固了。如果设备有问题的话，我做这一组表演是极其危险的。最后，我沉着自信地完成了所有动作。尽管这个事件其实是可以避免的，只需要在比赛开始前再检查一遍设备就行了，但是，在其他人看来，在这个事件中我展现出了过人的精神力量。

我在 Visa 体操锦标赛中付出的努力没有白费，我获得了男子个人全能第 3 名，这让我终于有机会入选美国奥运体操队，并且获得了仅有的两个在奥运会中参加所有六个项目比赛的机会。接下来，我只需要去参加奥运会选拔赛并且表现得和在 Visa 体操锦标赛中一样好就行了。第一次，伦敦离我不再那么遥远了。过去一年来，我的耐心与努力没有白费。成功并不是付出全部就行，而是需要在最恰当的时机和最好的地方展现你的能力。凭借过去几年来从教练、队友、训练中获得的知识，我相信自己能够成功。

Visa 体操锦标赛后不久，奥运选拔赛就开始了。我回到了故乡加利福尼亚州。我去圣何塞时，大学的队友乔丹回到他的家乡拉古纳海滩，召集了一大堆朋友，一路开车来看我比赛、为我加油。在奥运选拔赛赛场上，这群人很快就"声名狼藉"了，因为他们都穿着印有"塞缪尔队"字样的背心，胸前是一个我在做体操动作时的照片。他们想让我在圣何塞感受到一些主场优势，并且他们成功了。我的朋友在这场比赛中愿意为我如此卖力地加油，这让我非常感动。对于我们来说，这无关奥运选拔赛场上的政治，而是表达了我们对于获得这个机会的兴奋之情。在"塞缪尔队"的支持鼓励下，第一天比赛结束时，我顺利完成了所有六个项目的比赛，并且排名最高。但是，不幸的是，在当天最后一个项目中我扭伤了左脚踝，这让我不得不做出一个艰难的决定。在我的职业生涯中，脚踝上的伤病是我遇到的最大障碍，我知道，我必须慎重决定是否继续参赛。在与组委会和教练沟通后，我决定只参加鞍马比赛，这样就可以不必用到脚部，同时展现我在鞍马这一美国体操队弱势项目上的实力。第二天我一直等到第 4 个项目时才参赛。在鞍马项目上，我发挥得非常出色，最终在美国奥运体操队中获得了一席之地，实现了自己毕生的梦想。

第二天，我与杰克·道尔顿、达内尔·莱瓦、乔恩·奥罗斯科、乔纳森·霍顿一起正式入选了美国奥运体操队。那真是难忘的一刻，值得我这一辈子永远珍惜、铭记。从奥运体操队选拔的房间出来后，我的家人和"塞缪尔队"一起拥了上来，庆祝我取得的成就。我一时不知该如何是好，但是我要做的第一件事就是把成功与这些我最在乎的人一起分享。我的成功也属于这一路上所有帮助过我的人——我的教练、队友、家人。不仅仅是我赢了，"塞缪尔队"都赢了。

当你在为一件事情努力奋斗时，不要忘记你的成功也会影响到周围的人，你要以此为动力，实现自己的人生目标。**如果你正在为了一个伟大的事业不懈奋斗，你会发现自己的能力其实是没有边界的。**并且，你会发现，获得成功固然令人兴奋，但奋斗的过程才真正地塑造了你。

厄运让我重新认识生活

克里斯滕·鲍尔斯（Kristen Powers）

克里斯滕·鲍尔斯是斯坦福大学的大二学生，正在拍摄制作她的第一部纪录片《抽搐》，记录她接受亨丁顿舞蹈症（HD）基因检查的过程。HD是一种神经退化性脑功能障碍，它带走了她母亲的生命。每一个HD病人的子女都有50%的概率遗传这种致命的基因，这也就意味着克里斯滕和她的弟弟也有可能遗传这种可怕的疾病。克里斯滕希望她的纪录片可以唤起世界各地人民对基因检测这一问题的关注和探讨，帮助人们意识到进行基因检查这一决定的重大影响，并且呼唤人们破除对于神经系统疾病的偏见。她通过众筹平台筹款四万多美元，用于纪录片拍摄。从2014年夏天起，她奔走于世界各地，宣传该纪录片，在各大电影节上进行纪录片放映，并且在美国和英国电视网上播放该影片。她接受过包括《今日美国》在内的多家重要新闻媒体的采访，获得了美国白宫颁发的"勇于改变"奖，并且曾经在TEDxTeen（TEDx青少年）舞台上做过演讲。

7岁时，我对于自己的人生有着很高的期许。不论何时何地，我都把心愿单带在自己的身边：

1. 在《今日秀》接受马特·劳尔的采访；
2. 成为美国最年轻的市长；
3. 成为美国总统。

然而，我 13 岁生日后没几天，一种可怕的疾病突然闯入了我的生命，彻底改变了我的人生轨迹。

亨丁顿舞蹈症。

当时，家人让我在厨房的餐桌前坐好，告诉我得了这种病的种种后果，但是我根本不理解得了这种病意味着什么。我只知道，我的妈妈和从前不一样了。随着时间的推移，我眼睁睁地看着她要费很大的力气才能走成一条直线，经常不受控制地手舞足蹈，并且渐渐拿不到饭桌上的水杯了。"亨丁顿舞蹈症"这几个字也很好地解释了她的深度萎靡和情绪失控。当我的爸爸打电话跟亲戚们商量事情时，"脑功能障碍""无法治疗"这几个词也一直不断地在家里的空气中盘旋。我很难过，也很困惑。我能不能做些什么呢？

两年的艰难时光过去了，我一步步看着妈妈的病情迅速恶化。我 15 岁生日时，她已经住进了 24 小时陪护的医疗中心，因为吞咽困难，妈妈要吃特制的食物，并且，更糟糕的是，她已经不能说话了。一年后，在 2010 年，我们得知她病情加重，必须要绑在一种全身的轮椅上才行了。我们和她度过了她的最后一个圣诞节，一个月后，她就因为肺炎并发症去世了。当时，她才 45 岁。

看着她的病情不断加重，我的心中充满了疑问。为什么我的妈妈和别人不一样？这种病是怎么得上的？为什么她失去了活动能力？为什么我们只能眼睁睁看她受罪？为什么这种病没办法治疗呢？

妈妈去世时，我已经对这种疾病做了大量的调查研究，知道了妈妈之所以如此早就离开了我们，是因为她有一种基因缺陷，而我和我的弟弟也有50%的概率遗传这种基因缺陷。我发誓，我自己决不能被打垮。我要像爸爸鼓励的那样"保持坚强"。我要保持积极向上的态度。我要绽放自己的生命。

我的妈妈肯定也是这么希望的。

妈妈去世后，我开始把自己归类为"乐观的现实主义者"。我的人生理想已经和7岁时大不相同了，我要尽早开始追梦。我知道自己有50%的概率活不过40岁，但是我希望自己的生活是幸福并且有意义、有价值的。

我把关注点转移到了学校的课外活动上，希望以此培养、提高自己的各项能力。为了减少学校破坏地球环境的脚步（开个玩笑），我与同学一起在高中创办了可持续发展俱乐部和青少年有机菜园。我组织了可持续发展俱乐部的第一次会议，并且利用所有可能掌握的资源做出一份提案，收集请愿签名，建立了一个社区菜园。有时候，人们会让我"等年纪大一些之后"再去追逐自己的梦想，但是，我不知道我能不能。很有可能我根本没有那个机会——就像我的妈妈一样。

因此，每个周六，我们一群支持有机菜园计划的青少年会聚集在一起，种植蔬菜和水果，我们会分享收获的果实，并把一部分果蔬送到当地的食物赈济处。3年的时间里，我们向北卡罗来纳州教堂山附近的多个食物救济项目累计捐赠了300购物袋的有机果蔬。

我与社区里的伙伴们一起种菜、种水果，渐渐地发展出了家人一般的感情。但是，我始终记得，有一种疾病夺走了我自己家庭中非常宝贵的一部分。并且，我始终知道，我也很有可能会患有同样的疾病。

参加妈妈的葬礼时，我就知道，等到18岁时（美国进行基因检查的法定年龄），我会去进行基因检查，看看自己是否也会得亨丁顿舞蹈症。进行基因检查，这无论如何都不是一个轻松的决定。但是，18 岁不到就痛失母亲的经历让我的内心变得非常坚强。我可以面对基因检查的结果——无论是好是坏。

人们警告我，知道基因检查的结果可能不是什么好事，真相可能会给我带来毁灭性的打击，也可能会改变我人生的方向。但是，根据我自己的种种经历来看，我知道，要想高效地过一生，最好的办法就是设定目标、把握轻重缓急。我知道所有人都会死去，我知道如何处理这个问题。并且，我知道，无论何时，外部因素都可能会影响到我的人生目标、影响我实现自己人生目标的能力。因此，我决定，我要知道关于自己的真相，这样才能最好地利用我在这世上能够把握的时间。

在此，我想借用我最喜欢的 hip-hop 歌手马克勒莫的一句话：要想成功，我得"激情追梦……在享受舒适之前"。

我非常想要找到治疗亨丁顿舞蹈症的方法，我想搞清楚它在我的生活和其他人的生活里到底扮演着怎样的角色。所以，我做基因检查，不仅是要让自己知道检查的结果，而且想要以此为主线拍摄一部纪录片，记录基因检查的过程，讲述亨丁顿舞蹈症对我生活的影响。于是，我在众筹平台上建立了一个项目。我希望拍摄这部纪录片能帮我在压力巨大的检测过程中分散一下注意力。到现在，我已经筹款 45 000 美元，与上百家新闻媒体分享了自己的故事。我相信，这样能帮助唤起人们对这种疾病的关注，并且鼓舞那些虽然有遗传基因缺陷但仍努力绽放生命的年轻人。

这一路上，我接受了这样一个现实：我们所有人都会死去，我们不知道自己会在什么时候以何种方式死去。这个人人皆知的事实其实并不像它听上去那么恐怖。反而，它其实是一个机会。**接受我们的命运是一码事，拥抱自己的生命、在有限的生命中创造无限的价值则完全是另外一码事。**如果能驱动我们实现自己的目标和梦想，那么对于个人命运的未知其实也挺好的。那些因为自己"年纪不够大""没有时间""得先工作"而蹉跎岁月的人是愚蠢的。只有像我一样现在就开始追逐自己的梦想，才能拥有充实满足的一生，不论生命何时终结。

　　虽然我可能达不到自己 7 岁时写下的种种期许，但是我还是在不断前进着。我知道，只要我把握每一个当下，持续不断地努力追求，我的目标和梦想总是会实现的。与此同时，我时刻确保自己过着幸福、有意义、难忘的一生。不然的话，即使是被马特·劳尔采访、当了市长、当上美国总统，到头来这一切也是不值得的。

找到并发挥你的天赋

亚历克斯·杰弗里（Alex Jeffery）

亚历克斯·杰弗里今年 19 岁，是个来自澳大利亚的创业者和演讲家。12 岁起，他就做过很多尝试，在失败中积累了很多宝贵的经验。在这些经历中，他逐渐明确了自己的使命：让我们这一代人活跃起来、团结起来。亚历克斯创办了 Onely 有限公司和全球青年体验项目 ONEWorld 峰会。他被澳大利亚《Anthill》杂志评为"30 位 30 岁以下创业者"，被"Under35 CEO"网站评为"本月之星"，并且曾经在包括澳大利亚邮政在内的多家企业进行过演讲。

如果能顺其自然地轻松度过有目标、有方向、有所成就的一生，那该有多好啊。如果世界上超过 5%（根据我的估计）的人能真正地活跃起来，每天都充分发挥自己的才能、奋力实现自己的抱负，那该有多好啊。如果以上两条能实现的话，这个世界一定已经完全变成另一副样子。但是，大部分人终其一生都在求稳，他们不敢冒险，墨守成规，根本不去思考社会为什么是这么运转的。因此，大部分人都满足于现状、随波逐流。在我看来，他们根本没有真正地活着。

我很幸运，从很小的时候我就知道，如果我们愿意充分利用自己的一生，其实生活是充满无限可能的。事实上，11岁时，我就已经清楚自己想要做的是什么、自己想要的是什么，并且想清楚了自己想成为怎样的人（这也是最重要的）。

我们生活在历史上一个非常伟大的时代里。我们比过去任何时候都更加有力量，并且在不远的未来我们还会变得更加无所不能！因此，我立志要做最进步的、最具变革精神的创业者，改变整个体制，帮助我们这一代人过上更富足、有爱、可持续发展的生活。

确定自己目标后的两年时间里，我一直在开展调研和自我成长，并且养成了习惯（现在它们仍是我每日生活中必不可少的一部分）。在调研过程中，我研究了理查德·布兰森等人的发展轨迹，因为我也想取得像他们那样的成就。我阅读了所有关于理查德·布兰森的书籍、文章，看了所有对他的采访，希望尽可能地学习他的思维方式和工作方式。有时候，我会充满沮丧，因为我可能永远也达不到他取得的那些成就。每当这时，我就问自己：他17岁时在哪里？在做些什么？然后，我会据此在自己的项目中做一些类似的事情，同时时刻不忘他最后取得的最高成就以及我的最终目标。

你得知道，如果真的要去做一些非凡的、有意义的事情，别人可能根本无法理解你，他们会认为你正在做的事情很"疯狂"，并且你得不停地熬夜提高自己的技能，还很有可能错过大部分的社交活动。更糟糕的是，有时候，因为时间上的限制和事业上的追求，你和别人的关系会受到影响。虽然，这些情况都不尽如人意，但是它们确实是你追梦过程中需要付出的代价。整个高中时期，我错过了很多生日聚会和社交活动，因为我知道，要实现自己的理想，我就要努力完成很多事情！

说到这里，我倒是想到有一个方法，可以保证你在旅程中有所收获，那就是：**真正地热爱你现在正在做的东西！**

其中，我特别强调了"真正"和"现在"两个词。这是因为，在我的旅程中，我和许多人有过深入的交流，我发现他们中有些人碰到了一个好机会，赚了很多钱，然后就自己骗自己，以为自己真的喜欢现在正在做的事情。到头来，一旦遇到任何一点儿风吹草动、挫折失败，这些人就很快放弃了。

这就是你要真正热爱你正在做的事情的原因。很多时候，你可能会受到来自外界的压力，让你去做一些不"疯狂"的事情，像别人一样庸庸碌碌地生活。为了取得成功，你需要经常问自己"为什么"，想想自己的目标和使命，这样才能勇敢地对那些机会说"不"。因为，在你内心的深处，你知道，这些机会其实是无关紧要的，它们没有办法帮你实现自己的使命。我收到过很多邀请，有机会去某些公司工作，但是，对此我都充满自信地予以拒绝。因为，我知道，这些机会不是我想要的，我的时间要花在实现我自己的目标上。

14 岁时，我开始了自己的首个商业冒险。那时，我所有的朋友都开始出去玩，过上了"社交生活"。很多个周末，我待在家里不出门，因为我不用出门就能过得很好。我热爱自己正在做的事情。许多人把我在周末做的称为"工作"，我已经记不清多少次了，我的爸爸对我说："你需要出去玩玩。去找点儿乐子！"社会上有一种这样的看法：工作是没有乐趣的，你无法把激情转化为事业。对此，我并不认同。很多个周末，我都没出门玩，但是 14 岁时，我过得比很多有"社交生活"的朋友都有乐趣得多。

许多人开始跟我说，我应该"严肃地重新思考一下工作与生活的平衡"。过去五年的经历告诉我，问题根本不在于"工作与生活的平衡"，而在于"工作与生活的融合"。"工作"占据了人们生命中的大部分时间，许多人在工作时就一直计划着要在退休后开始"生活"。难道我们不应该尽情享受生命中最健康的那段时间，利用这段时间对世界产生最大的影响吗？为什么要每周出去"工作"五、六、七天，每天早上出门工作前把真实的自己和最喜欢的衣服留在家里？我认为，我们应该想方设法每天都活出最真实的自己。**不论是在工作、玩乐，还是在家庭中，在所有的事情上，我们都应该活出真实的自己!**

要做到这样，首要的也是最简单的方法，就是找到能真正让你活跃起来、兴奋起来的事情，找到令你深受鼓舞的那件事，然后把它变成你的工作。你要开创理想的人生，创造一个你想要的世界。想想看吧：如果钱不是目的的话，我该如何度过我的每一天？

此后，你一定会经历很多的事情，但是到头来，你会发现，这一切都是值得的。并且，说真的，最重要的不是什么目标，而是这一路以来的旅程。我很难相信人们愿意平淡无趣地过一生，每天朝九晚五地工作，盼望着达到退休年龄（"终点"）后享受生活。如果你要等到退休后才开始享受生活，那么你过去的50年在做些什么呢？（当然，除非你每天朝九晚五所做的工作就是你真正热爱的，那就太棒了!）

在迄今为止的旅程中，我犯过很多错，也从中学习到了很多。其中，有一点我希望与你们分享。很多人告诉我（根据我之前的经验，我也相信）当你回首往事时，最后悔的并不是你尝试过然后失败了（其实，如果你真正地热爱你做的事情，从不同角度不断尝试，无论如何你都不会"失败"），而是你根本就没尝试过。

我们聚集在这里，就是要追求自己的梦想，创造有意义、有价值、能经久流传的东西。

从这里出发，做你热爱的事情，改变世界，享受人生!

令人疯狂的从 0 到 1

○ 赖恩·欧布奇（Ryan Orbuch）

赖恩·欧布奇是 Basil 有限责任公司的创始人，并且是一款名为"Finish"的畅销应用的联合开发者和首席设计师。该应用获得了 2013 年苹果设计大奖——该奖项旨在奖励那些提升了设计、科技、创新行业标准的应用。"Finish"得到过 TechCrunch、《福布斯》杂志、CNET 网站、《赫芬顿邮报》等多家新闻媒体的报道。并且，赖恩也接受过彭博电视台、福克斯新闻台等全国媒体的专访。他还是世界顶级的创业加速器 Techstars Boulder 雇用的首名高中生。Techstars 为经过精挑细选的创业公司提供种子基金，并且请已经功成名就的创业者作为导师对这些新创业公司进行指导。

2013 年 1 月 15 日，我人生中第一次熬了个通宵。在此之前的 48 小时里，我已经写了至少 100 封邮件，组织好了最终版本的媒体宣传稿，准备在应用"Finish"上市发行的同时发布出去。"Finish"由我和我的同班同学兼好友共同开发、设计、制作完成。一个月前，它通过了苹果的审核。此后的几周，我们就一直计划着将它发布出去。我一直焦急地等待着美国西部时间早上 8 点的到来，我很紧张，因为在早上 8 点，我们的新闻稿会发布在各大网站上，我们开发的应用也将会出现在超过 100 个国家的苹果应用商店里。那个时候，我疯狂地刷新着应用商店的界面，刷新着那些答应刊载我们的稿件的网站页面，我根本不知道自己的生活到底会因此产生多大的变化。

8 点钟到了，关于"Finish"的故事成功发布在了《福布斯》、TechCrunch、9to5Mac、iMore 等多家媒体的网站上，我打开应用商店，开始不断地刷新。我看着"Finish"的下载量不断攀升，进入了整个应用商店里付费应用的前 80 名，发布后 24 小时之内就成了"工作效率"类应用的第一名。对此，我感到非常吃惊。但是，这一切还仅仅是个开始。

设计开发这个应用的原因，要从几年前说起。九年级和十年级时，我的情绪很差。我感到自己被困在一个不真实的、重重设限的环境里，我急切地想要创造出点儿什么东西，对世界产生真正的影响。我表现得很好，就像所有人期待的那样。我的父母很高兴，我的成绩很好，我的老师很喜欢我。但是，我觉得自己所做的这一切都是没有价值的。我知道，我得在学校之外做点儿其他的事情，真正的事情。

2011 年 12 月，十年级的期末考试季，压力无处不在。我试过了学校里所有的日程本和市面上所有的待办事项应用。但是它们都没什么用处。我一直都很喜欢科技和设计，于是想到可以做点儿什么来对付拖延症带来的个人和社会问题。于是，此后的整个春季学期里，我针对治疗拖延症的方法、拖延症背后的心理机制、动力、工作效率问题等展开了全面的研究。暑假里，我和我的朋友麦克全身心投入了这项事业。此后的 8 个月里，我们设计并开发了一款针对拖延症人群的任务管理和待办事项应用。

那年的秋天，课业压力也非常大。我们本来以为自己可以在"这周结束时"

完成一切，但结果我们的工作持续了好几个月。做软件就是这样，我们也从中好好地学了一课。最后，我们把这个应用提交给了苹果，但是并没有马上得到苹果方面的答复。我们成功了吗？

是的。

2013 年 1 月，"Finish"上市并且成为应用商店"工作效率"类第一名后，我接到了来自苹果的电话。几周后，我们上了苹果应用商店的首页，获得了"苹果新品应用推荐"。很快，我接到了福克斯新闻台的电话，他们邀请我到丹佛的摄影棚里通过卫星实时接受《Fox & Friends》节目的采访。那个下午，我们在应用商店中打败了《疯狂的小鸟》。这真是太棒了！

现在，我每天的生活是这样度过的：我一边回复来自媒体和客户的邮件，一边像所有同龄人一样紧张地准备着化学考试。现在，我知道了，**从无到有地创造一个东西是多么有价值。并且，我知道了，如果有一个好想法，我能走得比想象中更远。**"Finish"与其他 10 个应用一道获得了 2013 年苹果设计大奖——该奖项旨在奖励那些提升了设计、科技、创新行业标准的应用。获得这个奖项对我来说是个莫大的肯定，并且，它让我不禁回忆起了自己迄今为止的这段疯狂旅程。我很感激这段经历，并且，我知道，一切还只是刚刚开始。

从纸板箱游乐场到轰动世界

凯恩·蒙罗伊（Caine Monroy）

　　9 岁时，凯恩·蒙罗伊用父亲店里的纸板箱做了个游乐场。这段经历被拍摄成了一个时长 11 分钟的纪录片，在网络上迅速传播开来，第一天就获得了 100 万的观众点击量，一周内就播放了超过 500 万次。自那以后，凯恩成为南加州大学马歇尔商学院历史上最年轻的演讲者，接受过《福布斯》杂志、《快公司》杂志、《纽约时报》、《全国邮报》、《60 分钟》节目等多家新闻媒体的专访，并且在旧金山科学探索博物馆等地举办过临时展览。2014 年起，凯恩开始了自己的新项目：凯恩自行车店。

　　暑假终于开始了，我和所有我认识的小孩儿一样，对此感到非常兴奋。不用上学，没有烦恼。生活真美好！

　　但是，洛杉矶的夏天可能是非常漫长而无聊的。天气会变得很热，地面和混凝土更热。白天很漫长，特别是对一个像我这样的小孩儿来说。并且，很不幸的是，2011 年夏天，我周围没有什么同龄的小伙伴。但是，我可以用自己的想象力填满这种无聊的空洞。我需要的只是一点点的推动力。而我能得到的唯一推动力来自我自己。

每一天，我都待在爸爸的汽车零件店里。这家店很小，坐落于博伊尔高地，周围也全是些汽车修理店或汽车零件店。我被困在店里，终日无所事事，只能坐在那里忍受夏季的炎热。

除了炎热之外，我周围最不缺的东西就是：纸板箱。

我什么都没有，但是有大把的时间和胶带、记号笔、剪刀。于是，我开始踏上了一段终生的旅程。我有很多时间，并且想象力丰富。我知道我可以做个自己喜欢的东西，但是不确定到底要做什么。我一直都很喜欢游乐场，于是我就想："为什么不建造一个自己的游乐场呢？"

不论对于我还是我爸爸，用纸板箱做游乐场这个想法都非常好。我可以忙活起来了，爸爸也可以重新投入工作，不用再被无聊的我打扰了。店里面堆满了纸板箱，因为爸爸不断地订购新的零件，所以我一直有源源不断的纸箱供应。生活在继续，我的纸箱游乐场也在不断成型。我用纸板箱做出了迷你的投篮机、滑雪球游戏机等等。很快，我就拥有了梦想中的游乐场，而所有这一切，都是由几天前还被我和爸爸当作垃圾的纸板箱制作而成的。

最后，整个店面的前面都被我的纸板箱游乐场占据了。已经没有什么空间制作新的游戏了，所以我把精力转移到了如何吸引人到我创造的游乐场来玩。每来一个客户，我就多了一点儿希望。每当一个人没玩我的游戏就走了，我就多了一分失落。时间一天天过去，我一直在等啊等。我试着拦下路人，让他们来我的游乐场玩，但是我经常被拒绝。大部分时候，马路上一个人都没有。根本没什么人经过这条路，所以我就一直在椅子上坐着，时间一小时一小时地过去，我一直在期待着能有人来和我一起玩这些游戏。我渐渐失去了兴趣，有点儿想放弃了。但是，我还是继续努力着。

时间一天天过去，天气越来越热。我还是坐在店门口，继续试着吸引顾客。

有时候，我想丢下这一切，把我自己造的乐园撕烂。但是，我刚准备这么做的时候，一个人走了进来，永远地改变了我的命运。他的名字叫纳凡，他对我的游乐场很感兴趣。他说他被我用纸箱做的游乐场迷住了，并且非常欣赏我在其中表现出的创造力和精力。终于有人来玩我的游戏了，我非常开心。但是，更令我兴奋的是，他说他想以我的游乐场为主角拍摄一个短片。

我当时才 9 岁，能有一个电影制作人拍摄我的游乐场，这让我受宠若惊。纳凡想要打造出一部能震撼全国人民的短片，所以在拍摄的过程中，他组织了一次快闪活动，对我的纸板箱游乐场进行了更大规模的宣传。我不断地听到别人的赞美，他们都很喜欢我创造的游乐场。

几个月后，纳凡的短片《凯恩的游乐场》制作完成了，并在网络上发布了。第一周里就有几百万人在 Vimeo 网站上观看了这部短片。我爸爸的电话也响个不停，《福布斯》《纽约时报》《快公司》《60 分钟》等多家新闻媒体不断打来电话进行采访。

自从那个夏天以来，事情就以极快的速度变化着，这真是令人吃惊。虽然后来我又做了几个冒险、做了些演讲、在媒体上露了几次面，但我还只是一个孩子。哪个小孩儿不愿意和朋友一起玩、骑车、创造东西呢？然而，虽然我很小，但是在这些经历中我还是学到了很多。

当我坐在我的游乐场前等着路人经过时，我锻炼了自己的耐心。因为有想象力，我把汽车零件店装扮成了自己创造的游乐场。因为有决心，最终，我的纸板箱游乐场也走进了全世界几百万人的心中。

当然，只有我自己一个人的话是做不到这些的。如果没有像我爸爸和纳凡这样的人在身边，我现在根本不可能写这篇文章。我很高兴自己关于纸板箱的简单想法能够传播到世界各地。我知道，如果有了同辈人和前辈人的帮助，我们还可能取得更大的成绩。

旅途还在继续，前路还长着呢。

退学是我当时的最佳选择

帕耶尔·拉尔（Payal Lal）

帕耶尔·拉尔来自印度，现在就读于新加坡的一所文理学院——耶鲁-新加坡国立大学学院，她是该学院的首批学生之一。2012年，她从法学院退学，花了一年的时间在不同的教育科技公司实习，并且创办了她自己的公司Tutor Connect。除了创业之外，她还喜欢写作、旅游、与不同的人交流。

我坐在教室里，听着老师在讲台上解释法律对社会意味着什么。突然，我产生了一种冲动，想拿起面前这本厚厚的教科书打自己。

当时，我在法学院读书，但是并不开心。过去的几个月里，我就一直听到不同的人对我说，学法律多好啊。现在，我在这里了，但感觉一点儿都不好。

印度与美国不同，学生们高中一毕业就来到高等教育机构学习法律、医学等专业课程，而不是先学习通识课程。社会鼓励学生进入法律、医学等领域，而不是学习文科专业，因为人们普遍认为文科没什么用。

因此，毫无意外，几个月前，听说我被法学院录取后，我的家人都感到非常高兴。尽管我并不确定自己是否愿意将法律作为毕生追求的事业，但是，家人的兴奋之情让我放下心来。我最后接受了这个专业，并不是因为我对法律有多大兴趣，而是因为我很兴奋自己可以继续学习下去了。

我的朋友和家人都充满自信地说，以后我会有很多钱，受人尊敬，并且过上幸福的生活。我相信了他们！

所以，总的说来，我是一个18岁的女生，住在印度的首都，尽管我今后的人生还很长，但我的未来已经被决定下来了。

我坐在教室里，和新同学交流，意识到其他人是真的很喜欢学法律。然而，我却和他们不一样。我感觉自己是在完成着别人的梦想，我在做的并不是我想要的。

我问自己，为什么学法律？对此我真的不知该如何回答。我无法想象自己会成为一名律师，并且同时过着幸福的生活。

我决定拯救后悔的自己，从法学院退学。做出这个决定非常艰难，因为我放弃的是一所很好的学院，周围的同学也都很积极好学。并且，我其实并不知道自己退学了之后该去哪儿，该做些什么。但是，我心中有种信念，我知道自己必须这么做。

然后，最难的一部分来了：我得把这个决定告诉家人。在印度，退学是可耻的。退学的人要么是付不起学费，要么就是根本没有学习能力或意愿。我知道，向父母解释我的这个决定会很难，他们一定会以为我疯了。虽然我的父母还是比较开明的，但是就像大部分印度家庭一样，在他们看来，教育是最重要的。

我决定回家后第一周就跟他们提退学这件事。我先是跟他们说，学法律原来跟我期待的很不一样，我得到的这种教育并没有我想象中那么健全。我原以为，作为一个学习法律的学生和作为一名律师，我会有终生学习的机会。但是我发现，我所拥有的可能只是扎实的法律知识，而非良好的教育背景。并且，在法学院里，所谓受"教育"，就是在测试和考试中取得好成绩，而我想要的是真正的学习和探索。我希望在那里认识很多人，去很多新地方，并且能从中学习！但是，不幸的是，以上所有这些都是法学院无法提供给我的。

我感觉自己就像一个预先编好程序的机器人，所具备的只有特定领域的专业知识，这根本无法帮助我在未来取得其他更高层面的成就。

一开始，我跟父母谈起自己的这些想法时，他们吃惊地大睁着眼，一言不发。然后，他们开始感到难以置信。他们以为我仅仅是想家了，我所说的一切都只是想家的症状。他们一直说，事情会好起来的，我需要一段时间才能适应大学生活。他们还试着安慰我，劝我继续学习法律。

对话就此结束，父母不再与我继续交流，而是让我在家多待几天。后面几天，我不断挑起这个话题，直到他们意识到我是很认真地想要放弃法律。他们建议我先学完这5年，拿到法律学位，然后再进入一个其他的专业领域学习。但是让我花5年的宝贵时间拿一个我以后根本用不到的学位，这是不对的。我有一种强烈的直觉，知道法律不是我以后注定要做的事。我不确定自己到底对什么有热情，但是我知道我不喜欢法律，继续学法律的话对我来说是种煎熬。

我继续坚持要从法学院退学，我的父母开始担忧了。他们认为我有学习法律的资质，应该继续学法律。我们甚至还找了一个职业生涯咨询师进行咨询，咨询师也认为我很适合从事法律行业。这让我的父母更加坚定了决心，要把我送回法学院。谢天谢地，我当时没有办法立刻回到学校开始新的学年。我有了一个间隔年。在我父母看来，这段间隔年的经历会让我的整个简历蒙羞。

同时，我的大家族里的家庭成员也纷纷公开反对我从法学院退学。他们认为这一定会毁了我的未来。我的朋友们也都被吓了一大跳，不过他们还是支持我的。

到那时，我已经对所有逼我回法学院的压力深感厌倦了。我不想再听到父母无用的争论。我甚至想迫于这种压力回到学校去。但是，我的本能很快就战胜了软弱，将我带回到这一切开始的地方。

我其实一直都知道，是否从法学院退学是我自己的事情，与别人无关。因为，这关乎我的未来。如果我搞砸了，那是我的错；如果我最后获得了一个我不想要的学位，从事着我不喜欢的工作的话，我一定会后悔自己当初为了得到"社会"的认可而屈从于父母的意愿、屈从于外界的压力。我不想以后为此悔恨终生，因此我觉得间隔年对我来说绝对是个好机会。

在我成长的过程中，我和父母吵闹过很多次，但是我很少完全和他们对着干、做有悖他们心愿的事情。但这就是其中的一件。我就这么做了。我退学了。我感觉很棒。有点儿害怕，但感觉很好。

我的世界突然充满了无限可能。

我收到了很多条Facebook留言，接到了很多电话，收到了很多邮件。很多人对我的决定都困惑不解，不知道我为什么要这么做。是因为老师不好吗？还是住宿条件太差了？和同学合不来？

我尽量耐心地向所有人解释我为什么不继续学习法律了。

在我的面前，还有一个巨大的挑战。我不在学校里，也没有工作，并且我根本不知道自己要做些什么。我得开始探索起来了。我得确保自己最后能有一个好的着落。首先，我要解决的是教育这一问题，因为只有这样才能让我的父母不再那么担心。

在法学院时，我希望得到一种健全的教育，能鼓励我、激发我对学习的渴望。但是，我没有得到这些。于是，我开始寻找有这种教育理念的学校。在印度，整个教育系统在很大程度上都是围绕着测试和分数来的，这往往会让学生丧失学习的欲望。因此，我开始研究海外的大学和学习项目。美国和新加坡很多大学的教育模式看上去很像我正在寻找的那种。我决定申请这些学校。

要申请国外的学校，任务非常艰巨。我得参加SAT考试和其他标准测试、写文章、准备成绩单、找老师写推荐信等等。一般来说，这些申请工作都是在高中4年里分阶段完成的。但是，对于我来说，我得在3个月内搞定一切。

这并不简单。

同时，我意识到，现在我有一整年的时间，我可以用这些时间去做那些我曾经想做但是因为没时间而放弃的事情。其中，几个月前，我和朋友想出了一个商业上的点子。但是，当时，我们想到马上就要开学了，根本没时间好好开展这个项目，所以就放弃了。虽然现在我的朋友回去上学了，离我非常遥远，但是我可以自己把这个项目做起来。

这个项目叫 Tutor Connect。印度课后家教市场巨大，家教单独辅导一个孩子或同时辅导几个孩子，帮助他们提高成绩。但是，印度的家教市场极度缺乏组织管理。要找家教大多只能靠互相介绍，这往往很不靠谱，而且需要花费很多时间和金钱。我希望创办一个公司，收集家教信息（包括费用、地点、科目等），这样学生就可以从这里找到家教，并且还能在家教辅导后给这些家教打分。

首先，我开始进行市场调研。更加专业一点来说就是，我开始了首轮的"客户验证"。我在目标市场中找到了一组取样人群，与他们交流他们在课后家教方面遇到的问题。

这非常困难，因为印度的家教市场还没成型，我也没什么经验，并且更难的是建立关系网络。我周围的人还从没见过一个18岁的女生从法学院退学后要自己开公司。当人们问我"你是做什么的"时，我不知道该怎么回答他们。我还不是一个创业者，但是我也不是学生了。如果我告诉人们我正在间隔年中，他们会以为我只是因为有空闲时间所以才做这个项目。那时，我的自信水平大打折扣。尽管面临种种挫折和困难，我还是非常热爱我正在做的事情。我感觉我已经找到了自己的使命。

慢慢地，人们开始意识到我这个想法的价值。他们看到了更大的前景，就像两个月前我从法学院退学时看到的那样。人们开始敬佩我的勇气。这种感觉非常棒。

但是，大部分听到我所作所为的人还是会嘲笑我，说我愚蠢。不过，到了那个时候，我已经不在乎别人说什么了。我只让自己待在想法更积极的人的身边。

11 月，我创办了另一家公司。那是一家网络商务公司。过去几年里，我与高中最好的朋友就这个想法一起讨论过很多次。对于网络商店，我们有很多奇妙的主意，并且我们真的很想实现它们。

那时候，我要一边申请大学，一边创办 Tutor Connect 和网络商店，工作量巨大，但是我没有感觉到一点儿压力。我很快乐。我每天早上都期盼着起床，因为今天我又可以比昨天再向前迈进一步了。我申请了泰尔奖学金，该奖学金奖励 20 名 20 岁以下的创业者 10 万美元，鼓励他们休学两年，去追求自己的创业梦想。我最后进入到了半决赛中，这个经历让我重振自信，并且交到了很多可以共同探讨创业梦想的好朋友。

Tutor Connect 进行了试运营，网络商店第一季的销售业绩也非常理想。我在做生意的过程中学到了很多很多，都是我在学校里永远也学不到的。在这些实际的运营操作中，我应用了知识，并且还能赚到钱。由于我当时是在间隔年里，身边没有什么其他同龄人，我还学会了独立，也学会了如何与不同年龄层的人打交道。我能看得到自己作为一个人的成长。

很快，我开始收到申请过的学校的回音。但那时，我已经不确定自己是否要重返校园了。我热爱自己正在做着的这一切，想不到有什么理由要放弃它们。此后几周，我陷入了艰难的抉择过程中，这比当时决定从法学院退学可难多了。

最后，我还是决定重回大学。我被一所新成立的文理学院——耶鲁－新加坡国立大学学院录取了，这个学院于 2014 年在新加坡成立，我是那里的首批学生。换句话说，这个学校本身也正处于创业阶段。不幸的是，去这里上学意味着我要放弃自己的两家创业公司。但是，在那里，我能把自己求学的热情和对创业的热爱结合起来，这感觉非常不错。

要找到自己真正热爱的东西，需要花费点儿时间，需要努力奋斗，并且，最重要的是，需要有勇气。但是，**当你最终找到了那个能让你大声说出"就是它！我热爱的就是它！"的东西时**，那一刻的感觉是无与伦比的。

继续走下去吧。不要害怕走错路。不要让自己后悔。

寻找自己的所爱，期待着某一天你也能像我一样说出来："就是它！"

与志同道合的人分享你的故事

帕特里克·龙（Patrick Lung）

帕特里克·龙在北卡罗来纳大学教堂山分校读大二，并且是该校 Morehead-Cain 奖学金的获得者。他对商业与科技的融合很感兴趣，现在正在努力重塑大学生对在线日历的利用方式。此前，他指导过一个全国性的研究期刊，获得了全国所有高中的订阅；创办过一个志愿家教组织，为超过 300 名学生提供了家教服务。他是加拿大理论天体物理研究所里年纪最小的实习生，并且是学校里同伴咨询团队中最年轻的成员。他曾经代表北美地区参加围棋比赛，并且代表加拿大参加了国际智力游戏大赛。他是圣约翰青年救护机构的部门负责人，现在负责他所在大学里的所有红十字急救课程。在课余时间里，他喜欢踢足球、打篮球、与陌生人吃饭以及跳舞……至少他在努力学习跳舞。

对我来说，学校从来不是我的第二个家。为了让我在学业上不断受到新的挑战，在我成长的过程中，父母不断让我转到教学更加严格的学校中去。不停地转学让我在学业上确实取得了出众的成就，却在其他方面阻碍了我的成长。我很害羞，生性温和，不断地在一所所新学校里做"新的小孩儿"对我来说这是个巨大的挑战。在不断适应新环境的过程中，我感到孤独，这种孤独让我坚定了一种想法：在学校里，我要独立地提高自己的水平，不论是数学方面还是篮球方面。因此，很多个下午，我都是一个人做乘法练习，一个人做一般需要整个队伍共同完成的运动。

这种状态持续了很长一段时间，直到后来，我才幡然醒悟。我开始想，也许，在那个每天早上我都拖着沉重的步伐去到的地方，我可以并不只是被动地听老师讲课，心不在焉地投篮，在脑海中与自己对话。我开始认为，学校是一个我能够融入、获得成长的地方。之前我以为，学校社团就是一些个体在同一时间同一地点做着同样的事情。然而，当我也开始试着加入运动队后，我发现自己错了。与其他同学一起踢足球和打篮球让我意识到，我的同学们积极地支持着我的目标，而我也积极地支持着他们的目标。

初中快毕业时，篮球被我抛到了脑后，我迷上了太空。我对与太空有关的一切深深着迷，对此我不知道该如何解释，不过我还是申请了马克加诺学院——加拿大唯一一所致力于帮助像我一样想要"走出世界"、探索太空的孩子的高中。在那里，我的周围是来自全国各地的 60 个理科尖子生。刚来到这个学校时，我还是沉浸在自己的世界里，每天晚上一个人努力地做着非常难的练习题。后来，我意识到，在高中，我也可以有一批好朋友。于是，我开始与别人分享自己的兴趣和理想，并且和那些与我有着共同兴趣的同学成了朋友。我向几个和我一样想成为科学家的同学敞开了心扉，与他们建立了友谊，一起讨论太空飞船和超级新星。并且，我们一起参加空间站设计大赛，一起通过望远镜观察太空，一起讨论关于美国国家航空航天局（NASA）的一切，并且最终（也是最重要的），我们一起开始接受我们自己。

就像申请马克加诺学院时承诺的那样，和一群与我一样有着远大志向的同龄人在一起，我自己的梦想也越来越远大。为了追求更好，一个夏天，我给40个教授发了邮件，得到了一个在加拿大理论天体物理研究所实习的机会。在那里，我协助指导我的博士生导师，对星星的构造开展一项补充研究。但是，那时候，我所知道的只是：星星很美。于是，我下定决心，每天花大量的时间阅读研究生的天体物理学课本。但是我什么都看不懂。那时候我才16岁，那个研究所里的其他工作人员都是大四学生或者毕业生。在家里，我也是孤身一人，所以我也没办法向家庭寻求支持。我准备了好几周，但是对于自己要做的事情仍然一无所知。我不知道如何用Python编程。事实上，我记得我曾经花了两天时间调节各种参数，却完全没有达到任何效果（当然，为了不让我的导师失望，我告诉他自己取得了巨大的进展）。最后，我实在是受不了了，向我旁边的学生请求帮助。是编码的问题，在编码方面总会遇到些小障碍，那个学生指导我克服了这些问题。此后一个月里，我每天工作11小时，最后终于做出了报告。并且，我的报告是有一定价值的。

那个夏天，我还参加了硕德谷交流项目，这是一个离家很远的夏季训练营，里边都是些我从没见过的人。一开始，我们都很拘束，但是很快，气氛就活络了起来。我并不习惯在这么短的时间里与别人变成好朋友。所以，一开始，我对此还有点儿抗拒。但是，在这样一个创意无限、崇尚合作的环境里，我很快就改变了态度。不到一个月，我们就发展成了一个关系密切的社群。这个项目着重培养创业精神，它组织的创业大赛改变了我的思维过程。并且，更重要的是，在这里我找到了一个大家庭，这对我产生了深远的影响。项目结束后，我意识到，创业是一种生活方式，它的核心在于与别人沟通，支持你的同龄人。高三时，我决定把自己在那个夏天学到的东西应用到现实中去。我们学校以课业难、学生用功著称。我与几个同学一起，建立了一个名叫"顶尖家教"（Top Tutors）的志愿家教组织。我们把周围的书呆子同学们聚集起来，为周围贫困社区的学生辅导功课。我们一共有 52 个家教，通力合作为周围学校提供它们需要的帮助，最后有超过 300 名学生从中受益。

那年晚些时候，星星们又一次连成了一条线，把我推向了外太空，或者至少是把我推向了离家 800 公里远的北卡罗来纳大学教堂山分校——在我看来那儿就像是另一个星系。在新的环境和新的国度里，一开始我感觉很不适应。

但是，我还是努力学习，并且尽可能多地参加各种社交活动，希望找到能充实简历的好机会。后来，我才意识到，和前几年一样，组织学习小组或者与陌生人交流才更有用。我重新拾起互动交流和创业的精神，很快就交到了朋友，这些朋友帮助我意识到，我的大学生活不仅要硕果累累，而且要充满乐趣。两年后，我意识到，走出自己的舒适地带、建立自己的社群是我在大学里做过的最重要的事情。

进入大学两个月时，我遇到了一个严重的问题。我不知道该选什么专业，并且失去了努力的动力。我需要改变一下心态。我听说了泰尔基金会峰会，在那里创业者和不愿墨守成规的年轻人聚在一起，分享彼此的思路。于是，我一个人飞到了纽约，与 12 个陌生人一起租了间房子，聆听了他们的故事。我们认识到，我们都遇到了来自周围环境的阻碍，我们并不孤单；如果有一个能给予支持的社交网络（听上去很熟吧？），我们在各自的道路上前行会更加轻松。那个周末改变了我的一生，此后，我回来参加过两次峰会，每一次都遇到了充满创业激情的年轻人，并被他们深深鼓舞。见证着他们在改变世界方面做出的种种进步，我也充满了继续努力的动力。

回首往事，令我吃惊的是，在我成长的每个阶段，所有人都张开双臂欢迎我。虽然我一次次体会到了合作的力量，但是参加泰尔基金会峰会让我最终意识到了自己成功的关键，因此我现在正在写这篇文章，与你分享我的故事。读者朋友，我能给你的唯一建议就是：**总会有人愿意加入你，和你一起完成你的旅程。**

让他们靠近你吧。因为，就像所有事一样，在一起，生活会更好。

选择适合的团队

![装饰图案] 本·朗（Ben Lang）

本·朗白天是一名以色列国防军士兵，晚上则是一名连续创业者。目前，他在以色列创办了 Mapped 网站，提供以色列高科技创业生态系统的相关数据和评价。此前，本在 lool ventures 公司担任过流量增长黑客（growth hacker），并且在很多科技型创业公司工作过，也创办过几家创业公司。他定期为《福布斯》杂志、《商业内幕》、TechCrunch、Mashable、EpicLaunch 等多家媒体供稿，并且是青年创业家社群 YEC、ROI Community、Sandbox 的成员。他曾经只花了250 美元就在硅谷度过了整个夏天。他跑过半程马拉松，组织过编程马拉松。最近，他在麻省理工论坛、明日以色列、以色列赫兹利亚跨学科研究中心等多个地方发表过演讲。

几年前，我和一个好朋友决定一起创业。我们之前已经合作过几个小规模的项目，现在，我们想把合作推进到下一个更高的领域，创造点儿能真正产生影响的东西。

十年级时，我们一起在高中内部建立了一个笔记共享网站。测验或期末考试前，学校里几乎所有的人都会在这个网站上共享笔记。说实话，要是没有这个网站的话，我高中根本就毕不了业。并且，这个网站的成功让我看到了一个更大的可能：我能够和我的朋友一起建造出更好的东西。

我想我们可以建立一个类似的、针对所有高中的笔记共享平台。这样的话，其他学校的学生也可以像我一样从中受益。于是，我和我的朋友合力创建了MySchoolHelp 共享平台。对于如何创业，我们一无所知，但是我们觉得可以在前进的路上不断学习。

几个月后，我听说了一个叫 "Teens in Tech" 的创业孵化项目。我决定试着申请一下这个项目，虽然我明知自己很可能选不上。

几周后，令我惊讶的是，我发现自己竟然入选了！

我跟我的创业伙伴说，这个夏天，我们有一个一生难得的机会，可以去硅谷。当时，我们都刚刚高中毕业，去参加这个活动正好。我们讨论了很久，最后决定我去硅谷参加 "Teens in Tech" 活动，他继续留在纽约。我们商量好，他每天晚上做 MySchoolHelp 的相关工作。

我来到了硅谷，爱上了这个创业者的家园。我愿意每周 7 天、每天 24 小时都扑在自己的产品上，提高产品质量、与相关人士会面、与客户沟通，等等。我和我的伙伴开始在越来越多的问题上产生分歧。远距离的合作进展得非常不顺利。与他相比，我对这个创业项目明显更有热情、更愿投入，这成了一个大问题。

最后，情况变得非常糟糕，甚至都需要法律介入。这还完全不牵扯金钱呢。最后的结果是，我们的创业项目和我们的友谊同时完蛋了。

我之所以愿意分享这个故事，就是想说明选择合适的团队的重要性。不论是在个人生活、学业指导还是你要创建的公司或项目中，都要找好队友。**选择那些100% 认同并支持你在个人和事业上取得成功的人做队友，选择那些能鞭策你、支**

持你、把你带到新的高度的人做队友，而不是那些会毁了你的人。如果不这样的话，你很可能会落到跟我做 MySchoolHelp 时一样的下场：不仅失去了一个机会，还失去了一个朋友。

通过"精神日"拯救千万人的生命

布里塔尼·麦克米伦（Brittany Mcmillan）

布里塔尼·麦克米伦来自加拿大不列颠哥伦比亚省素里市，是一个 18 岁的平权运动活动家。她创办了非营利组织 GLAAD（同性恋反诋毁联盟）的"精神日"活动，并且因此获得了 The Advocate 网站评选的 2012 年"40 个 40 岁以下行业领袖"的称号和 The Daily Dot 网站评选的"2012 年十大网络 LGBT 活动家"称号。她还获得了加拿大《Living》杂志颁发的"Me to We"大奖二等奖（社会行动类），以及《Seventeen》杂志评选的 2012 年"Pretty Amazing Contest"大赛第二名（本书联合编者斯泰西·费雷拉 2013 年也获得过该奖项）。她曾有幸获邀在 GLAAD 媒体大奖上与谢伊·米切尔、黛安娜·阿格尤、马里奥·洛佩兹等名人一起走红毯，进行发言并为 Facebook 颁发了奖项。高中毕业时，布里塔尼因其在反对欺凌方面做出的努力而获得了斯蒂芬·戈德金人道主义奖。

7岁时，我的父母离婚了，从那以后，我的家庭生活就变得一团糟。我的父母不断争吵，即使到了现在，他们也还经常吵架。作为家里两个孩子中的大姐，我不得不充当父母之间的中间人，经常需要帮他们给对方传一些不好听的话。有好几次，我的父母甚至大打出手。特别是他们刚分开时，有一次，他们闹得非常凶，我的妹妹被吓得直哭，我只好把妹妹锁在厕所里，然后自己把吵架的父母分开。有些时候，邻居威胁说他们要报警了；还有些时候，我的父母会在公共场合大声争吵，令我难堪不已。

不用说，我的家庭生活糟透了。我不断搬家，生活里充满了吵闹和泪水。大部分时候，我与父母、妹妹都合不来。随着我不断长大，我和家人之间的关系也越来越紧张。

很长时间以来，学校都是我的避难所，是一个安全的所在。我有很多朋友以及很棒的老师，他们在我家庭出现问题时一直在我身边支持我。但是，上初中后，我的朋友们分裂成两个阵营：我大部分的朋友都去了另外一所学校；剩下的那些人中，很多人吸毒、辍学或者找到了新的朋友。第一次，我在学校里感到了彻底的孤单。

后来，我开始受到欺凌，初中生活变得更难熬了。一年夏天，一个曾经与我关系非常密切的小学同学突然不再跟我说话了。他不告诉我原因，只是说他不再喜欢我了。然后，上了中学后，他开始说我爱讲八卦，传播有关他的谣言。但是，事实上，我是在帮他辟谣，我是在保护我从前的朋友。有一天，他的姐姐（当时上高一）带着一堆朋友在学校食堂里找到了我。她叫着我的名字，冲我大喊大叫，让我在所有人面前丢尽了脸。此后两年，直到她毕业离校，她和她的朋友们都会在更衣室里用手肘撞我。有的时候，我想躲着她们，但她们还是会想方设法冲撞我。后来，事情变得更糟糕了，他们的妈妈也被牵涉了进来。我从一个共同的朋友那里听说，他们的妈妈对其他家长说，要让他们的孩子也远离我，不和我做朋友。因为我是一个坏孩子。我可是从一年级就成为学生会成员，成绩全 A，并且我还是个虔诚的基督教徒。很显然，就像家里一样，学校对我来说也不再是个安全的地方了。

自从记事以来，我就一直在处理各种家庭问题，最近再加上在学校发生的种种事情，于是我开始抑郁了。我很孤单，感到自己再也承受不住了，因此八年级的夏天我尝试自杀了三次。此后的几年，每一天我都在考虑自杀。事实上，大部分时候，我每天会不止一次想到自杀。整个小学阶段，我都把学校当作一个可以依靠的地方，因为在学校里我感觉到安全和快乐。我之前满心以为在学校里我能够得到关心和爱护。当我在家里遇到麻烦事时，我可以在学校里找到安慰；当我表现出色时，我可以在学校里得到表扬和赞赏——这些都是我在家里永远得不到的。但是，现在，我失去了这个地方，我感觉非常崩溃。我经常一个人待着，感觉浑身不舒服。有时候，我会哭着上学，因为我没睡觉或者我没好好吃饭，我的骨头疼得非常厉害，连呼吸一下都会疼。

但是，事情渐渐有了转机。2010 年 10 月，我加入了轻博客网站 Tumblr。在那里，我了解到有好几个年轻人因为遭受恐同欺凌[1]而自杀。此后的一周里，好像每次只要登录 Tumblr 网站，我都会听说另一起自杀惨剧。作为学生会的成员，我一直都在为不同的事情奋斗。我联系慈善项目，提升人们对环保问题的关注，并且通过筹款帮助有需要的人士建水井和学校。听说了这些自杀事件后，并且我自己也和自杀的想法做了长久斗争后，我知道这是我要解决的下一个问题，我要因此改变世界。

此前，我已经抑郁了三年了。我自己就很清楚地知道想死的滋味是怎样的。我知道，一定是得特别难过、孤独、生气才会以为死亡是唯一的出路。对此，我

---

[1] 恐同欺凌：针对同性恋人群的欺凌行为。

自己就有过亲身感受。看到那么多人因为惨遭欺凌而不得不选择自杀，我感到义愤填膺。至少对我来说，抑郁有一部分是因为遗传因素。我父母的家族里都有人得过抑郁症，这就意味着我也很容易抑郁。我知道，我之所以感到那么难受，有一部分是源于我的 DNA。但是，由此我也不禁想到，其他人得是遭受到了多么难以忍受的欺凌，才会最终丧失全部的生存希望，决定了结自己的生命。

于是，我创办了"精神日"。

"精神日"那天，全世界人民穿上紫色的衣服，反对恐同欺凌，支持 LGBT 社群。第一个"精神日"于 2010 年 10 月 20 日举办，就在我在网上看到那些自杀事件后不久。我通过多家社交媒体平台（如 Facebook、Tumblr、Twitter）号召人们在那天穿上紫色衣服，反对恐同欺凌。令我吃惊的是，这个想法很快被传播起来，并且在 GLAAD 的帮助下，当天，全球有超过 200 万人（包括名人、信仰团体、社会组织、学校）穿上了紫色衣服。

第二年，我本来不打算继续组织"精神日"活动了。但是，我得知 2011 年 9 月又有很多人自杀了，于是决定举办第二个"精神日"活动。那一年，全球超过 300 万人穿起了紫色衣服。2012 年，我在纽约与 GLAAD 一起度过了"精神日"，那天全球超过 400 万人穿起了紫色衣服。由于"精神日"，我有机会做许多很棒的事情。我接受杂志专访，与名人会面，接受电视访问，到各处旅行，做演讲，并且我还收到了许许多多参加过"精神日"或者从"精神日"中得到过帮助的青年人的反馈，这种感觉实在是太棒了。

2012 年对我来说也是改变命运的一年。那一年，我毕业了；那一年，GLAAD 邀请我去旧金山出席 GLAAD 媒体大奖并做演讲；那一年，我在 GLAAD 实习；那一年，我入围《Seventeen》杂志评选的 2012 年"Pretty Amazing Contest"五强。在 GLAAD 媒体大奖现场，我与在场超过 700 名观众分享了自己的故事，并且有机会给 Facebook 颁奖。作为"Pretty Amazing Contest"的决赛选手，我飞到纽约，在那里待了一周，做采访、拍照片，或者仅仅是与杂志社工作人员们一起出去玩。毕业时，我获得了斯蒂芬·戈德金人道主义奖。并且，该奖项的发起人做了一个关于我的演讲，我所在的毕业班同学也全部起立为我喝彩。这一切都令人难以置信。

同时，2012 年对我来说也是抑郁症恶化并且最终得以好转的一年。高一刚开始时，我就出现了焦虑症状。一旦惊恐发作，我的心脏就会怦怦直跳，身体颤抖、头痛欲裂；我会开始流汗、哭闹、喘不上气来。等最终平静下来后，我会感到非常虚弱难受，只能回家休息。高中的最后一年，我大部分时间都是在心理咨询师的办公室度过的，因为我不知道该如何面对班级里同学们的社交生活。不知为何，只要一听到同学那些鸡毛蒜皮的闲聊（比如：最新的名人八卦或者哪个派对里发生了什么乱七八糟的事），我就会焦虑。此外，工作量变大也让我深感焦虑。不过，事情渐渐开始有所好转。第一学期期末时，我被正式确诊患有抑郁症，吃了些药，感觉好了很多。并且，只要一想到自己是"精神日"的创办人，我就仿佛有了继续前进的动力。作为创办人，我觉得自己得以身作则，为那些饱受抑郁之苦、正在与自杀做斗争的年轻人树立个好榜样。

虽然欺凌对我来说已经不是一个问题了，家庭的矛盾也渐渐平息了下来，但我还是在对抗抑郁。我知道，我一定要坚强，因为还有很多人在看着我呢。通过创办"精神日"，我鼓励那些抑郁的、有自杀想法的人坚持下来。并且，从某种程度上来说，我还帮助人们认识到，虽然有时生活看上去很艰难，但是只要坚持住，日子总会好过起来的。我问自己："如果我因为遭受欺凌而自杀，那我自己是个什么样的反欺凌楷模啊？"为了对抗抑郁，我开始试着想一些积极的东西，这实际做起来可比听上去困难多了。每天晚上，我会祈祷，为当天发生的三件积极的事情表达感恩，并且开始写博客把它们记录下来。难过时，我会写日记，而不是把一切都憋在心里面（憋在心里只会让我在白天变得愤世嫉俗、尖酸刻薄，在晚上鸣咽不止）。并且，虽然与朋友一起出去玩令我焦虑，但我还是强迫自己这么做。所有这些结合在一起，我的状态有了巨大的改善。

现在，我正在努力实现我的毕生目标——成为一名小学老师。我不跟妈妈一起住了，这比之前所有的心理咨询都有用得多，大大改善了我们之间的关系。没有了无趣的高中生戏剧性事件和无聊的高中课程后，我的焦虑发作得也没有那么频繁了。2013 年 9 月，我开始接受高等教育，并且现在正在一家我曾经待过的日托机构工作。

是的，现在我还抑郁，也还会焦虑。但是我比过去快乐多了。我不再会被自己的抑郁压垮，因为我不允许自己陷入负面的情绪中。尽管听上去很傻，但是每天想三件积极的事情确实很管用，学会在说话之前先想想自己要说的东西是积极的还是消极的也很管用。并且，很幸运的是，我有机会与别人分享我的故事，每讲一次自己的故事，我就感觉自己又向前迈了一步，又离抑郁远了一点儿。如果你也深受抑郁与焦虑之苦，我相信最好的办法就是让别人知道你的感受。如果与别人分享自己的感受，你就能得到你所需要的帮助，并且你也可以给自己一点儿情绪崩溃的空间。想休息时就可以去休息一下，没有什么比这更令人安心了。

我经历过很多，但是我为此感谢上帝。不知你是否还记得，我曾经问过上帝，为什么要让我受苦。现在，我终于知道这个问题的答案了。如果没有受欺凌和自杀的经历，我就不会创办"精神日"。**没有"精神日"，我就不会处在现在的位置，不会像现在一样可以自由做自己——一个幸存者、社会活动家以及彻头彻尾的书呆子。**我很感谢能有机会通过"精神日"活动拯救生命。五年前，我还想结束自己的生命。但是现在，我迫不及待地想要开始新的一天。

把敌人变成自己的朋友

埃里克·N. 马丁（Erik N. Martin）

埃里克·N. 马丁是一个极客。他是一个超级大极客，他的生命都是电子游戏《魔兽世界》拯救的（真的！）。通过玩《魔兽世界》和学习领导一个公会，埃里克发现，虽然我们总是害怕遭遇失败，但其实只要顽强、坚忍、善良，我们完全有能力打败失败。埃里克现在就读于马里兰大学帕克分校，学习新媒体和全球公民意识。现在，他担任了美国教育部学生参与和游戏问题专家，并且是戴尔集团的青年创新顾问。他对于年轻人在未来教育与科技领域的角色非常感兴趣，因此走出了自己的游戏世界（他的房间），在纽约联合国总部、TEDxRedmond（TEDx 雷德蒙）、乔治城大学等多个地方进行过演讲。此外，埃里克正在一步一个脚印地写一部幻想小说。

医生离开后，房间又空了下来，我走进浴室，洗了三分钟的冷水澡。这是我一天中最讨厌的一段时间，穿着一件塑料的女士病号服，走进一间有镜子的房间。看着镜中的自己，我知道，镜子不会说谎，我感到很内疚。

15 岁时，我完完全全地从学校消失了。我的所有朋友都知道，我得了很严重的疾病。我的家人每周来看我一次。我唯一能够信任的只有自己了，但是很快，我就粉碎了对自己的信任。

我站在浴室里，浑身赤裸，非常虚弱。我第一次大声对自己说："我非常害怕吃东西。"

我听到自己肋骨间的心跳声。我的心跳很慢，差不多一分钟 40 下左右。心跳太慢了。我的心脏很累，我也很累。

"我已经没法继续堕落了。"

"我已经无处可逃了。"

"没什么值得我去奋斗。"

"我破碎了。真的，完全的。头脑，心灵，身体——都破碎了。"

我讨厌失败。我希望有控制力。但是我再也没有了。我的思想再也不是我自己的了。它们被疾病控制着，几乎要把我吞噬。

我试着回忆到底是什么令我患上了这种可怕的心理疾病，把我带到了医院，让我穿上了病号服。一个医生说我的胆固醇高得可怕。因为体重而被嘲笑，因为我的"不完美"，我产生了深深的自我憎恶。我害怕承认自己的性取向。我想要投身于一个更大的事业中，但失败了，也没有人支持我。我在生活中亟需一种帮助、一种力量。

我会一口气跑好几公里，每天只摄入 300 ~ 500 卡路里。我完全凭借着意志力逼迫自己不要停下来。根本没有"停止"这回事。我在自己的脑海中把"停止"这个选项删除掉了。我有一种感觉，每跑一步，我都是在燃烧自己的灵魂。我不停地跑，几公里几公里地跑。很多个夜晚，当我跑完步回家后，我会整夜睡不着觉，由于跑了太久并且不吃东西，我全身上下的肌肉都在痉挛，非常酸痛。

那时，是我当时的老师梅特卡夫先生救了我的命。一天放学后，他看到我妈妈，跟她说他很担心我。他说他再也看不到我眼中曾经有过的那种光彩了，他想知道是不是一切都好。从那以后，我的家人也开始格外关注我，而当时的我对此却并不欢迎。

我清楚地记得我和母亲、父亲以及姐妹之间的争吵。我一直都在试图忘记那种害怕、憎恨、愤怒的感觉，忘记我的家人在面对这种邪恶的、令我丧失人性的疾病时的无能为力、困惑不解。对我来说，那都是些惨痛的回忆。我想过逃跑，我想过自杀，我想逃避这一切。

在医院里，像往常一样，我还是试着看到事情轻松愉快的那一面。"这段经历挺有意思的，对吧？"洗澡前，我对自己在镜子中的影像说。我打开淋浴器，冰冷的、沉重的水滴砸到我的身上。在家里时，每天早晚我都会洗冷水澡，燃烧卡路里。在家里时，我会躲着我的家人，这样他们就没法让我吃东西；在家里时，我让自己远离所有的关爱、关怀和营养。

我关掉淋浴器，闭上眼睛。我对自己做过的一切感到悔恨，但是，在那静止的一刻中，我找到了一丝光明。我拼命地抓住了它。

在这一丝光明的指引下，我逼迫自己好好看清所有的现实，看清自己，认识到自己的错误。我不该那么憎恶自己，不该以那样令人厌恶的方式对待自己。此外，我开始想到医院里那些住在我旁边的善良的、充满关爱的、衣衫不整的人。很难想象，我之所以能与他们结成单纯、美好的友谊，竟然是由可怕的厌食症；很难想象，我们都有可能永远无法走出这里。也许是因为幸运，那时候，我找到了一点儿希望，愿意与病魔做斗争。

那天晚上，我放弃了消极的想法，彻底缴械投降。我决定按照父母、姐妹、医生一直以来对我说的那样去做。我直面自己和自己的疾病，开始了另一段更艰难的斗争——努力康复。

这是一场异常困难的战争，但是一个月后，我就能出院了，我可以回归自己之前的生活了。我有了第二次机会；对于患有神经性厌食症的病人来说，这可相当难得。

离开医院后，我看到了亚伯拉罕·林肯说过的一句话："消灭敌人的最好方法就是把他们变成朋友。"也许，说这句话时林肯还不知道，他这里所说的"敌人"也可以是存在于我们自己内心的敌人。

离开医院后不久，我就在艰难的出柜过程中经历了第二轮精神"大逃杀"。但是，我在《魔兽世界》游戏中领导了一个公会，那是一个很棒的社群，人们都支持着我，他们帮我重新燃起了希望，坚定了决心。

直到现在，我有时也会晚上睡不着觉，反思我能活到现在是多么地幸运。大部分的自我反思都是变化无常的，对未来没什么指导意义，并且往往是令人感到不适的，但是无论如何，自我反思都是有必要的。毕竟，我们还是会常常犯错，只有承认了自己的错误才能做到最好的自己。

我相信，我们几乎可以克服一切，但是，在对付那些最值得克服的事情时，我们往往需要其他人的帮助和一个强大社群的支持。我们要坚忍，我们要拥抱自己关心的人；你永远不知道他们内心中每天上演着怎样的斗争。在他们探究自我、努力结束内心斗争的过程中，让他们知道，你会在另一边等着他们。这带来的可能是生与死之间的区别。

概率小不妨多试几次

阿什·巴特（Ash Bhat）

16 岁时，阿什·巴特就是硅谷里最受人追捧的年轻程序员。他在全国各地十几个编程马拉松中均斩获佳绩，建立起了良好的声誉。2011 年夏天，他创办了 iSchoolerz，通过手机应用帮助学生在手机上轻松查询学校教学计划、学生卡服务信息等，方便学生利用各项学校资源。现在，iSchoolerz 已经有了几万名用户。2013 年夏天，他在 Kiip 公司实习，负责 iOS 开发工作。并且，他曾经接受过《商业内幕》杂志、CNET 网站等多家媒体的专访。

你会失败。从数据上来说，这句话说错的可能性很小。那么为什么还要尝试呢？为了这段旅程。

很多时候，旅程定义了一个人。有一种说法是，在旅程中，最重要的不是结果，而是过程。不论是在野外的探险中，还是在美妙的回忆中，不论是在创业的世界里，还是在生命中其他任何有价值的事情方面，这句话都是对的。

如果你不喜欢这段旅程，那就干脆别开始。如果你不热爱自己正在做着的事情，你能得到的只有坏消息和艰难的前路。

然而，让我们假设你确实很喜欢这段旅程。虽然你可能最后没有在金钱方面获得预期的成功，但是我可以很坚定地说：你会很享受自己正在做的事情，并且因此感到自己已经非常快乐、成功了。

但是，我们还是诚实一点儿吧。你还是想取得金钱上的成功，想改变这个世界。这样的话，你该如何把成功的机会最大化呢？

持之以恒。

你一定不是发现世界上最成功的那些人都是特别"幸运"的第一个人。我们崇拜、吹捧那些成功的人，但是，对于那些不那么"幸运"的人，我们往往连提都不会提一句。每一个成功故事的背后，都有上百个失败的故事。但是，把成功者和失败者区别开来的，其实并不是运气。是持之以恒。从一次又一次的失败中学习到的经验最终将帮助你达成自己的目标、获得成功。

从数据上来说，即使是那些特别有天赋的人也有可能会失败。让我们假设获得成功的比例是1%（考虑到几年前整个世界还都在反对这1%，因此这个估计还算是比较公平的）。虽然我现在这么说看上去是在凭空捏造，但是我会一步步表明我自己的想法的。

根据我过去的各种经历，我发明了一种成功理论，我将它称为"1%×100"。尝试一件事100次，你成功的概率就变高了，因为为了达到成功的那1%，你给了自己100次机会。这是真的，并且不仅仅是在数据方面。

每冒险或尝试一次，你都会有新的收获。虽然你非常有可能以失败告终，但是在这个过程中，没准你学会了用某种语言编程、建立了正确的关系网络、对即将进入的市场有了更清楚的了解，或者认识到了一个亟待解决的大问题。经历得越多，收获就越大。每冒险一次，你的经验会得到积累，能力也会得以提高，这大大增加了你下一次成功的概率。

　　这也很好地解释了为什么经验丰富的连续创业者获得成功的概率相对较高，而焦躁不安的首次创业者获得成功的概率往往很低。老到的创业者可能已经与天使投资人、风投公司、记者、相关人才等建立起了良好的合作关系；而创业菜鸟们需要花很长时间才能意识到，原来建立这些关系是非常有必要的，然后他们才会开始创造机会，为以后的发展铺路。此外，在创业的经验这一方面，还有一点不容忽视，那就是：随着经验不断积累，运气也会改变。刚开始创业时，我努力摸索其中的门道，根本没法交到好运气。我只要刚有了一个想法、开始往某个方向努力，就会立刻发现在这条路上我还有些其他的竞争者，与他们相比我的产品简直惨不忍睹。我的用户会发现我的产品中存在的问题，然后放弃我的产品。我从来没办法预约到一场与客户或风投公司的会面。

　　随着时间的推移，这一切都改变了。创业两年后，我有了一种奇特的好运气，我总是会在合适的时间来到合适的地方，并且一直能遇到合适的人与合适的机会。两年前我心心念念想要交到的好运气如今正在以令人吃惊的速度闯入我的生活。

　　14 岁时，我开创了一个叫作 iSchoolerz 的项目。我针对全国高中开发了一款免费的应用，但是除了我自己的高中外，我没有其他的客户。我用尽自己的力量与其他学校联系。我每天都花很长时间浏览各个学校的网页，试图找到这些学校校长的电子邮箱，然后给他们发送一封封长长的邮件，推广我的产品。我付出了大量的时间和精力，却没有得到回音。

　　但是，在这个过程里，我确实学习到了很多。我学会了如何写电子邮件，如何推销我的产品。而现在，几十个高中主动与我联系，他们组织会谈，付钱让我开发与 iSchoolerz 一模一样的应用。现在，我的生意发展得非常好，只靠我自己一个人都忙活不过来了。

　　高中二年级后，我就开始参加编程马拉松大赛。在宣传产品、推广品牌、发展新的潜在商机的种种经历中，我的创意水平也走上了新的高度。以上这些，再加上我的演讲技巧和技术能力，对我建立正确的合作关系、开发推广正确的产品、把握正确的商机等各方面都有着巨大的帮助。

此外，因为有了这些技能，我成了 Hackers@Berkeley 中最年轻的黑客，在多个重要的编程马拉松大赛获胜，有机会在一家名叫 Kiip 的创新型公司实习，并且在这些过程中以惊人的速度积累经验、建立关系网络。我甚至还有机会与苹果公司的联合创始人史蒂夫·沃兹尼亚克当面沟通交流。

如果我的经验中有什么值得学习的，那就是：事情会好起来的。努力是成功的催化剂，虽然旅程开始时可能会非常难熬，但是你只能依靠自己的力量把雪球滚大、把事情做好，一切都会好起来的。**如果你的出发点正确，知道自己不论多么努力都有可能失败，并且知道失败越多就离成功越近，那么你就已经走上了正道。**这股势头会推动你不断向前，并且最终助你取得成功。

用愿景改变训练成果

⊙ 邢延华（Ariel Hsing）

　　邢延华今年18岁，是名美国乒乓球运动员，曾参加过2012伦敦奥运会。2010年，她15岁，成为美国历史上最年轻的乒乓球全国比赛冠军。2011年和2013年，她又分别赢得了该项赛事的冠军。2011年泛美运动会上，她获得了女子团体、女子单打两枚铜牌。在她早期的职业生涯中，她在全球乒乓球少年组（15岁以下）和青少年组（18岁以下）中的排名均为世界第4。邢延华与百万富翁沃伦·巴菲特、比尔·盖茨交往甚密，她亲切地称呼他们为"沃伦叔叔""比尔叔叔"，并因此接受过包括《今日美国》《纽约时报》在内的多家媒体的专访。2012年伦敦奥运会期间，沃伦·巴菲特、比尔·盖茨还特地飞往伦敦，现场观看她的比赛。

　　成功入选2012年伦敦奥运会美国乒乓球国家队后，我第一次看到自己的父母哭泣。他们说，他们的眼泪并非为我而流，他们之所以流泪，是因为他们想到还有许多运动员比我付出了更多的牺牲，却最终没有机会参加奥运会。

我的父母非常有爱，除了打乒乓球时。我到现在还能清楚地记得他们打乒乓球时从车库里传来的阵阵欢呼声和哀号声，他们迫切地想要战胜对方，所以总是打得很激烈。每当我试着偷偷地看一眼他们比赛，他们就会同时冲我大喊："出去。"因此，我很自然就产生了这样一种想法："哇！这一定是全世界最酷的运动了！"后来有一天，因为找不到临时保姆，我的父母不得不把我带到帕洛阿图乒乓球俱乐部。在那里，我第一次握住了乒乓球拍，脸因为激动而变得通红，我呼吸短促、手上冒汗，感觉自己好像已经得了冠军一样。

这种感觉一直都没有消失，直到现在。

作为一个亚裔小孩，最难的一部分就是你的父母经常会把你像个战利品一样向其他人炫耀："安妮上学太忙了，根本没什么时间练钢琴……"但是，事实上，他们没说的是，他们逼可怜的安妮每天练琴3小时，每周7天不间断。他们之所以这么做，就是希望告诉别人："我的女儿才华横溢，她根本不需要很努力，就能比你的孩子强！"但是，对我来说，幸运的是，我的父母从来不指望我在体育运动方面有很高的成就，我们都知道我在体育方面不太行，我跑起步来难看死了！为了自我安慰，我们只能相信，天赋并不是那么重要，努力才是制胜的关键。我的父亲会对我说："迈克尔·乔丹是历史上最伟大的篮球选手。但是，他足球踢得很差劲。知道这是为什么吗？这是因为他把所有的时间和精力都投入篮球训练中了！"自然，紧跟其后的就是泰格·伍兹的故事："泰格·伍兹是美国名人赛历史上最年轻的冠军，他2岁时就开始参加高尔夫锦标赛了。但是你知道他说了什么吗？他说他的天赋不如其他高尔夫球手，所以他只能更努力地去尝试！"

解决了（至少在我们看来）天赋问题后，我们必须要找出谁是我最大的对手。当然，我最大的对手是中国球员。他们享有最好的设施，每天至少训练6小时，他们甚至还能拿到乒乓球的毕业学位！因此，每年我都会到中国朝圣，训练自己的乒乓球技艺。8岁之后，每一个夏天，我都会来到中国，找不同的乒乓球俱乐部，努力在所有的训练中都比其他人做得更好。我的上衣总是被汗水浸透，脚上磨出了一层又一层的水泡，有几次我在运动馆里中暑了，但是跑出去呕吐过后，我就立刻冲回去继续参加训练。

一直以来，人们都以为人类是无法在4分钟内跑完2公里的，直到1954年，医学专业学生罗杰·班尼斯特突破了这个人类速度的局限。此后几周里，一个名叫约翰·兰德尔的人再一次成功地在4分钟内跑完了2公里。此后一年内，又有4个人完成了这一壮举。是不是所有这些运动员都突然间变得更加强壮？或者是他们的跑步技巧有了大幅度的提高呢？我并不这么认为。我认为，是他们的愿景改变了，标准提高了，他们不再认为4分钟跑2公里是一个难以逾越的障碍。对我来说，去中国训练也起到了同样的作用。虽然这些训练可能并没有教会我如何完美地挥拍，但是参加这些训练的经历让我相信，如果我足够努力，我可以打败任何一个人，甚至可以打败中国的乒乓球选手。

生命中所有有意义的事情都是无法仅凭一个人的力量就可以完成的。**帮助我走向 2012 奥运舞台的，有三股力量：我的教练、我的后援团、我的努力。**

我很幸运，在美国有许多伟大的教练都给予了我指导与关怀。丹尼斯·戴维斯教练率先引进了高水平的中国乒乓球运动员，让他们与美国的孩子一起训练。虽然有很多选手会像我一样为了提高乒乓球水平去中国朝圣，但这样的待遇在中国是完全无法想象的。我的后援团主要是我的父母。我的妈妈牺牲了自己美丽的花园，为我建造了一个乒乓球房，帮我省去往返训练场地的时间。我的爸爸辛苦研究乒乓球比赛，我觉得他绝对可以当上乒乓球博士了。我努力在身体和心理方面都做到最好，因为只有这样才能不断进步，对得起他们所做出的牺牲。我会成千上万次观摩同一个挥拍动作片段，让自己把这个动作深深印在脑海中。我会让妈妈在我训练时大声放音乐，并向我的脚下扔球，以此锻炼自己的专注力。此外，在我走向伦敦奥运会的一路上，还有许许多多人给予了我宝贵的帮助与支持，我没法对他们一一表示感谢。

托马斯·爱迪生曾经说过一句话："天才就是 1% 的天分加上 99% 的汗水。"这句话可能听上去有点儿俗套，但是我很高兴我决定忽略自己相对不足的天分，专注于刻苦训练、提高水平。如果我错了怎么办？如果要成为世界顶级乒乓球选手必须具备那些我没有的天赋的话，我该怎么办？至少，所有的体能训练让我拥有了强健的体魄，所有的心理训练让我思维敏捷。并且，我还有所有那些在比赛中交到的好朋友。一旦有了新的挑战，我会立刻投身其中，不去担心自己是否准备好了。无论如何，只要刻苦努力，最终我都将成为冠军。

从语言到网站编程的精益进阶

斯蒂芬·欧（Stephen Ou）

斯蒂芬·欧 18 岁，来自中国开平，从 2009 年开始编程。他开发了 7 个网络应用，包括大获成功的 iTunes Instant，以及 Artsy Editor、OhBoard 等等。他的作品获得了《福布斯》杂志、《赫芬顿邮报》《大西洋月刊》、TechCrunch 网站、Mashable 网站、The Next Web 网站等多家新闻媒体的广泛报道。他现在在一家财富 1000 强公司担任顾问。此外，他偶尔接受采访，以此鼓舞其他年轻人踏上编程和网上销售之路。2014 年秋天，他进入了斯坦福大学。

我的童年经历和很多人不同。我出生在中国，2008 年才搬到美国。当我在旧金山国际机场踏出机舱门的那一刻，一个全新的世界在我的面前展开了。但是，我遇到了一个大问题——语言障碍。在美国的第一年里，我一直在学习如何用英语与同学和朋友交流。有很多次，我根本听不懂对方在说些什么，甚至因为误解了对方的意思而闹出笑话。为了克服语言障碍，每天回家后，我都坚持逼自己在睡前背 50 个新单词。在学习新语言的过程中，我意识到了坚忍、敬业的力量与重要性。

在我的创业生涯和我的生活中，这两点也起到了非常重要的作用。一路上我遇到了不少挫折和困难，但是，如果我轻易就放弃的话，我知道我将一事无成。在敬业方面也是一样。工作时，我将 100% 的注意力和精力都投注于手头的工作上。我专注于自己正在做的东西，并且矢志要将其完成。很多年轻人好像很容易就放弃或者犯拖延症，那是因为他们看不到自己的最终目标。先给自己制定一些小的目标，努力奋斗，实现这些目标，然后慢慢地，你就能实现更大的目标了。

启程上路

刚到美国的一段时间里，我与新朋友交流起来比较困难，也很难融入他们的圈子，所以大部分的空闲时间里，我都待在家里上网。有一天，我无意中来到了 TechCrunch 网站，一个很厉害的科技博客网站，我立刻迷上了它。在这里，我了解到，一点点简单的科技手段就能让人的生活变得更美好。然后，我继续调研，发现要做到这些，主要需要的就是电脑编程技术。我知道，我可以利用空闲时间学习和掌握编程技术，因为在学习英语的过程中我也有过类似的经历。并且，我非常想利用科技解决生活中遇到的种种难题，我对此充满激情。

此后几周，我继续关注着科技行业的动态，读到许多青年创业者的成功故事，备受鼓舞，决定开创自己的事业。我想："反正也没什么可失去的，为什么不马上开始创业呢？"

我头脑风暴了一下，想出了一个点子，决定创办一个社交小测验网站。我学习写代码不是通过看书，而是直接在实战中摸索，就这样一步步创办了 OneExtraLap 网站（在这个网站上，人们可以创建测验、做小测验，与朋友竞赛）。

艰难的开始

创办 OneExtraLap 网站之初，一切都非常困难。我不认识其他能在编程方面给我建议的人，因此凡事都只能靠自己琢磨。我在网上搜索代码样板，把它们复制到我的服务器上，运行程序，从中摸索每一行编码的作用。

编码起到相应的作用时，我很高兴。但是，大部分时候，编码里有某种错误，我不得不从头开始——对这一切，我都已经习以为常了。在这一过程中，我学习到了解决问题的技巧。并且，在我未来的所有项目中，我都用到了这一技巧。因为，在开发自己的应用时，我总是得不断地解决问题：寻找用户、推广产品、修复产品等等。当我需要解决一个问题时，我会尝试多种不同的方法。当我最终找到解决某个问题的方法后，我会举一反三，下一次遇到同样问题时也照着做。

产品发布

我是个完美主义者，在开发网站的过程中力求每一行代码都准确契合，每一个像素都正确排列。

2010 年 8 月 8 日，经过 8 个月的紧张工作和两次重大修订后，我终于将 OneExtraLap 网站向公众开放了。我的网上好友和邮件订阅好友都非常喜欢这个网站。他们探索体验了我创办的这个网站，对我在这个过程中表现出的主动性给予了高度评价，并且对我能够在 8 个月内建立一个这么优秀的网站表示赞叹。

到现在，我还清晰地记得，在那几周里，我获得了很多的夸奖和鼓励。那时，我已经来到美国两年了，我终于完成了一件令自己感到自豪的事情。那时，我觉得我可以继续前进，OneExtraLap 网站会有一个很好的未来！

解决实际问题

最初的热闹过后，人们对于 OneExtraLap 的热情开始减退。我不断收到用户的反馈，意识到作为一个社交小测验网站，OneExtraLap 并没有解决人们遇到的任何问题。这是个玩起来挺有趣的网站，但是要想吸引回头客并且产生收益，它还需要满足人们的需要。

这是我在这一过程中学到的最重要的一课。即使是再好的点子，如果对别人没什么实际用处的话，也还是会失败。现在，开始一个项目前，我都会做基础用户调研，看看我的点子是否能解决别人的问题或者满足别人的需要。

就是这样，我的第二个项目 iTunes Instant 诞生了。那时，谷歌推出了即时搜索产品，用户只要在搜索栏键入问题，在这个过程当中，它就可以借助自动完成功能快速给出答案。于是，我想到，如果 iTunes 也能有一个类似的产品，应该会方便很多。不论是在苹果电脑上还是普通的电脑上，iTunes 应用都非常慢，并且非常混乱。我决定开发一个能迅速显示 iTunes 搜索结果的网络界面。我做好了设计，用了差不多 3 小时的时间就写好了全部的代码，然后在一个周六的晚上把 iTunes Instant 发布了出去。

媒体推广

第二天，我就开始宣传推广 iTunes Instant 这个网站。我的主要策略是在网上上联系罗伯特·斯科布尔等拥有大量粉丝的科技达人，希望借由他们的力量宣传自己的产品。很快，许多人爱上了这个简洁、迅捷的网站，开始帮忙进行宣传。

不到 24 小时的时间里，这个网站就有了 10 000 多次的访问量。

周一，我早上 5 点就起床了，以个人的名义给几个科技博主发送邮件，请他们看一看 iTunes Instant。说实话，我一开始对此并没有抱很高的期待，因为我知道这些博主每天都会收到大量的邮件。于是，发完邮件后，我就和往常一样去上学了。

但是，后来当我拿起手机上网时，我意识到这个网站火起来了。著名的科技博客 Mashable 当天早上发布了一篇关于 iTunes Instant 的专题报道，此后全网各个媒体纷纷转发了这个报道。此后几天，Gizmodo 网站、《大西洋月刊》、《快公司》杂志等多家新闻媒体对 iTunes Instant 进行了报道。网站的浏览量直线上升，许多人给我发来了感谢信，感谢我建立了这样一个网站，让他们的生活变得更轻松。

很显然，创办某个东西时，我们不应该只图媒体曝光量。我们必须记得，客户和用户才是最重要的。但是，努力得到别人认可的感觉真的非常棒，并且别人的关注日后也会转化成为大好的机遇。

成功后的坚持

不要放弃。把握住所有机会，就仿佛那是你唯一的机会。在 iTunes Instant 发布后的疯狂的几周里，我收到了许多邀请，让我帮助他们的公司（其中包括华纳音乐）做点儿零活。我当然不会放过这些机会，我接下了这些工作，开始了自由职业生涯。对此，我非常满意，因此我不仅能赚到点儿小钱，还学会了如何有效地与客户沟通。这个过程也间接地帮助我提高了一点儿英语水平。

除了工作的机会之外，我还接到了很多博客和杂志的采访邀约。我开始与别人分享自己这一路走来学到的东西，回答一些关于我自己的问题，并在这个过程中认识到我在个人方面和职业方面的信仰。

整体上说来，这是一段起起伏伏的伟大旅程，**我希望你们能够从中认识到：不必担心别人对你正在做的事情的看法**。在如此年轻的时候就开始如此非凡的旅程，这在当今社会不是一个常见的现象（至少现在还不是），因此一路上肯定会有不少人给你泼冷水。但是要记住，这是你自己的生活、你自己的旅程，不能让别人的意见左右你的想法。只要你坚信自己的目标，每天坚持不懈地努力，很快，你就可以用实际行动让那些对你说"不"的人闭嘴了。

标签之外的我

科里·弗里曼（Corey Freeman）

科里·弗里曼非常急切地想要开始创业生涯，从 14 岁起就开始帮助人们通过建立网站在网络上展现自己的形象。她先是用 WordPress 帮自己的父母建立了网站，然后开始帮世界各地的客户建立网站，一步步地打造起了自己的品牌，并且至今仍从中受益。科里到现在已经建起了数不清的网站，并且还活跃在其他多个网络领域：自由撰稿、顾问、科技文章写作、视频制作、网络引擎优化、网页设计和开发等。她发扬 DIY（自己动手）精神，不断学习各种技能，以期帮助更多人轻松玩转互联网。2009 年，她接触到了 Headway 主题——网络上最简单的 WordPress 框架，并变成了 Headway 专家。2012 年 1 月，她创办了网站 Headway101，为小企业和业内人士提供大量的训练材料和专家咨询服务，指导他们掌握相关技能、创建自己的网站。20 岁时，她成了科里·弗里曼国际有限责任公司的总裁和 CEO。她的梦想是成为一名慈善家以及推动平等和社会接纳的公众斗士。她现在正在北卡罗来纳州罗利市制作一个 YouTube 脱口秀。

我叫科里·弗里曼，是一个黑人、同性恋、女性、大学退学、有强迫症的网络创业者。确实，这是一大堆贴在我自己身上的标签。但是我喜欢标签，即使它是一种疾病的诊断——而我恰好就有这么一个标签。

从医学上说来，我有一般性焦虑症、抑郁症以及强迫性神经症（强迫症）。这不是我遗传来的，而是由之前的创伤性经历导致的。想想看电视剧《欢乐合唱团》里的蒙克，而不是埃玛·皮尔斯伯里。我对事情很偏执，有一些怪癖，喜欢自己跟自己说很多很多话——有的时候甚至是在公众场合。对于我来说，肮脏的厕所如噩梦一般恐怖。并且我非常害怕昆虫。在我看来，所有长了超过4条腿的东西都很恐怖。

10岁时，我搬到了北卡罗来纳州，因为交不到新朋友，我开始写博客和建网站。我在新泽西州的好朋友告诉了我什么是雅虎地球村（Geocities），通过雅虎地球村，我只需要简单的拖放就能制作出一个网页。我给自己做了一个奇丑无比的网站，在网站上贴了些我还没完成的作品。我对此着了迷。此后，我又办起了博客、论坛、会员网站、网络漫画，甚至还为"一件日后要做的大事"亲手写代码做了一个测试版本——但是，我从来没有发布过它……

2009年8月，我听说了Headway主题，这是一种WordPress网页制作主题框架，帮助人们轻松定制专属自己的WordPress设计。我很自然而然地就接受了它，创办了一个叫"Headway Hacks"的网站（最终改名为"Headway Hub"）。这一举动吸引了Headway主题开发者的注意。2009年11月，由于出众的能力，我被聘为该公司的首位官方支持版主。

但是，让我们还是先回到这之前的几年。差不多14岁时，我开始出现了"头脑的疯狂"（这是我现在对它的爱称）症状。我的父母分开了，妈妈搬了出去，我刚进入中学，不到一年前我意识到自己喜欢的是女生。我的身体在变化，我的世界在变化，埋藏在我头脑深处的某种东西开始控制住了我。

在中学，我不是一个受人欢迎的孩子。我一直都是个有点儿奇怪的孩子，精力特别充沛，非常喜欢讲话。我很确定，我能交到朋友的唯一原因是因为我在学校的乐队里。我能交到朋友也不是因为我性格好，而是因为我乐器弹得好。在我父母离婚的过程中发生了很多事，我也变得越来越闷闷不乐。没什么人愿意待在我的身边。

我可以用一句话总结我的中学时代，那就是：睡很多觉，去乐队排练，感觉特别孤单。我没什么朋友，虽然我的父母很支持我，但是在他们离婚的过程中，我与他们之间已经形成了深深的裂痕。我感到自己找不到什么人聊天。那时我还没有确诊患有强迫症，但是已经表现出了强迫症的症状，我会因为对别人说的一句话或者别人对我说的一句话而难受、愧疚好几小时，并且，我会因为自己做的"傻"事（如被餐桌绊倒、忘记交作业）而懊恼很久。

然后，我养的狗死了，就在我母亲生日那天。自那以后，我的整个世界都崩溃了。

让我们把此后的种种睡觉、喊叫、哭闹快速略过。高一时，我的第一个女朋友把我给甩了，并且跟我说她再也不想和我说话了。我深感绝望，在绝望中，我在家得宝买了一瓶厕所疏通剂。在浴室的镜子前，我盯着瓶中那绿色的、光滑的液体。厕所疏通剂很难闻，但是我知道，一旦下定决心，我肯定能将其一饮而尽。

但是我没喝。

第二天，我把这件事告诉了一个朋友，这个朋友立刻把我拖出教室，带我来到了学校的心理辅导中心。在进入大学前，我尝试了一段时间的心理辅导，但是我的"头脑的疯狂"并没有停息，而是跟我一起进入了大学。

2010 年，我进入了北卡罗来纳州立大学，成为一名大一新生。我学习的是工商管理专业，因为我想要实现自己的愿望——创办公司，拥有更大的能力去做好事。但是，我发现我喜欢的是学习本身，而不是那些纸头工作。并且，与我的家人跟我说的不同，我在大学里并没有闪耀出自己的光芒。和在中学时一样，我依旧那么笨拙、孤单。

我告诉周围的人我经常会有自杀的想法，他们又把我带到了心理咨询师那里。这一次，这位咨询师建议我服用抗抑郁药物。我已经抑郁了很多年了，于是决定吃药试试看。

医生给我开了百忧解和其他两种我记不住名字、没什么作用的药物。百忧解有点儿用，在它的帮助下，我偏执的想法有所消退，我开始重新感到自己的活力。

找到了"头脑的宁静"后，我决定要和几个朋友好好玩玩，并且去追求我喜欢的女生。我翘了很多课，不写作业，勉勉强强地通过了第一学期的考试。

与此同时，我成为 Headway 主题的专家。我管理论坛、建立网站，趁我室友不在房间的时候进行电脑屏幕录制，努力把每天不断涌来的邮件都处理掉。

然后，我又一次被甩了，事情又开始往不好的方向发展。2011 年 4 月，因为有自残倾向，我不得不让我的朋友们开车送我去医院。重返医院后，我辞去了 Headway 支持版主的工作，把我所有与 Headway 相关的网站和产品都卖给了 Headway 公司。

第二学期，因为没通过数学考试，我在学业上也遇到了大麻烦。虽然为了通过数学考试，我上了暑期班补课，但是我最终觉得自己已经受够大学了。2011 年 10 月 14 日，我正式退学。正式的教育并不是适合每个人的，而且绝对不适合我。

现在，我认为退学是我做过的最好的决定。但是退学后的那段日子里，我备受煎熬。我的父母对我的退学决定大为光火，决定切断我的经济来源。他们对我说，等到房租到期时，我得自己想出赚钱的办法，不然就要搬回家去住。有好几个月的时间，我连吃饭和手纸的钱都拿不出。麦当劳成了我的好朋友，为了生存下去，做生意成了当务之急。不管整个社会是怎么看待的，但是我觉得，为了保持头脑清醒，我还是最好不要搬回去和父母一起住。

我没有什么计划，我只能去做一切我擅长的东西，并且相信一旦有人付过一次钱，那他们就会再付第二次。不幸的是，这个孤注一掷的想法并没能让我一夜成功。

一个常客先是付钱，然后开始不付钱，最后开始只为那些他一时头脑发热想到的东西付钱。最终令我彻底受不了的是，有一次，他甚至从另一个大洲打来电话，让我帮他修复他的个人网络连接。

我也试过加入一些新创业的公司，他们答应我付我很高的薪水，但是很快我的工作时间就从每周 40 小时减少到了两周 2 小时。雇我的人并不了解我全部的能力，总是浪费很多时间跟我解释一些我已经很熟悉了的工作；然后，他们又开始让我做各种各样的杂活，但就是不让我做自己的主业。我很快就辞职了，因为如果为自己的客户忙活的话，我能赚到更多的钱，并且还能获得顾客的尊重；而在这些创业公司里，我拿到的钱很少，也没有获得应有的尊重。

后来的"Headway101"起源于"HeadwayExpert.com"网站。我建立起这个网站，是想向所有人证明我在这方面的实力。我当时孤注一掷，大喊着"雇我吧，我是这行里最好的"，以此招揽雇主。

我回归时，正赶上 Headway 推出了第三代新产品，我创办了一个网站，只用 Headway 最新的产品，并且对每一项服务都收费：咨询、设计、开发、维护、修复，等等。我网站上所有的指导手册都是免费的，因为我想以此刺激网站流量，在搜索引擎中排到尽可能高的位置。关注越多，赚钱越多。

回归 Headway 主题的同时，我也重新开始了心理治疗。2011 年 11 月，在我退学前，我遇到了我现在的这位心理医生，就是因为有了她，我才成了现在的自己。此前，我也因为"生病"取消过许多次预约，有时甚至因为不想去心理咨询就任性地直接爽约。但是，渐渐地，我与她建立起来了良好的关系。要不是她那么公正无私、坚持不懈，我不可能成功。在她之前，我还有过其他 4 个心理医生：第一个总是说起她自己的儿子，第二个长得像克里斯蒂安·贝尔，第三个可能有点儿严厉过头了，第四个老到可以当我的祖母了。

这一路上走来，我在网上认识的一些人给了我很多商业上的帮助，他们中有一位是英国顶尖的市场营销博主，还有几个是 WordPress 同行。

我与 Headway 的联合创始人有过一次私人争吵，结果影响到了我们的合作，Headway 不再支持我的网站。后来，我为我们之间的小口角道了歉，现在我们合作得非常好。从长远来看，放下自己的骄傲、进行成熟理性的对话是非常值得的。

2012 年 2 月，我写了一本关于新版 Headway（可惜现在已经过时了）的 11 000 字的电子书，无偿公布在自己的网站上，吸引关注。我的网站浏览量不断提高，我意识到自己已经在不经意间变成了 Headway 主题专家和博客专家。在每天的小睡之间，建网站成了我的格拉德威尔 "10 000 小时" [1]。

2 月，我又开始吃药了，因为我的一个好朋友对我说，如果我不吃药的话她就要离开我。我了解到，第一个心理医生给我开的药没什么作用，因为对一个多年抑郁的人来说，那些药实在是不够 "猛"。我现在的心理医生让我停了那些药，然后给了我一粒帕罗西汀。这颗小小的药片把我放倒了整整 7 天，这 7 天里，它在我的神经系统内部产生了奇妙的作用。突然间，我再也感受不到抑郁的无底深渊了。我能呼吸了，我能专注了，我能工作了。

现在，我已经成了精神药理学的超级粉丝。当然，我也是心理治疗的忠实粉丝。

后来，我最终决定把我的生意做成一个付费的会员网站，因为我实在是不想看到 Headway101 重蹈当年 Headway Hub 的覆辙。现在，我能自己付房租了。我想成为一个专家，但不是免费的专家。现在看来，我的这个决定是非常明智的，这

---

[1] 格拉德威尔在其《异类：不一样的成功启示录》一书中指出，真正掌握某样技能需要 10 000 小时的勤学苦练。

些收入带给了我自由，也让我开始真正地相信很多东西：写博客，权威，自己双手的力量，以及无限的可能性。

我还没治好"头脑的疯狂"，但是，现在它已经成为我个人魅力的一部分。我现在已经学会了如何在心理状态不稳定时控制住自己，这样就没人能利用它们伤害到我了。并且，我还学习到，不论你是客户还是产品提供者，我都应该弄明白你说的到底是什么意思——特别是当某人的脑袋不太正常时。

最重要的是，你要坚持下去。因为，**只要坚持下去，很可能一切就都好起来了**。

学习

不要因为自己的失败而感到尴尬，
从中学习，从头再来。

——理查德·布兰森

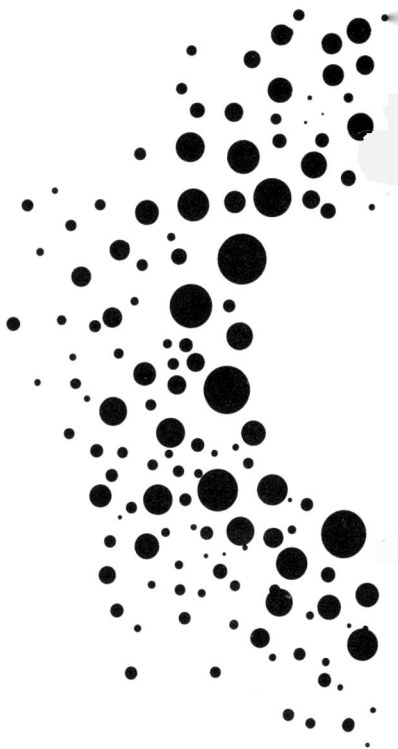

核聚变改变了我

康拉德·法恩斯沃思（Conrad Farnsworth）

康拉德·法恩斯沃思19岁，是南达科他矿业及理工学院的一名学生。17岁时，他在自己的车库里建造并运作了怀俄明州第一个核聚变反应堆。他曾接受过福布斯新闻、《赫芬顿邮报》、俄罗斯新闻社的专访。目前，康拉德正与本书的另一位作者苏克西·唐斯合作，希望能开创核反应堆的新时代。

2011年12月1日，我永远都忘不了这一天。因为，就在这一天，我成了怀俄明州成功释放原子威力的第一人。这种感觉真是令人难以置信……不过我未来的路还长得很。

建造这个核反应装置，我投入了差不多两年的时间和精力。通往核聚变的这一路上充满了糟糕的想法、错误、濒死体验、朋友、失败和新机遇。最后的结果是令人兴奋的，但是建造核聚变反应堆的经历更加令人难以忘怀。这个过程更值得铭记。

这一切都源于大一时我参加过的一个科技展览会。在那个活动中，我提交的作品非常差劲，只获得了第三名——一共只有三个人参加了这一类别的比赛。我没在自己的作品上付出什么心血，却希望获胜。当我发现自己与更高级别的展会失之交臂时，我感到了深深的挫败感。第三名以上的所有作品都有机会参加州里的科技展览会。

那天晚上，我发誓要超越自己，超过周围所有人。我要成为怀俄明州第一个建成核聚变反应堆的人。

我首先开始了调研工作并加入了现在的".net"或 fusor.net 网站。在那里，我提出了第一个关于核聚变的问题，询问建造静电约束核聚变装置（fusor）需要哪些材料。通过这个问题，我找到了一个好朋友。威尔比我早一点点开始了核聚变反应之旅。他特别友好，非常乐于帮助我，并且，他不会告诉我现成的答案，而是教我如何自己找到问题的答案。这正是我所需要的。学会回答自己提出的各种问题，这是威尔教我的宝贵能力。

此外，在这个过程中，我还学会了构建关系网络。威尔主动伸出援手，联系了我，他是我在这个世界上认识的第一个研究、操作核聚变的人。这一路走来，我学会了如何专业地与别人沟通、建立关系。他们帮我拿到了一些原件和材料，并且帮助我磨炼了与人打交道的技巧，这是之前我所欠缺的。

很快，我就与其他人建立起了宝贵的互动关系，但我还是不知道应该如何凭自己的力量做到这一切。构思静电约束核聚变装置 2.0（最后真正起作用的设备）时，我知道我应该自己建造所有的一切，这样才能够真正建起我想要的反应堆。支撑反应堆的是我自己设计并建造的管状钢框架。我的父亲为我的项目捐赠了一根 37 米的钢管（对此我非常感激，因为钢管特别贵）。设计在脑海中成形后，在实际建造的过程中，我放慢了速度，避免产生任何错误（因为这样能省钱）。然后，我把钢管切割成了一段段可焊接的小长条。我从来没想到在探索进入高能粒子物理领域的过程中，我还能学会电焊技术，这真是一段非常棒的经历。

人们经常问我建一个反应堆花了多少钱。我建反应堆一共花了 4000 美元左右——这也是我全部的积蓄。我决定在这个项目上做到财政完全独立，这是一个很棒的想法，帮助我真正体验到了按照预算工作的感觉。我知道，我一共就只有这么多钱，并且我知道每一个原件要花多少钱。这听上去是个很基本的技能，却能让你想明白到底要在哪儿花大钱花、在哪儿省钱。比方说，为确保达到超高真空状态，我可以花 50 到 100 美元买一个铜质真空密封垫圈，这相对便宜些；但是我也可以花多一点儿钱买一个能重复利用的密封垫圈，这样从长远看来更加合算。

并且，我还学到了该如何正确处理动手和读书的关系，让它们保持平衡。我经常和身边的人开玩笑说："我读书不好。"我语法不好，读书也很糟糕。这是一把双刃剑，一方面，这可以在实际动手的过程中学习；另一方面，在读书学习的过程中，我完全无法避免错误。为此，我付出了巨大的代价，我买了几个根本用不着的零件，最后不得不报废了一个价值 100 美元的真空泵。但是，换一个角度来说，有些人可能通过读书掌握了关于核聚变、核反应堆的所有知识，但是完全不知道该如何操作扳手和棘轮来拧紧法兰。在追求目标的路上，你不仅会掌握到最好的实践操作方法，也会学习到最好的相关原理。

最后，**重要的不是你是否取得了成功，而是你是否在追求目标的过程中真正学到了东西。伟大与成功只是学习过程中的副产品。**

我为自己开课程

○ 莫尼什·桑德拉拉简（Mohnish Soundararajan）

莫尼什·桑德拉拉简与包括罗伯特·格林、赖恩·霍利迪、戴尔·J.斯蒂芬斯、查理·赫恩在内的多位《纽约时报》畅销书作者共事过。此外，他还在硅谷与圣路易斯的多家创业公司、非营利组织工作过。目前，他在塔克·马克斯、扎克·欧勃朗特创办的图书公司工作，帮助作者创办自己的平台、出版好书，让这些书火起来。他为包括 Medium 网站、《思想目录》在内的多家媒体撰稿。进一步了解他可登录网站 www.mohnish.net。

差不多一年前，我差一点儿就死了。"嘿，小子，让我进去。"我叫道。当然，我知道这一切是怎么回事。这是典型的"把他锁到车外然后把车开走"的鬼把戏。当时已经很晚了，附近还有些女孩子，条件非常完美……为什么不搞点儿大的、出点儿洋相呢？我无计可施，于是爬到车顶上，就像电影里人们做的那样。我刚爬上车顶抓好，就感到一阵颠簸——车正在加速启动。见鬼。他不知道我在车顶上。不到几秒钟，车就开了出去，并且开始加速。"嘿！"我大叫着。

但是没有得到任何反应。车速达到了每小时 32 公里，然后是 48 公里。然后，想都没想，我就撞到了风挡玻璃上。我的朋友猛踩刹车。我飞了出去，撞到了水泥地上。

天哪，疼死我了。这绝对不是我最美好的时刻。

下面，让我们先回到几个月前。那时，我在学生会里。根据着装规定，应该穿卡其裤，但是我穿的是牛仔裤，因为坏小子都穿牛仔裤。不出所料，45 分钟的会议里，所有人都在就饼干的口味问题夸夸其谈：巧克力曲奇、奶油酥饼、香蕉坚果凤梨大爆炸（我真不知道这是什么）。我记得当时的我在想："天哪，我从来没见有人对饼干的口味有这么高的热情。我从来没对任何事有过这么高的热情。"然后，就像动画片里常演的那样，我突然想到了一个问题："我在这里到底是要干吗呢？"

美国的职业顾问们第一天就告诉我该做什么工作：医生、工程师、牙医。多赚钱，这样你才能给姑娘们买好东西，然后她们才会给你生孩子。只要你完成了人生中每一件该做的事情，那你就没什么问题。我加入了各种各样的俱乐部，参加了各种各样的活动，然后意识到，我对所有这些事情都完全没有兴趣，就像我对饼干的口味一点儿也没兴趣一样。最后，我来到了学校，但是不论多忙，我所做的事情对我来说都一点儿也不重要。

事实上，我想要在生活中获得很多。就像你一样。但是我看看周围，所有人都在做着他们应该去做的事情，我觉得我仿佛能看到他们的一生（平凡、平淡、正常、为了掩饰秃顶而努力把头发往一边梳）。我不想这样。也许别人想这样，但是我不想。我尤其不想秃顶，这简直太恶心了。

于是，我逃离了这一切，并且找到了成功的钥匙。

我从没拿到博士学位。但是我听说，只要交一笔学费（一大笔钱），你就能跟着教授一起学习，他们比你的学识高得多。你会有一把实验室的钥匙，你可以在实验室里做实验。因为你的学校和老师都很有名，因此你在竞争中也格外有优势。你可以说："看，我做过很多很酷的事情。"事实上，长期以来你已经有了很多拿得出手的东西。

我的所作所为与此非常不同：唯一的不同就是我的教授付我钱。我大部分的知识不是在学校里学到的，而是在生活这所充满困苦挫折的大学里学出来的。我没有去听什么不切实际、空谈理论的课程，而是直接进入了"真实的世界"。我知道我会一次又一次地使用这个战略。一开始，我得积极寻找机会；机会从来不是从天而降的。

作为创业者，我第一次入门是在一个绿树成荫的比萨店里。那是一个创业者的聚会之夜，负责组织活动的女士给了我一个过分热情的拥抱。我走进去，与人们说话，他们中有的是参加夏令营的当地人，有的是 IT 从业人士。然后拉希德·苏莱曼在他自己的 iPad 上向我展示了他开发的产品……我现在还记得那个用户设计界面有多美。我很笨拙地想要获得为他工作的机会，于是说出了一句咒语："我不要钱，只要你们需要帮忙，尽管喊我。"由此，一个美妙的夏天开始了。我读书、读博客，并且最重要的是，我不用花一分钱就得到了在拉希德手下学习的机会，我可以在他的"实验室"里做实验。我尽自己最大的能力为这个公司创造价值，并且，通过口口相传，很快我就声名在外了。渐渐地，我成了业内新星（至少我自己是这么以为的）。

几个月后，我无意间看到了赖恩·霍利迪的博客，他是市场营销策略大师，帮助过多位畅销书作者和数不清的公司（包括 AA 美国服饰）。我对我的妹妹说："他看上去很酷。"我给他发了封邮件，差不多就是以最巧妙、最微妙的方式表达了："我愿意为你工作，不论做什么。"他接受了我的请求，给了我另一间"实验室"的钥匙。他在业界声名卓著，通过他，我为多位畅销书作者开展了市场推广工作。在他的手下，我以备受瞩目的方式掌握了这行的门道。这很有意思，我有很大的收获。并且，最棒的是什么呢？我不用花一分钱就能向他和他服务的作家们学习。事实上，我还开始因此而赚钱，并且赚得不少。

我一次又一次地重复这个过程，学到了越来越多的东西。我读了更多的书、有了更多的经历、遇到了更多有意思的人。很快，在我自己意识到之前，我就已经变成了一个完全不同的人。我不参加学生会和学生社团，我不用去参加，因为我正在做着我喜欢的工作，并且这些工作还能真正地影响到别人。从中我收获到了更多，并且我喜欢这样。现在，我可以说，我为畅销书作者和快速成长的创业公司工作。但是，对这一行有了初步了解后，我知道没有什么东西是板上钉钉的。我也会继续重塑自我。

就是这样。

我摔到了水泥地上，狠狠地从车上滚了下来。事实上，我确实摔了个狗吃屎。但是，这件事让我意识到：我鲁莽大胆、我愚蠢糊涂、我无聊透顶。这个九死一生的经历真正让我意识到了自己生命有限，意识到我在这地球上的时日是有限的。

虽然我若无其事地对身边的男生女生们说"这没什么大不了的"，但是其实我与死神真的是擦肩而过。事实上，我没有多少时间。我可能会被地铁撞死，可能会被从天而降的拖把砸死，可能在过马路时会被一头独角兽刺死。但是，对于这些，我一点儿都不担心。摔到水泥地上的经历让我意识到自己的时间并不多。并且，我并不想把宝贵的时间浪费在选饼干口味或穿卡其裤上。

如果你忘记读这本书的封面的话，让我告诉你，现在有非常多不到20岁的孩子。并且，疯狂的是，他们都坐在家里，学习一些他们可能永远不会实际应用到的知识（为什么要背东西呢？有什么需要的话可以直接去谷歌搜索，而且背过的东西考完试以后马上就忘了）。不论我们如何假装，我们都不得不承认，他们并不愿意这样。文艺复兴时期可以说是人类历史上最富创新力和创造力的一段时间，那时候，学徒们不用花钱就能在大师门下学艺。他们没工资，而且他们不需要有工资，因为他们有"实验室"的钥匙，并且他们的所有花费（食物、衣服等）都被包了。最疯狂的是什么呢？他们没有 iPhone，没有 Snapchat（一款照片分享应用），更没有苹果电脑，他们不玩消除小游戏，但是他们用自己的双手创造出了伟大的东西，创造出了传世的经典。

人们可以选择去做伟大的事情。他们可以选择拒绝接受模式化的教育。**他们可以选择与最好的人一起学习和工作，为最好的人学习和工作，为有价值的事情和重要的人学习和工作。**

无论你决定怎样教育自己，你的教育你做主。

70 岁单身汉教给我的人生真谛

○ 哈维尔·桑多瓦尔（Javier Sandoval）

哈维尔·桑多瓦尔 16 岁开始在 Clarion Content 咨询公司工作，一年后升任公司副总裁。他是布朗大学的 QuestBridge 学者，但是几周后就离开了校园，加入了西雅图科技之星项目中的创业公司 Fanzo。他是西雅图科技之星项目中年纪第二小的（该项目中年纪最小的是本书的另一位作者扎克·库考夫）。此外，他正在完成自己的第一部小说《佩涅洛普》。

房间出奇地干净。四周的墙壁好像都在诉说着，这里住了一个"单身汉"。墙壁洁白，什么都没挂，连家庭合照都没有。空气中混合了烟草味、木头的味道、皮具的味道和科隆水的味道。瘫坐进沙发后，这些味道好像消散了一点儿。虽然他后来把盖在沙发上的塑料布拿掉了，但是我仍然看得出来这沙发是奶奶的。我等着他把锃亮的皮鞋和考究的礼服大衣脱下来；我从来不记得他穿得那么好。我的旁边是一堆小巧而整洁的书，我弯下腰拿了一本。那本书很薄，可以装在牛仔裤里，书的名字叫《对话、礼仪与口才》。对此，我感到非常吃惊，就好像我找到的是《圣经》一样——所有人都知道，他不相信上帝。

他在我对面坐下，用手抚弄着自己银白的头发。他的头发浓密茂盛，对此他很骄傲，总是把头发修剪得整整齐齐——他的指甲也一样。"她觉得我很有趣。"他开始向我讲起他那个比自己小 42 岁的女朋友。此前，他从来没有跟我进行过这种男人间的对话，所以我向前倾着身子，仔细听他的每一句话。等他说完自己的女朋友后，我问起关于书的事情。关于爷爷，我爸爸唯一告诉我的是，他每天总是醉醺醺地回家，跟跟跄跄地走过门廊，整个人乱成一团，就像被打败了一样。但是，这些书告诉我的是一个完全不同的故事，我希望听听爷爷自己怎么说。

他看着我，他的眼睛是淡绿色的，但是他凝视着我的目光却是深灰色的。他说："我感觉自己很孤单。我的朋友离开了我，我的家人离开了我，甚至连酒精都离开了我，因为我买不起酒。这都是我的错，我没有什么借口。但是，有一天，我意识到一件事：我拥有的其实只有我自己。没有家庭，没有财产，只有我的骄傲。我决定让自己变得更好，我要栽培我自己。"他开始学习，阅读励志书籍，然后远离了他的酒友们。提起朋友，他眉头一紧，格外动情。与认识那么久的朋友分开，这对他来说一定很难。"我现在还在学习。"他有点儿抱歉地说道。这是我听他说过的最接近"对不起"的话了。

虽然由于他此前的种种恶行，我的家人现在还无法接受他，但是他已经令很多人刮目相看了。他的邻居们把他推选为邻里长，年轻的女士们缠着他让他讲故事，公园里的老人们纷纷吹嘘自己认识他。现在，所有人都叫他"教授"。

我把身体靠在椅背上，没有听到熟悉的塑料摩擦声。我向他表示了敬意，暗下决心要改变自己。他说得很对，**人、尊重、物品总是来了又去，能留下的只有你自己。所以，让你自己做出积极的改变吧。**

如何打造自品牌

迈克尔·科斯蒂根（Michael Costigan）

作为一名国际知名的演讲者，迈克尔·科斯蒂根对来自不同国家的上万名学生产生过影响。因为表现出众，他获得过很多奖项荣誉，最近还被美国金融教育委员会评选为"年度青年商业领袖"。13岁时，他开始了自己的第一次创业，创办了madFusion公司。由于当时年纪太小，经验不足，他遭遇了许多拒绝，但是他取得了别人难以想象的成就，用实际行动打消了所有人的疑虑。现在，很多年过去了，他正在努力帮助青少年面对那些他曾经同样遇到过的问题。他现在20岁，能真正地理解年轻人的想法，与他们打成一片，因为，他也有过与他们一样的经历——他懂得他们的不安全感、他们的奋斗、他们在成长中面临的真实情况。他曾经接受过ABC、CBS、FOX、NPR等多家媒体的采访。他曾在TEDx的舞台上演讲过，并且积极为Entrepreneur.com、Inc.com等多家网站供稿。迈克尔与家长、教育者、非营利组织合作，带动全国各地的人们帮助青少年引领他们自己的一代。此外，他还负责管理TeleSign公司的商业拓展工作。

我是做什么的？

作为一个青年创业者，我经常需要向别人解释自己到底是做什么的。不，我不开科技创业公司，不经营网络零售店，也不帮别人优化他们的网络搜索引擎排名。我是一个青年领导力专家，过去三年来我作为职业演讲者到处演讲。我在全球各地做演讲，每场听众从 50 人到 5000 人不等，曾在青年集会、青年领导者海湾论坛、TEDx 等各种活动中与多位知名专家同台。我帮助青少年找到他们自己的梦想，发现他们自己的未来。这一路走来，很快我就发现，我需要一个在演讲结束后仍然能与学生、教育者保持沟通的平台。

公共演讲最棒的一点就是它能够帮助你建立平台——一个依托网络、电子邮件、书籍甚至传统电视或广播等媒体搭建的平台，可以传递思想，非常有价值。大部分成功的演讲者都希望能有一个这样的平台，在这个平台上，他们可以与所有的追随者们分享自己的想法和信息。但是，大部分演讲者只是建立了一个 Facebook 页面、一个 Twitter 账户，或是一个博客。对一个平台来说，以上这些都很重要，但是它们可能还不足以帮助你成为你所在的这个领域里广受认可的专家。在此，借用我的一位导师乔希·希普的说法，我们中的很多人真正想成为的是"内容名人"。

个人品牌 2.0

每一年，成百上千人在网络上建立起自己的页面，希望与别人分享他们自己的建议，帮助别人开创更美好的人生（有些时候，他们看上去好像只是想要自说自话）。美国的自助产业每年能产生 110 亿～120 亿美元的收入，与个人云端市场不相上下。

不论你是喜欢它还是讨厌它，自助业就在那里。自助业有时非常肮脏、虚伪，并且往往充满了欺骗。想到它时，我们最常想到的是深夜广告、邮购的减肥产品、网络上一刻不停地滚动的销售页面。当然，这些东西能帮人赚到一点儿钱，但是，我想要打造的个人品牌不是这样的。

我们生活在这样一个时代，教育正在变得越来越民主化：给出建议、制定战略、获得职位的是专注于某个专业领域的主题专家们，而不是那些正规的机构、科学杂志或其他。如果你不相信这是真的，那就看看 Skillshare 等类似网站上提供的服务吧，在那里，任何人都可以开网络课程并且收取学费。或者，你可以看看维基百科。像拉米特·塞西（《我教你变成有钱人》一书作者）这样的专家，他们自己没有经营过公司，却能为财富 100 强企业提供咨询服务。有些人认为这是一个危险的信号，因为这威胁到了知识的进步或降低了行业的标准。但是，对此我并不相信。而且，这种现象也不是最近才有的。美国政府多年来一直都任命没有"真正"外交经验的非职业外交官担任高级别大使职务。并且，为刺激销售增长，几乎所有的财富 500 强消费品牌都会向与他们的目标客户群体有接触的名人寻求商品推广方面的建议。

达到主题专家水平

现在，在这个电子信息的时代里，我们很轻松就能自学、检验自己的想法、出售自己的服务。如果我需要为一个新产品设计一个标志，我不需要去找什么平面设计专业的学士；我只需要在网上找一个作品出色的人，一个在 Twitter 或 Facebook 上的设计圈子里受到尊敬的人。

对于像我这样的演讲者来说，这就意味着我必须磨炼自己的技能，小心翼翼地研究自己的市场，打破传统媒介的局限，让自己获得全国各地公众的广泛关注。

我不会有一天醒来后突然就变成了主题专家。事实上，我希望的是，那些与我有过交流互动的人——采访我的媒体人士，将我的想法写在自己书中的作者，上万名接受我的建议发挥自己的能力克服生活中的困难、实现理想的年轻人——会这样称呼我。总有一天这一切将成为现实，那时，我已写了几万句话，在生活中的各个方面为人们提供了有用的建议；那时，我已经进行过上千场演讲，对几十万人产生了积极的影响；那时，我帮助别人的经历已经被写入了众多成功故事中去。

创建个人品牌

关于如何在各种平台上创建个人品牌这一问题，其实没有什么官方指南。但是以下几点将有效帮助你创建个人品牌。

你必须选择一个你能够全身心投入的领域。对于这个领域，你一定要非常感兴趣、充满激情，愿意变成其中的专家，这一点非常重要。如果有一天你再也不用"工作"了，你是否还愿意不断学习这方面的知识，用你获得的知识帮助别人？

简化你的专业领域，确保其有一定的市场。举例来说，如果你想要成为有机种植的哥伦比亚咖啡豆方面的专家，这就不如成为一个全面的"咖啡专家"来得好。检测市场可能是非常困难的，但是像"谷歌趋势"这样的平台非常好用，可以帮助你了解到人们是否在搜索你感兴趣的行业。整体上来说，找一个形成一定规模的领域比较好。

你一定要在这个领域内找到一个导师（一个做成了你想要做的事情的人，或者一个来自相似领域的你可以学习借鉴的人）。一个真正的导师应该比你早进入这个行业5到10年。他们应该在该领域内受人尊敬，并且能和圈子里的其他人说上话。我建议你找一个对市场有一定掌控力、能影响行业水平和方向的人。要接触到这样的人可能会非常困难，但是，如果有一天你功成名就了，你也会希望自己能受人追捧，不是吗？

你的宣传材料一定要看上去比实际值钱 5 倍。所有人都会通过书籍的封面来判断一本书（在你买这本书之前你也这么做过），他们也是以同样的方式评判个人品牌的。如果你的宣传材料看上去很廉价，不用管它是不是一个在 GoDaddy 网站上建立的网站，还是一个在你卧室里拍的 YouTube 视频，你都无法吸引到你所期待的市场关注。如果你看上去就像是只值每小时 20 美元的人，那么人们就只会付给你这么点儿。因此，以看上去值每小时 1000 美元为目标吧，然后少收一点儿钱。

你一定要像疯了一样去工作。我知道，每个人都这么说，这简直是不言自明。但是，说真的，开创自己的事业就已经很难了，我真诚地认为，开创自己的能自给自足的个人品牌更难。这两样我都做过。一旦你已经完成了那些基础性的项目，你的事业将一步步缓慢地发展。要想尽快取得成功，你得与那些比你有名的人合作，让他们为你说点儿好话，让他们愿意和你一起写书，让他们愿意把多余的客户介绍给你。在与这些人打交道之前一定要做好准备，不然的话你可能会失去他们，以及所有那些受他们影响的人。

说真的，剩下的就差不多都是风险了。我看到有些演讲者在一年之内就从无到有赚到了六位数，有些人做到这样却需要三年。我算是夹在这两者中间，处于一个中间位置吧。看着业界的专家，看到他们取得的巨大成功，再看看一无所成的自己，这确实令人沮丧。但是，重要的是，你要记住，你可以看看他们当初是怎么起步的，向他们好好学习。有人说，要一夜成名需要十年的苦功，对此我绝对相信。

小失败和小成功

这两者你都会经历。在你成为创业者 / 开发者 / 演讲者 / 实干家 / 普通坏蛋

（读完这本书后，你可以尽情地把它作为商业头衔或自我描述）的路上，你会遇到很多障碍。有些比较大，需要你把自己的生意转向另一个方向。遇到这些障碍并不一定是坏事：它们出现得越早越好，因为无论如何你总归会遇到障碍的。坚定自己的态度，这将令你受益终身。

并不是所有人都是创业者，也并不是每个人都应该创业。我认为这种观点应该得到更广泛的传播。你知道自己是不是那种只要是替别人干活，无论赚多少钱、无论待遇多好都不会满足的人。我们中几乎所有人都会在某个时刻遭遇失败。我已经在这行摸爬滚打了好几年了，因此我可以自信地说，那些不怕一次又一次失败的人，那些一次次卷土重来、做出不同尝试的人，他们往往会取得成功。然而，即使你不是创业者，这个规则也同样适用！**我们所有人都应该知道自己的激情所在，并在相应方面打造我们自己的"品牌"和"生意"。**

争夺网球大满贯教会我的事

彼得·索尔韦（Peter Solway）

15岁时，作为一名国际级的网球神童，彼得·索尔韦自己筹款，自给自足，周游世界参加网球比赛。一年的时间里，他来到不同的地方，参加了诸多国内（他的祖国澳大利亚）和国际比赛。后因背部伤病原因，他不得不结束了自己的网球生涯。但是，他很快发现，体育生涯中培养出的激情和能力在商界和创业领域也同样适用。高三第一学期，他就拿下了Arkon（一家汽车、房屋、办公室移动式台座生产商和全球供应商）的进口合同。17岁时，他在一众比自己年长的竞争者中脱颖而出，拿到了Arkon的澳大利亚总代理和网络经营权。他不到20岁就做起了三种生意。

打从记事起，我就争强好胜，希望自己做到最好。对我来说，失败从来不是一个选项。因为我的父母都是网球运动员，因此在我很小的时候，他们就自然而然地带我走进了这项运动。第一次握住球拍时，我就定下了一个目标：成为世界上最厉害的网球运动员，赢得大满贯（澳大利亚网球公开赛、美国网球公开赛、法国网球公开赛、温布尔登网球公开赛）。

小时候，我会观看大满贯锦标赛，想象是自己刚刚赢得了那些比赛。我坚持不懈、刻苦训练。到 15 岁时，我经常向学校请假，去各地参加比赛，追求成为顶尖网球选手的梦想。

国际青少年网球巡回赛是我参加的第一个国际巡回赛事。我的父母和我一起从澳大利亚飞到新西兰，参加了为期 3 周的锦标赛。挥汗如雨、紧张激烈的 3 周过去了，我取得了很高的排名，可以不用参加下一阶段的资格赛，直接晋级。对此，我很兴奋，因为我知道这就意味着我可以专注精力为下一轮的重要赛事做准备，我的排名也会升得更快。

但是，回到家后，我的父母坐下来和我进行了开诚布公的对话。他们知道我喜欢网球，但是坐飞机到世界各地参加比赛需要花很多钱，而钱并不是从树上直接长出来的。他们跟我说，我没法继续参加比赛了。我整整一夜未眠，思考着没有钞票会如何阻碍一个人追求自己的梦想。但是，我不想成为那样的人。我要去参加比赛。我一定要去。

第二天早上，我和父母就这个问题又进行了一次谈话。我提出的解决方案是，我自己一个人去参加比赛，不用他们陪我。我知道，飞机票钱是旅行中最贵的花销，我自己去的话就只需要买一张票，而不是三张票，这样就能减掉三分之二的开支。他们开始很犹豫，因为觉得我当时才 15 岁，年纪还太小。但是，他们看到了我参加比赛的决心，最终同意了。

在路上时，我想尽办法节省花费。我住在每晚只要 10 美元的肮脏破旧的小旅馆里，每一顿饭都精打细算，既要满足我的营养需求，又要尽量便宜。总体上来说，我的个人花费减少了一半。但是，很快我就意识到，单单这样还远远不够。

我开始寻求外部资金支持。我和我的父母一起找到教练、朋友、其他网球选手的家长等等，希望他们能帮助我联系到赞助商、经费支持、场地支持。

每一天，我都在填写一张又一张的申请表，参加许多会谈，希望能够获得足够的资金支持，继续追逐自己的梦想。我付出了大量的努力，最后获得了来自里夫斯比工人运动俱乐部和彼得·布弗洛格·摩尔基金会的两份经费支持，得以继续飞往世界各地参加网球比赛。

现在，我不必再为钱的事担心了，我非常努力地训练，在世界青少年网球排名中提升到了550。每2周，我都会把最新的进展告诉我的赞助商，这样我才能收到后续资金和来自他们社群的其他额外支持。我打得越来越好，对自己的能力也更有信心，因此也认识了更好的网球赞助商，他们把我带到了一个个更大更好的赛事中去。

后来，由于背部伤病，我再也不能像以前那样打球了，我的网球生涯也不得不宣告结束。我不能再去参加比赛了。我迄今为止付出了那么多努力——克服赛场内外遇到的各种困难——取得的一切都烟消云散了。

是不是这一切都白费了呢？

我用了两个月思考这个问题，意识到这些年的网球生涯对我个人的成长有多么重大的意义。我知道了钱的价值。我学会了如何把我自己——我的愿景与激情——推销出去，我先是和父母一起，后来就自己一个人寻找企业赞助商。我学会了如何筹款，我学会了坚忍不拔。更重要的是，我学会了如何才能全心全意地追求一项事业。以上这些我学到的东西帮助我在20岁之前就做起了三种生意，并且在我未来的人生中也将支持着我不断前进。

你一定要不论付出多少代价都愿意参加比赛。**你一定要愿意做出牺牲，愿意为此流汗流泪。到头来，无论你是否实现了自己的目标，在这个过程中你所学到的东西都能够应用到生活的其他领域中。你永远不可能真的失败，即使你因为伤病、挫折、困难而无法继续追求自己的第一个目标，你总能在其他领域找到新的**方向，去那里赢得你的"大满贯"吧。

学生时代就开创自己的事业

弗莱彻·里奇曼（Fletcher Richman）

大二时，弗莱彻·里奇曼误打误撞地进入到了创业者的世界，惊喜地找到了能令自己真正感到快乐的东西。此后，他充分融入到了博尔德充满活力的创业社群中。

在学校时，弗莱彻参加过许多活动：协助举办了第一届TEDxCU活动，创办了自己的创业者俱乐部。此后，他创办了非营利的学生共用工作空间 Spark Boulder，致力于搭建平台，把当地的创业社群和大学联系起来。他和其他几名学生一起筹款 14 万美元建造起了这个空间，并且已经帮助几百名学生创业者融入到了当地的社群。弗莱彻在当地的新创业公司 PivotDesk 工作了两年多。在那里，他先是做实习生，自学了网页开发。现在，他已经大学毕业了，在该公司担任增长工程师（Growth Engineer），负责打造内部商务智能与分析工具，并赴全国各地为 PivotDesk 在新兴的创业社群中扩展市场形象。此外，他还在当地组织了 Open Angel Forum、Boulder Beta 等多个创业相关活动。

在当今世界里，拥有创业技能和心态对于每个人来说都至关重要，特别是学生群体。一纸大学文凭已经无法保证你在事业上一帆风顺。不论是找工作还是创业，抑或在创业领域之外的追梦过程中，提高创业技能都能令你更有优势。如果把你自己的人生当作一个永远处于测试状态（也就是永远不断寻求发展）的创业公司，以下这些方法将有效帮助你不断发展、提升自我，拥有更美好的未来。

1. 培养竞争优势

为什么重要

第一步是了解你自己。你可以先了解你的资产、目标和市场状况。资产包括有形资产（钱、物质财富等）和无形资产（技能、经验、关系等）。关于自己的目标，你可以问自己一个看上去简单实际上却很难回答的问题：你想做什么样的人，你想做什么样的工作？还有很多人仍然在努力寻找这个问题的答案，所以如果你现在不知道这个问题的答案，也不必担心。市场现实指的是人们付给你钱所购买的究竟是什么。

寻找自己的竞争优势是一个不断重新评估的过程，也可以说是最重要的一步。

我是怎么做的

在这个方面，我仍然在努力，并且可能将一直努力下去。我的专业从环境工程转到电子工程，然后又转到了电子和计算机工程。每转一次专业，我的竞争优势都得以扩大和改变。为了更好地贴近当下市场的现实，我不断调整自己的愿望；为了匹配我不断改变的目标，我不断发展出了新的资产。作为一名学生，我的关注点并不在于积累有形资产，我所做的主要是积累无形资产。刚开始上学时，我以为最重要的资产就是解决数学问题的具体能力。我渐渐意识到，这种数学方面的技巧让我具备了执行力，但是我更感兴趣的是探索和创造的能力。因此，我着重培养自己在创业方面的战略方法能力，在学校里和生活中努力做一名训练有素的探索者。

2. 不断调整适应

为什么重要

你当然可以只是按部就班地上课，最后拿到一个学位，而不去利用大学提供的种种机会。在四年（或五年）里好好学习，顺利毕业，这很重要。但是，在学校里，你应该抓住机会多做一些有益的尝试。作为学生，你有得天独厚的机会，可以在大学里参加不同的学生组织，尝试不同的实习机会，发展各种各样的兴趣爱好。测试竞争优势的一个好办法就是找到符合你的目标的活动，然后参与其中。在参与这些活动的过程中，抱着从中学习的态度，把学习放在首要位置，这样你可以提升自己的软实力。而且，在大学中，最好的一点就是你可以迅速调整自己的方向和位置。作为一名学生，你可以浅尝辄止，不必在每件事上投入长期的时间和精力，这对于你拓展视野、增加阅历起着非常重要的作用。

我是怎么做的

一进入学校，我就开始寻找并参加各种各样的活动。大一时，我参加了几个学生组织，利用课余时间做了一份实习。我参加了能源、领导力、创业方面的学生组织，在不同的组织间转来转去。我不断加入能够点燃我内心激情的学生组织，因为，我发现激情越大我就会做得越好。其中一个很好的例子就是我接管的学生组织——科罗拉多大学活跃创业者俱乐部。两个大四毕业生把这个一个会员都没有的俱乐部交给了我。我意识到，学校里还没有什么学生组织把所有的学生创业团队联系在一起。所以我创办了一个网站，把学校里的创业团队召集到了一起。我从 AwesomeBoulder 获得了 1000 美元的资助，在校园中央立起了一块巨大的白板，让学生们把自己的想法写在上面。我还每周组织一次共同工作会议，帮助学生们从中受益。在学校外，我在政府、企业、创业团队做过实习。如果你不想在某个行业里耗费太多精力，实习是个非常好的机会。我建议你利用实习的机会，尝试不同行业领域。我接触过清洁技术、IT、动力系统等多个行业，甚至还接触过房地产业，这些不同的经历让我对每天接受的各种挑战有了独特的视角。

3. 搭建关系网

为什么重要

你认识的那些人是你最宝贵的资产。他们可以为你提供资源、信息和机会。你身边的人对你的成长和发展有至关重要的影响。待在那些你尊敬、崇拜的人身边，你也会变得越来越接近自己希望中的样子。

我是怎么做的

我认为，要搭建关系网，最快也是最简单的方法就是使用网络工具。所有的这些网络服务都是免费的，却能有效帮助人们拓展自己的关系网、增进与别人的关系。

我建了一个 Gmail 账户，把我所有的邮件都转发到这个账户。这让我能够更轻松、高效地处理邮件。我创建了一个网上账户，关注了所有我参与过的组织和我认识的人。通过它，你可以很轻松地与其他创业者联系上，并且这也是很好的市场推广工具。我创建了一个 LinkedIn 账户。LinkedIn 是一个强大并专业的关系网工具，在这里，你可以对自己做一个简单的自我介绍，并且可以了解到你的关系网里其他人的历史和背景。如果愿意的话，你可以加我为好友；我很乐意把你介绍给其他我认识的人。我创建了一个 Meetup 账户。Meetup 能帮助你在当地找到自己感兴趣的活动和组织。博尔德市有各种各样有趣的活动。我创建了一个 Quora 账户。Quora 有一个不断更新发展的知识库，是一个非常有价值的学习平台。我在这里关注了维基百科的创始人吉米·威尔士等人，关注了"创业""风投"等所有我感兴趣的话题。

4. 追求突破性机遇

为什么重要

要想找到并追求突破性机遇，首要的因素是好奇。通过探索感兴趣的领域，你可以深入挖掘机会，更好地了解自己可以做出怎样的贡献。

我是怎么做的

在我看来，满足好奇心的最佳方式就是参加不同的活动，或是在不同的活动中做志愿者，从中结识新朋友，与老朋友保持联系，并且把握最新的机遇。我会尽量多参加一些聚会、系列演讲等创业者活动。每次去参加活动，我都能认识些新的人，或者是以自己预料不到的方式取得一定的进步。我在 PivotDesk 的实习机会甚至都是因为参加活动而获得的，我与 PivotDesk 参加了同一场活动，活动结束后，我发邮件告诉他们，他们的网站出了点儿问题。公司的工程副总裁邀请我和他一起吃了顿午饭，几周后，我被聘为 PivotDesk 的首名实习生（后来成了全职员工）。

参加过多次活动后，秉承着博尔德人"先付出，后获得"的精神，我开始协助组织活动。这些志愿者经历帮助我建立起了自己的个人品牌，同时也让我有机会与很多极具影响力的人士直接联系。我协助组织了博尔德创业周的一个活动。活动后，我认识了戴维，他是一名律师，后来成了 Spark Boulder 的首位赞助商和主要支持者。他在经济上帮助我，提供无偿的法律服务，为我们联系了一个基金会，资助了我们 14 万美元的资金，协助我们建立起了 5400 平方英尺的学生公用工作空间。现在，戴维还是我的好朋友。如果我当时不帮忙助组织那个活动的话，以后的这一切可能都不会发生。

5. 聪明的冒险和利用网络智能

为什么重要

找到机会后，你就需要采取行动了。尽管这看起来有点儿冒险，但是请你不要多想，只管去做。创办一个新的组织，按照自己的想法搭建一个雏形，或者去做那些你一直想做的事情吧。只要开始行动，你就有机会真正利用起你之前积累的知识和关系网络，并不断对此加以发展。

我是怎么做的

我发现，追求那些我真正感兴趣的东西让我有一种近似成功的感觉。人们能看出来你是否真诚、你有没有激情，这是很鼓舞人心的。他们愿意看到你成功。作为一个创业者，积极地行动也能够让你"创造好运"。虽然很多获得成功的人看上去都是因为运气好，但是你一定要行动起来才能找到这种好运气。我可以很具体地告诉你我自己是怎么采取行动的，但是它们对你来说可能没什么借鉴价值。下面我就分享一些利用网络智能、寻找更多机会的方法。

我使用在线工具与遇到的人保持联系。遇到一个人后，我会问他要名片或电话，随后给他发一封简短的邮件，请求与他在领英上加为好友。我还使用 Twitter、领英、Quota 等网络工具联系那些我不认识的人，或者使用 Rapportive（一款网页插件）猜测他们的邮箱。

一旦发现相似点或合作的可能，我就寻找机会与这些志同道合的人和组织建立联系。只要认识了你关系网中的某个人，我就能给他发邮件或在社交软件上向他做自我介绍，以此为自己创造机会。这可能会是一个实习机会，一次志愿服务的机会，或者仅仅是一个与志同道合的人取得联系的机会。这可以帮助你建立良好的信誉并获得别人的信任和感谢。

我在 Twitter 上关注并支持一些有趣的新公司。早期创业公司需要你的关注、转发、提及。Twitter 有很多用处：做出反馈、建立联系、宣传推广。发动你的想象力吧！

我遵循"先付出，后获得"的做法。我不断回馈社会，只要有机会就会尽力帮助别人。一开始你可能觉得自己能做的不多，但是其实人们希望得到的可能只是你对他们的想法 / 产品的反馈。花几分钟试试看，你的意见想法对他们来说有非常重要的价值，没准你的想法还能帮助他们的公司进步。这种做法可以应用在任何场合，促进社群的发展建设，最终你也将从中受益。

我从不错过机会。我会接受所有挑战，不论是大是小。如果我实在太忙，我会分一下轻重缓急。

（作者注：这些建议主要是我个人的意见。它们对于我来说很有用，但是不一定适用于所有人，所以还请读者们根据自身情况有针对性地消化吸收。每个人都有自己的优势和弱点，因此每个人需要的策略也不同。）

就是这样！你可能已经注意到了，所有的这些方法都没有一个"结尾"。我只是不断地重复这些方法，并且随着我的年龄不断增长，这些方法也会渐渐互相补充。

最后，我想说的是，欢迎进入"20岁以下20亿人"社群！特别是对于学生们来说，参与这个社群、创业社区或其他类似组织最好的一点就是里边的所有人都愿意花费自己的时间帮助你。不要害怕，大胆联系那些你想与之对话交流的人吧。邀请他们去喝杯咖啡。你会很惊讶地发现他们同意了（差不多所有人都会同意）。记住，这只是最初的几步！在此之后，你去做什么取决于你对什么感兴趣。但是，**不论你做的是什么，最重要的是要全神贯注地投入那些与你的能力和目标匹配的机会中。**

我本该逃走，但是我没有

○ 布雷特·尼斯（Brett Neese）

在职业方面，布雷特·尼斯是 StudentRND 的伙伴关系主任。StudentRND 是一个非营利机构，旨在帮助美国各地的高中以及在校学生爱上编程，促进科技行业中年轻人的多样性。他是青年人的热情支持者，计划投入自己的一生，为年轻人扩展机会，捍卫学生的权利。

在个人方面，布雷特喜欢音乐、写作、旅游——2014 年的大部分时间里，他乘坐着拥挤的飞机、狭窄的大篷车、随波起伏的轮船在世界各地环游。他的 Twitter 账号是 @brettneese。

那天走进那家咖啡馆可真够不容易的。我要在这里和一个我不怎么认识的人见面。我的一个同事建议我给他发邮件——我其实也不大认识那个同事，我们之间只是邮件往来过几次而已。但是，我非常坚定，雄心勃勃。为了这趟旅程，我花光了所有的钱，买了一张灰狗巴士票，在 Airbnb（旅行房屋租赁社区）上预订了一晚的住宿。这是我第一次一个人到外地去——我来到了真实的世界。

我很害怕。我不再在社区大学的校园里了。如果出了什么问题，我不知道该去找哪儿求助。我已经没机会可逃了。我只能不断前进，不论此行的结果是好是坏。

离我们约定的时间越来越近了，我开始坐立不安。我利用 Foursquare（手机服务网站）确认当初回复我邮件的人是不是房间那边我正在盯着的这个人。据我判断，就是他了。于是，我急匆匆地向他走去。

很显然，他把我们的会面安排在了前一天，那一天他只是恰好在这家咖啡馆有别的工作。由于此前沟通的问题，他马上就要赶去开一个董事会，我们只能简单说上几句。我做了个类似一分钟演讲的自我介绍，说明了我此行的目的，不过由于这是我第一次做这样的事情，我很紧张，许多想要表达的东西都没说出来。此前很多天里，我一门心思想着这场会面。我充满了动力，感觉这一切都是命运的安排；我会成功的。但是我完全没有。我紧张地颤抖着，努力想要说出点儿有价值的东西，却死活也说不出来——我的大脑短路了。下一次再见到他时，虽然只过了几周的时间，但我甚至都没认出他来。

此前，不知是从哪来的自信，我以为这场会面一定会非常成功，我会拿到 100 万美元的启动资金，因为创业公司都是这样办起来的，不是吗？天才少年遇到了叱咤风云的投资者，说了一个自己的小小的（但是天才级的）想法，然后这个投资人就给了他一大笔钱。于是，少年建起了公司，买上了豪车和大房子，财富呈指数级不断增长，影响力也越来越大。别人把他的故事拍成电影，由贾斯汀·汀布莱克或阿什顿·库彻担任主演。此后，他一直过着幸福快乐的生活。

但是，对我来说很不幸的是，这些并没有发生在我头上。并且，后来我认识到，这样的故事从来都没有发生过。要想一夜成名，此前需要奋战许许多多的不眠之夜，经历许许多多次的失败。

此后几周，我就像是被打垮了一样。我让自己失望了。我搞砸了。我把自己的一生都赌在了这一次会面上。我让自己相信创业就是这样做的。但很快我就知道了残酷的事实真相。并且，令我而更加难受的是，那天我见到的那个人根本就不是投资者，即使我当天表现得很完美，他也没法直接给我开一张支票。

我不知道自己为什么没逃离创业圈，把这段疯狂的经历抛在脑后——清醒、理智的人应该这么做才是。我回来了。我还有未竟的事业。我想要获得更多。

我并不清醒、理智。我本该逃走的，但是我没有。

我又回来了很多次。我闯进别人的办公室和陌生人的空闲卧室，我参加会议、会面、创业周和创业市集，我与别人边喝咖啡边开会，边吃午饭边开会。我尽力抓住每一个机会。我来到了全国和州里的很多不同的地方：旧金山、奥马哈、明尼阿波利斯、芝加哥、纽约——只要有学习的机会，有需要会面的人，我就会到那里去。我没什么钱，很长一段时间以来，我的经费都来源于我在学校兼职清洗试管的微薄收入。但是，我要到别的地方去。我要与所有人建立联系。我要学习一切。为了达到自己的目标，我要付出一切。

我不成功。我还没建立起一家大公司，也没募集到一大笔钱。我可以创办一点儿东西，但是我知道我对此并不是很擅长。对此，我想过很多：一个失败过那么多次的人怎么会像我一样获得那么多好运呢?

随着时间的推移，我对自己在这一路上取得的成长充满感恩。两年前我见到的那些人现在已经成为我的朋友和同事。他们与我分享了很多亲密的个人时光，见证了我成长过程中的几个里程碑。我的舒适区域慢慢扩大，当年我去咖啡馆参加一个会面都会颤抖不已，但现在，我已经能主办自己的活动并在活动中发言了。对于成功与失败以及它们对于我的意义，我也渐渐有了完全不同的定义。

但是，成长是需要时间的，学习是需要时间的。什么都无法一蹴而就。两年的时间可能都不够。并且，成长和学习的过程中需要经历很多失败。但是你总归会成长、学习起来的。

如果你认为失败就是失败，那它也就是失败了。但其实，失败不是成功的对立面。当今世界，人们都推崇速战速决，很难欣赏到在失败、错误中积累起来的知识和经验。对我来说，这是我在这一路上学到的最难的一课。

现在，我年龄大了一点儿，渐渐开始欣赏并珍视自己在过去几年里的所有经历，我欣赏那些疯狂的经历（如我在奥马哈丢了钱包，不得不步行 16 公里去参加一场活动），以及那些惨痛的经历（我被实习的地方开除）。这些经历都很吓人、诡异，有点儿疯狂，并且往往令人感到非常不舒服。

亲爱的读者，你可能也会在人生的某一时刻遭遇类似的情况。你会遭遇不适、尴尬、疯狂，你会感到失望，你会辜负自己，你会失败很多次，并且你可能会认为这都是你自己的问题。

无论如何，不要离开。

虽然我们很容易就会把这些经历看作失败，但是其实它们不是。**如果有人愿意批评你，那是因为他们想帮助你。**读这篇文章可能没法让你在失败时感觉好过些。但是，日后你会发现，你的失败、你的疯狂的故事、你的不舒服的时刻其实都是你的宝贵财富。

现在，那天我在咖啡馆里遇到的那个人已经成为我的好朋友，并且他一直在给予我许多宝贵的指导。当时，我确实是非常尴尬，但是这就是我俩会面的真实命运。并且我后来了解到，我们两人都知道是这样。如果我没搞砸那场会面，如果我没从我搞砸了那场会面的事实中恢复过来，那么这段经历就不会成为我生命中的一段贯穿其间的线索。我决定从那段经历中学习。我现在把那段经历看作自己人生中的关键性时刻。生活中不是只有一条路，有很多东西只能通过失败才能学到。所以，不要离开。

程序员并不都是宅男

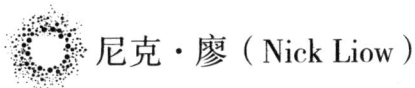

尼克·廖（Nick Liow）

尼克·廖今年 19 岁，他正在努力挑战版权法，打造一种既能让创造者、创作者把自己的作品开放到公有领域又能让他们从中赚到钱的新方式。尼克来自加拿大温哥华，他没上高中，14 岁时就直接进入了不列颠哥伦比亚大学，学习计算机科技。他开发了很多电脑游戏，在知名游戏开发商美国艺电公司实习过。他获得了 2013 年的泰尔奖学金。最近，他通过众筹为自己的新游戏《无处可躲》募集了 4 万多美元。《无处可躲》是一款反隐身游戏，获得过《福布斯》杂志、《科技新时代》、Opensource.com 等多家媒体的报道。

"嗯……这就是我制作的游戏……都是我一个人做的。""很厉害，尼克，你要不要再多说几句？""如果……如果你们不介意的话。"程序员之所以给人留下"不善交际"的刻板印象，其实并非完全没有道理。

两年前，我休学一年，从加拿大飞到美国湾区，在美国艺电公司（生产过备受欢迎的电子游戏《模拟人生》《劲爆美式橄榄球》等）实习。上班第一天，我向工作室的同事们做了自我介绍，当时我一点儿自信都没有，仿佛我很害怕我自己。但是每个周五，我都要向团队成员展示我这一周的工作成果。每过一个周五，我展示作品和展示自己的能力都会提高一点儿。

实习结束时，我已经对我的技术能力和人际交往能力很有信心了。或者说，我有信心做一点儿危险的事情了。

那个夏天，我利用自己新掌握的编程技巧开发了一个游戏制作工具。这个项目在游戏开发者论坛上获得了关注，我收到了很多建设性的意见。它有点儿小问题，但是非常有意义，正是人们所需要的。在论坛里众人的帮助下，我修改完善了这个工具，把它做得更大更好。

那时，我信心倍增，决定让这个项目走得更远。我在 Kickstarter 网站上组织了一个众筹活动，当时我想的是："这能有多难？"

我在 Kickstarter 网上一共众筹了 30 天，每一天我都会缠着我的朋友帮忙，给不同的博客打电话，向我最爱的论坛和社群发大量的邮件。这 30 天里，我的精神高度紧张，与几个朋友闹得不欢而散，被我崇拜的人无情拒绝。最后，众筹没有成功，代价是什么呢？

这段经历耗尽了我的精力与激情。我相信，我不是创业的料。后来，学校开学了，回到校园后，我的身边没剩几个朋友——我在学校的所有朋友都在我休学的这一年里升入了更高的年级，我在美国艺电的同事们在另一个国家。

我孤身一人，陪伴我的只有我最害怕的那个人——我自己。

几个月后，我又重新来到了此前的那个游戏开发者论坛。

我帮别人解决技术问题，给他们的产品提供建设性意见，与他们分享我这一路走来的起起伏伏。一个经常逛论坛的人认出了我，问我的项目为什么停滞了下来。原来，他自己也有过一个类似的项目，并且他曾参加过 Mozilla 基金会举办的创业加速项目——WebFWD。他很喜欢我的项目，想介绍我认识 WebFWD 的总监。

对此，过去的我可能会羞怯地说："谢谢，但还是算了吧。谢谢。"但是这一次，我的心中燃起了一股火焰。也许是因为我有野心，也许是我对自己当时的状态非常不满，无论如何，第二天，我就翘掉了所有课程，与 WebFWD 的总监会面，提出想要加入 WebFWD 的下一期项目。

他同意了。

社交能力与科技能力很不同。你不能只是背一堆方法和技巧，关键是要从根本上改变自己。我总结了我一路以来学到的东西，罗列如下，与诸位共勉：

始终不忘获得外部反馈。这些反馈不仅可以帮助你测试、提高自己的产品，还能帮助你了解别人的新思路、新想法。如果回避或忽视别人的建设性意见，那不是在"坚持自己的想法"，而是自负。

帮助别人，因为你想要帮助他们。你帮助别人，不能只为图一个回报，因为你根本没法期待别人对你有所回报。你没法知道谁才能给你提供最大的帮助。我曾经联系过几十个记者，但无功而返。倒是论坛里的一个人帮助我进入了WebFWD。

为了你自己好，与别人建立联系。创业是非常有压力的，即使我们现在还很年轻，但我们仍然要小心。我们应该互相支持，自己一个人承受不住的时候（一定会有这样的时候），我们应该互相帮助。

几周前，我飞到湾区，参加我的 WebFWD 启动仪式。在那里，我遇到了我之前在美国艺电的导师，我们聊了彼此的新进展。

"嘿，尼克！你的那个游戏制作项目怎么样了？"

"一切都进展得很顺利！你想听我说说吗？"

"如果你不介意的话。"

选择决定我们成为什么样的人

◯ 维多利亚·乔克（Victoria Chok）

4 岁起，维多利亚·乔克就接受专业的芭蕾舞训练。后因伤病，她不得不放弃职业芭蕾舞演员的梦想，把芭蕾变成自己的业余爱好。14 岁时，她创办了一个公益组织，帮助当地艺术家拓展他们的艺术作品。该组织有很大的影响力，联合起了当地 500 多名艺术家，并且为多项公益事业筹集了 10 万多美元的善款。现在，她是NspireInnovation Network 的高级副总裁，该组织是加拿大最大的旨在培养商业、科技行业领导者的非营利组织。她带领全国团队开展了丰富多彩的活动、会议、培训班、项目，影响了北美地区超过 100万人。她获得了英国文化协会授予的"世界变革者"荣誉称号，获得了 We Are Family 基金会授予的"全球青少年领导者"荣誉称号，并且被公益组织 Youth in Motion 提名为加拿大"20 名 20 岁以下领导者"。她还是培生教育的咨询顾问，是国际志愿者协会的全球大使。此外，她还在加拿大皇家银行、汤森路透集团、谷歌等公司工作过。现在她就读于西安大略大学，学习地质学。毕业后，她将加入百事公司担任财务分析师。

我筋疲力尽，瘫倒在了社区活动中心咖啡馆的一张冷冰冰的椅子上。我这边还有三个夏令营营员，他们的父母好像每周五都会"忘记"时间，孩子们不时大吵大闹，令疲惫的我感觉浑身难受。作为夏令营的辅导员，我这周的工作非常辛苦。作为一个刚刚高中毕业的学生，我在周五晚上最不想做的就是看孩子。我当时说恼怒都是轻的。

"这个座位有人吗？"一位中年女士问我。她的额头上流着汗水，显然刚刚健完身。我不想让出一个座位，甚至不想让出我的背包占着的那个座位，但是我知道这位女士是不会走的，所以我不情不愿地把那个座位收拾出来，不想显得太粗鲁。

"能打扰一下吗？"她继续问我。

"这又是要干吗？"我在心里想，"我已经把你要的给你了，你还想让我干什么？"

但是，我想尽量显得有礼貌些，于是回答了她的问题。

"我能不能借用一下你的手机充电器？我忘带了。"

好吧，她确实还想要更多。

不走运的是，我之前忘记把自己的充电器收好了，所以充电器就在很明显的地方放着。

我实在是躲不过去。也许借给她手机充电器后我就能安生了。

然后，意想不到的事情发生了。

一个孩子……两个孩子……第三个孩子去哪儿了？！

在与这位神秘女士对话的这段时间里，我找不到第三个孩子了。而且，我知道他的妈妈随时可能会出现！我发疯似的想要找到他，于是把另两个营员托付给了这位向我借充电器的女士。反正她还要在这里充一会儿电。很幸运，我在不远的街角处找到了躲在那里的第三个孩子。

回到咖啡馆时，想到我刚才把两个孩子托付给了一个不知底细的陌生人，我不禁为自己犯了这样的错误懊恼不已。但是，令我惊喜的是，孩子们都聚在这位"借手机充电器的女士"身边——后来，我知道了她的名字叫乔伊斯。这是她给我的第一个惊喜。

"什么是成功？"年纪最小的营员问道。无疑，这个问题的答案非常复杂，是很难向一个 4 岁的孩子解释的。

"这个问题问得非常好。什么是成功呢？"乔伊斯看向我，把问题抛给了我。现在我知道了，她正在用我的营员对付我。

"嗯……对每个人来说，成功都是不同的。我想，对我来说，成功就是能带给我快乐的东西。"我惴惴不安地做出了回答。好在这个时候营员们的家长赶来了，他们接走了孩子，我也不用继续被孩子们缠着问个不停。

"你知道吗？我完全同意你对成功的定义。"乔伊斯看上去对这个问题也很有兴趣。我当时正着急要赶回家睡觉呢。但是，该死的，我还是决定在等车的时候继续跟她聊下去。

我跟她说，快乐就是不断驱动我前进的准则。我每做出一个行动前，都会问自己："这个会不会让我变得更快乐呢？"突然间，这场发人深省的讨论令我充满了力量。也许乔伊斯也没那么坏。

我们差不多进行了一小时的讨论，期间我了解到乔伊斯是个很有意思的人。她和我是同一所大学的，她大学毕业后从事了金融工作。但是，她对自己的工作很不满意，因为她觉得那是在满足别人的期待，而不是做自己真正想做的。思考良久后，她辞职了，开始了模特生涯。她有一种与众不同的气质，这令她的故事更加有吸引力。我感觉跟她说话就好像是在看一场电影——她吐露的每一个字眼都让我兴奋得坐不住。

对话快结束时，她提到她是表演艺术的忠实支持者。我突然想到了一个主意。我下周要组织一场慈善达人秀，但是就在几天前，其中的一名客座评委突然告诉我他来不了了。这是一个很好的机会，我可以继续和乔伊斯保持联系了。

后来，我们又通了几次邮件、打了几个电话，乔伊斯同意作为荣誉评委出席我们的活动。并且，她还志愿来为我们的小组做客座演讲。我实在是非常想把她鼓舞人心的故事与其他人分享。

后来，她做的演讲给了我很大的启示。

演讲开始时，她提出了那个我被4岁小孩儿问到的问题："什么是成功？"乔伊斯很聪明地以此为切入点，分享了自己的故事。聆听她的过去很快就成了我人生的关键时刻。

一开始，她先是分享了自己如何找到灵感，转入其他行业。此后，她又分享了自己的真实经历：从小在贫穷中长大，经历父母难堪的分手，有过一段糟糕的感情，她的孩子都被人从她的身边夺走了。听着她生动地讲述着自己悲惨的过去，我感到浑身发冷，眼中噙满泪花。房间里非常安静，连掉下一根针都能听得清清楚楚。所有人都在认真地聆听。

然后，她分享了一句话。从那之后，这句话就成了我的座右铭：

"快乐是种选择。"

第一次见面时，我还不知道她的这些艰难困苦。这些极为痛苦的心理伤痛让她患上了抑郁——只有咬着一支铅笔时她才能做出一个微笑。许多年里，她失去了说话的能力，失去了活下去的希望。虽然遇到了种种困难，身边没有什么人可以依靠，但是几年后她还是靠着自己的力量重新站了起来。讲到这里时，在场的所有人都哭了。

一周后，作为客座评委，乔伊斯在慈善达人秀上表现得非常出色。那场活动获得了成功，所有人都喜欢她的热情与魅力。只有很少几个人知道她是藏起了眼泪，露出了笑容。

她的故事令我思考了好几天。我之前从来没有如此想要积极向上过。乔伊斯的故事对我产生了震撼性的影响。我好几夜没睡，想着她那令人震惊的经历，以及她是如何在经历了那么多之后仍然保持乐观。时至今日，虽然已经过去四年了，但是我对那天的事情记忆犹新。

慈善达人秀结束后不久，我给乔伊斯发了一封感谢信，并邀请她参加一场正式的庆祝晚宴。一天过去了，我没收到回音。一周过去了，我没收到回音。一年过去了，我还是没收到回音。2009 年 8 月以后，我就失去了她的音讯。

她留给了我一条最好的建议。**我们无法控制自己所处的位置和局面，但是，我们自己可以选择对于环境要做出怎样的反应。我们的选择决定了我们将成为怎样的人。**

乔伊斯，感谢你教会了我这一切。

希望有一天我们会再次相遇。因为你，我一直随身带着手机充电器。

改变我的三堂课

○ 特莎·齐默曼（Tessa Zimmerman）

特莎·齐默曼凭借自己创办的针对学生的自强组织ASSET（Awareness觉悟，Self-Efficacy自我效能，Science of Happiness幸福学，Exploration探索，Touch and Connection接触与连接）轰动了整个健康与保健界。2010年，她创办了一个叫"TeenSanity"的博客。她本以为只有自己的父母会阅读博客内容，结果却惊喜地发现她的博客吸引了几万名读者。一路走来，她在健康行业中发出了自己的声音，她作为一名青少年大声说出了其他青少年的心声和需求。他们需要的不是大人们以为他们需要的那些。她从导师、书籍、讨论会中不断学习，16岁时创办了ASSET。现在。特莎每周在她的网站iamtessa.com上更新博客，在FTNS健康广播中有一个自己的节目，组织研讨会，在学校里做演讲。她是沃森大学的首届学生。特莎经常采访克里斯·卡尔等健康专家，创建新食谱、冥想、阅读商业方面的书籍。她喜欢敞开的大门，更喜欢靠自己的力量打破藩篱。

13 岁时，我被诊断出了四种心理疾病：重度焦虑与恐慌症、创伤后精神失调症、强迫性神经失调、抑郁。内心的恐惧令我寸步难行，深感疲惫。我连去杂货店都会犯恐慌症。我对于完美有一种强迫性的执念。上学的时候，每天晚上我的睡眠不足 4 小时。医生告诉我这半辈子我可能都要在家里度过。但是，在我的心中有一个声音，虽然很轻很微弱，但是这个声音告诉我，我可以做得更多。我可以反转自己的人生。我心中的这个声音让我坚持下去，我听从了这个声音，决定拿出点儿勇气来。16 岁时，我创办了一个很成功的青少年健康博客。现在，我 18 岁了，有了一个自己的青少年自强公司。我去不同的学校做演讲，上电台做节目，并且组织各种研讨会。我既要上学，又要健康生活，还要开公司，而我在其中找到了平衡。这并不容易，但是因为小时候受过很多苦，因此我立志要帮助其他年轻人免遭这份苦难。我有动力，保持这份动力却很难，特别是有些时候我的前进路上好像有 100 万道砖墙在阻碍着我。但是，在克服这些障碍的过程中，我也学到了很多。其中，我学习到的这三堂课改变了我的观念，促成了我在商业上的成功。

第一课　相信你的直觉

如果我不听从并信任自己内心的声音，那么我就无法取得现在的成功。事实上，如果我不听从自己内心的声音的话，我根本不可能有现在这样的事业，也不可能有现在这样的勇气和信心。在你我的脑海中其实一直都有着两个声音。一个是自我的声音或恐惧的声音。另一个是真实的声音，一种能帮你跨越艰难险阻、促使你做出正确决定、助你找到心中自信的声音。这些听上去有点儿玄，但是你要知道，在生活中，你应该听从自己内心真正的声音。如果听从了内心恐惧的声音，你会做出一些不明智的决定，这往往会带来严重的后果。恐惧会让我们与真实的自己、最好的自己渐行渐远。如果我们做不到最好的自己，又如何能取得商

业上、事业上、生活上的成功呢？听听你自己内心的声音，让你的直觉指导你前
进。相信你自己。

第二课 爱上失败

我的导师罗曼·普莱斯曾经告诉我要"与失败做朋友"。当时，我以为他疯
了。失败怎么会是一个好东西呢？失败就意味着我很脆弱、愚蠢。我立刻拒绝了
这种"与失败做朋友"的想法。我不会在 Facebook 上把失败加为好友，我也不会
给失败发信息，为什么在我的生活中要有失败呢？然后，事情开始向我计划之外
的方向发展，我经历了失败。机会的大门关闭了，这令我非常悲伤。很多天以来，
我都感到非常痛苦，而我还开着一家自强公司呢。我的意思是说，我需要振作起
来！生意上的失败让我认为自己也很失败。这种感觉糟透了。（让我跟你说个秘密：
那些开自强公司的人其实才是最需要帮助的人！）

失败了几次后，我意识到我需要帮助。所以，我找到我的导师，向他寻求建
议。他还是跟我说要"与失败做朋友"。我想："天啊，罗曼，我还希望你能给我
点儿新的东西呢！"但是他没有，我不得不从新的角度看待我自己遇到的问题。我
并没有痛恨失败，而是问自己："从这些经历中我学习到了什么？"也就是从那时
起，失败开始转变为成功。如果一件事没做成，我不会只是一味地责怪自己，而
是会去尝试一种新的方法。失去了一个机会，我会想想看怎么才能找到一个更好
的机会。如果你把失败当作成功的垫脚石，那么失败就不是失败。爱上你的失败
吧，你会不断成长（你的公司也是一样），甚至超过自己的预期。

第三课 尊重他人、永葆谦虚

作为一个青年创业者，你很可能会"头脑膨胀"。有些时候，你会觉得你比

其他所有人都厉害。你会觉得："我有家公司，我上 AP 课程，我刚刚一边刷着 Twitter 查着邮件，一边骑行了 16 公里。"这种态度注定会带来失败。没人（包括你的父母、朋友、未来的员工、商业伙伴）愿意与一个自认完美、行事自大、让别人感觉很糟糕的人共事。

如何尊重别人：

表达感恩。别人花时间跟你说话时，对他们说"谢谢"，不论他们是做小生意的商贩、无家可归者，还是《福布斯》杂志评出的"30 位 30 岁以下创业者"。他们会因为你对待他们的方式而记住你。无论何时，当我要去见一个人时，我都会给他们带个小礼物，向他们表示我很感激他们抽时间见我。

在年纪大的人面前保持谦虚。他们知道的比你知道的多得多，因为他们比你多活了很多年。记住这一点！

尊重还包括要善待你自己。如果你身边有人贬低你，那你需要行动起来，尊重自己。这与你周围的人推你一把不同。那些推你一把的人是在帮助你成长。但是如果有人告诉你"你很差劲"，那就赶快离他远远的吧。你不应该受到这样的对待，这只会伤害你和你付出的努力。年轻人的世界里有很多起起落落，特别是对那些全心全意追求梦想的人来说。我不想告诉你这一切都是小菜一碟，因为那是彻头彻尾的欺骗。曾经有人告诉我，做我自己喜欢的事情永远也赚不到钱。曾经有人问我："你有什么资格做这些？"我非常信任的一个合作伙伴背叛了我。我的活动办砸过。我的演讲失败过。但是现在，我自信地经营着自己的事业，正是因为有了这些失败，以及从失败中积累到的经验教训，如今的我获得了成功。

撒哈拉沙漠给我上的创业课

罗曼·瓦基里塔巴（Romain Vakilitabar）

　　罗曼·瓦基里塔巴早年经历过一场可怕的事故，几乎丧命，自此以后他就决定过有意义的一生。他花了好几年的时间做了一笔注定失败的生意；写了一本儿童书，向小读者介绍环境问题；参加了Unreasonable at Sea 孵化项目，环游世界，帮助公益创业者在全球范围内扩大影响力。因为有了以上经历，罗曼现在在沃森大学担任市场营销和全球拓展副总裁。沃森大学实行一种新型的大学模式，把15 名最有前途的未来领导者带到科罗拉多州博尔德市，让他们在那里学习技能，以期解决当今世界面临的各种难题。他在南非的小镇生活过；并且，为了验证"需求是发明之母"这句话，他还曾在斯堪的纳维亚半岛主动体验过一段时间的流浪生活。

　　❝ 罗曼，振作起来，理性一点儿，你并没有真的失败。事实上，你从中得到了宝贵的经验和教训。"在我失去了苦苦经营的公司后，爸爸安慰我时说了这样一句话。但是，那个时候，这句话就像是飓风中的一把破伞，对我来说完全没起到作用。

那时，我住在科罗拉多州博尔德市，从大学退学了，正在努力让我的宝贝——一个失败的公司起死回生。大一时，我在寝室里开创了一个项目，后来不断发展壮大，拥有了一个团队。不过，虽然我的自我感觉非常良好，但是事情很快就发展得超出了我的能力范围。在做出了一系列错误的决定后，我的联合创始人和团队都离开了我。我创造出的最好的一个东西正因为我的幼稚、自大、没有经验而奄奄一息。

我烦透了这个认为失败就意味着"灭亡""终结"的世界，背上行囊，我决定远离所有尴尬与喧嚣。我的旅程非常漫长，其中我被骗过、被揍过、被偷过。但是，我实现了自己的目标，来到了撒哈拉大沙漠，在那里体验到了真正的单纯与宁静，这让一路上的一切挫折苦难都不足道了。

躺在撒哈拉沙漠的地面上，我从一场深沉、无扰的睡眠中醒来后，发现自己的眼皮上蒙上了一层细沙。一夜无梦，但是半夜里我睁开眼睛，看到璀璨明亮的星光像毯子一样在我身上覆了薄薄一层。醒来后，我才最终得以确认，昨晚的一切并非梦境，而是现实。篝火熄灭了，地上留下一层灰白。风卷起了细小的篝火的遗骸，不知把它们吹向了哪里。虽然火熄灭了，但是我从撒哈拉沙漠里的游牧民族那里学到的智慧在我心中久久燃烧着。

躺在撒哈拉沙漠清早冰凉的地面上，我思考着沙漠给我上的五堂课。沙漠上的游牧民族用充满哲理的语言教会了我许多重要的东西，让我对自己失败的创业进行了深入的反思。

1. 带上足够的水，在找到新的水源并亲口尝过那里的水之前不要把水喝光

对于撒哈拉沙漠上的游牧民族来说，不论是在字面意义上还是比喻意义上，这句话都告诉他们要合理分配、不浪费任何资源。就像是在沙漠里，水是必不可

少的；在商业世界里，收入是必不可少的。作为创业者，我犯的最大的一个错误就是从来没搞清楚过自己的收入来源。我涉足不同的市场行业，赚了些钱，但是我总是在还没确认其他市场更有利可图时就早早地放弃了原来的市场。我找到了新的"水源"，但是在我放弃手头上正在做的事情时，我还没有"尝"过那里的滋味。不要为了追求利润更大的新市场而贸然抛弃原来的市场，你必须首先确认在这个新的市场中是否真的能赚到更多的钱。

2. 只靠最低限度的东西就能生存下去

这句话是沙漠人民的最爱。行李越多意味着负重越大，负重越大就意味着在沙漠里举步维艰。他们知道，要生存下去什么才是最重要的；其他的东西都是累赘。他们的供给包括水、食物、木头、毯子（既可以防止食物进沙，又可以夜间保暖）和骑骆驼时要用的鞍。

作为一个商业界的新人，我把很多时间花在了一些花里胡哨的东西上，比如华而不实的名片、制服，不必要的设备，这让我无法把全部精力投入到真正需要处理的工作上去。虽然与其他创业公司相比，我们的花费算是很小了（主要因为我们都是穷大学生），但是我们的精力还是浪费在了很多没有意义的事情上。这就好像是沙漠里的人把时间和钱都花在买新的制服和服装上，却忘记了买水，或者忘记了为下一段旅程存钱买吃的。我认识到，要把生意做成功，其实我需要的非常少。事实上，我只需要有网络连接就可以了。

3. 要有耐心

条件不理想时，沙漠里的游牧民族是不会出行的。特别是在撒哈拉沙漠的风暴期间，要保持耐心、按兵不动可非常不容易。因为，你知道在一个地方待得越久，你的重要资源就会消耗得越快。但是，要想生存下去，就必须要有耐心。如果你一意孤行走得太远，就会找不到自己的参照物，最终在沙漠里迷失方向。快没有水的时候也非常考验一个人的耐心。但是，游牧民族会坚持着生活下去。他们每天都要遭受一次难挨的炎热，不过他们知道，他们总归会找到新的水源，找到新的供给。

我做生意时最大的弱点就是没耐心。我渴望一夜成功，缺乏每次只走一小步、每步都离成功更近一点儿的耐力和定力。于是，我最终停下了脚步，我的创业项目失落在了"沙漠的酷热"中。

4. 不忘设置参照物

当周围除了黄沙就是蓝天时，你很容易就会迷路。虽然沙漠里的游牧民族方向感都很强，但是他们仍然会不时地迷失方向。刮风时，沙漠会不断地发生变化。因此，设置参照物是势在必行的。只有有了参照物，当你迷路的时候，你才能找回到自己最初所在的位置。

沙漠里的参照物和商业世界里的关键绩效指标（KPIs）类似。重要的是，要有一个正确的衡量成功的指标，这样，当你的生意遭遇低谷时，你就可以追溯到企业稳定发展的上一个节点。作为创业者，我从来没有设置过参照基准，我的目标都是非常长远的。所以，当赚不到钱时，我们根本不知道该如何调整。就像沙漠里的风一样，商业风云变幻莫测，在不断改变的地貌上找到路线、不迷失方向，这是非常必要的。

5. 沙漠不接受自我中心和个人主义

沙漠中的生活充满了各种风险，糟糕的决定可能会最终带你走向死亡。在沙漠里，有很多不确定因素，比如说方向问题和水源问题。沙漠不接受自我中心，因为如果你以自己为中心，你就无法做出谨慎的、明智的决定。同样的道理，个人主义者认为只要自己一个人就能生存下去，不需要部落其他人的帮忙，这令他们最终在沙漠的日常生活中落得和自我中心者一样的下场。

我的生意失败了，因为我不愿意考虑别人的想法和建议。我认为自己的想法更有分量，因为这个生意的点子是我想出来的，整个公司都是在我的寝室里建立起来的。我很自大，把别人对于我点子的夸奖等同于他们对我生意的夸奖。最终，我没有以务实的态度看待我的生意。我指望着顾客们排起长队。当没人光顾时，我就把一切都怪罪到别人的头上，以为只有我自己就会做得更好。我在生意上不够务实，不尊重那些与我一同奋战的战友，最终导致了我创业的失败。

环游世界的经历帮助我克服了创业失败的痛苦。每到一个地方——不论是在越南的小村落里、印度喧嚣的街道上，还是在南非贫困的小镇里——我都学到了一些创业的技巧。但是，在撒哈拉沙漠里与游牧民族一起生活的这段经历让我认识到了我之前犯下的种种错误——我不知道自己当时是不是被篝火催眠了，还是沙漠里的宁静让我有很多空间思考。也许我还没有彻底放下过去的失败。但是，在沙漠里，当我伴随着初升的太阳醒来，看到太阳无私地把光和热洒到柔软的沙漠大地上，我意识到这片沙漠和沙漠上的民族已经解答了所有那些一直困扰着我的难题。

我又想起父亲在我生意失败时安慰我的那些话，我认识到，与我当时以为的不同，失败并不是一个"结束"。我花了6个月时间走遍全球，才最终理解了这一点。住在撒哈拉沙漠里之后，我才终于明白，失败仅仅是个开始。

5 分钟演讲背后的故事

扎克·库考夫（Zak Kukoff）

扎克·库考夫是个 18 岁的社会创业者，是全球顶级的科技加速器公司 Techstars 中年纪最小的毕业生。扎克创办了 Autism Ambassadors，一个帮助国内外 25 个学校中有特别需求的学生和普通学生建立友谊的非营利组织。他还为《赫芬顿邮报》教育专栏撰稿，并曾协助组织 TEDxConejo（科内霍）、TEDxYouth@Conejo 活动。他还创办了教育科技创业公司 TruantToday。他曾经接受过《纽约时报》、TechCrunch、彭博新闻社、The Next Web 等知名媒体的专访。他还曾在"克林顿全球倡议"、NBC 电视台"Education Nation"活动中获得过嘉奖。

"5 分钟。"5 分钟后，我就知道到底是谁在"克林顿全球倡议"年会上被评为"最有可能成功的创业者"。整整一天，我都待在这个俯瞰密歇根湖的建筑里，与其他 4 个 CEO 竞争一个向克林顿总统介绍自己公司的机会。获胜者有机会在当天活动的闭幕仪式上介绍自己的公司，闭幕仪式几分钟后就会开始，很多叱咤风云的新闻人物都已经坐在那里了。

我不知道到底是什么令我更害怕：赢，还是没赢。

我不应该紧张。这个夏天，我花了好几百小时练习、改进我的演讲。我开了一家名叫 TruantToday 的公司，与我在科罗拉多博尔德市 Techstars 项目中的导师一起开发了一个针对全球学校的防逃学系统。"克林顿全球倡议"分组会议中的投票人都很喜欢我的这个项目，特别是我们在试点项目中没投入什么成本就获得了 6 位数字的收益。现在，助理们正在统计选票，我感觉自己头昏眼花嗓子痛，好像马上就要发烧了一样。我不断提醒自己，不论结果如何，能在这里就已经很好了，此刻，我的其他同学正在准备 SAT 考试或者在无聊地看电视呢。

在那个角落里，助理们已经统计完了选票。其中一个人——一个年纪介于我和其他 CEO 之间的女士站了起来，清了清喉咙。

"我宣布，今晚的冠军是……"

我站起身来，感谢了斯科特·凯斯（Priceline 的创始 CTO，目前担任"美国创业合作伙伴"的 CEO）对我的热情介绍。现在，就看我的了。整个屋子里的人，包括美国前总统在内，都把注意力转向了我这边。根据此前的反复练习，我背诵了自己的发言。一切很快就结束了，全场爆发了热烈的掌声。

升入高二后的几个月是我人生中最忙碌的一段时间。我参加了 Techstars 项目、"克林顿全球倡议"活动、NBC 电视台"Education Nation"创新挑战赛（在该赛事中，TruantToday 被评为"教师的最爱"）。这段时间我到处奔波，很快就达到了飞行常客里程数，并且在很多个场合推广宣传了我的公司。其中，我学到的最宝贵的一课（也是不断学习到的一课）就是练习与有所准备的重要性。**具体说来，就是熟能生巧，练习缔造永恒。**每次进行宣传公司的演讲时，无论我面对的是友好的导师、潜在的投资人还是持有批评意见的人，我都会在这个过程中不断对演讲内容加以充实、完善，并且，我自己对演讲也变得越来越得心应手。你练习时的水平直接决定了你日后表现的水平。无论你是向朋友还是向美国前总统做报告，你都得好好练习才能取得成功。

有机会就要抓住

◯ 阿什迪普·西杜（Arshdeep Sidhu）

阿什迪普·西杜刚刚从加拿大毅伟商学院毕业。他是一位经验丰富的活动组织者，策划了两场加拿大顶尖的本科生科技会议：加拿大本科生科技大会和全国商业与科技大会。最值得注意的是，他带领广大学生参与了 OneProsper International（一个旨在通过推广滴水灌溉系统造福印度农民的非营利组织）的活动。他对零售业与支付业的市场营销与数据分析很感兴趣，曾在预付费支付公司 Blackhawk Network 与快速消费品公司 ConAgra Foods 实习过。

我喜欢机缘巧合。我最难忘的经历，多是源于一些美丽的意外，或是一些心里想着"该死，为什么不试试看"而放手一搏的时刻。两年前，我一时任性加入了一个不为人知的非营利组织 OneProsper International。当时，这个组织创办才几个月，他们的目标是通过为发展中国家的农民提供滴水灌溉系统来解决全球饥饿与贫困问题。滴水灌溉系统可将水直接注入农作物的根部，这样可以更高效地利用当地珍稀的水源，培育出更多农作物。我立刻爱上了这个组织的愿景，加入进来。

那个夏天，我即将进入大学开始大一生活，我为该组织发展出了一个大学俱乐部的模型，招募到了来自安大略省三所不同大学的 15 名学生，他们都是我的朋友以及朋友的朋友。当年 9 月，两个俱乐部成立了；次年 1 月，第三个俱乐部成立了。由于我取得的成功和我对这份事业的投入，2011 年 11 月，我接受了 OneProsper International 执行理事长的任命，负责该组织学生活动的运营工作。我给自己取了一个很炫的头衔——"学生战略团队总监"，并开始计划发展扩张。

除了我发起的三个大学俱乐部，OneProsper International 在多伦多的四所高中里还有四个俱乐部。开始负责学生活动运营后，我就试着联系这几个俱乐部的负责人。一开始，这些高中俱乐部的人根本不回我邮件，也不回复我在 Facebook 上的留言。此后两个月，我费了很大劲才终于联系上了所有人，收到了关于俱乐部现状的最新情况报告。总体上来说，这几个高中俱乐部都运转不良。他们空有一个俱乐部的框架，有人，有职位，有活动的想法，有所在学校管理层的认可，但是没有组织活动，没有真正地执行他们的想法。更糟糕的是，几个大学俱乐部也开始出现同样的问题。我认为这是因为它们缺乏相应的支持，因此研究出了一套更好的沟通方式，为执行团队提供他们所需的指导和建议。但是，几个月过去了，一切并没有改观。

2012 年 4 月学期结束时，我开始慢慢地"精兵简政"，直到最后，学生管理层只剩我一个了。我采用更好的战略，满怀信心地重新开办了俱乐部，力求做到俱乐部结构框架合理、有相应支持的网络。我招募了一批有才华、有能力的人加入了学生战略团队。当有人为此前的表现找借口时，我会跟他说那句埃里克·施密特对年轻时的谢里尔·桑德伯格说过的话："如果别人在火箭飞船上给了你一个座位，就别问那个座位在哪儿。"这为我们日后的发展打下了坚实的基础。

后来，在 2012 年 8 月，我们在社交媒体上发布了一个极具创意的招募视频。我们一个 5 人的团队制作了一段 30 秒视频，介绍 OneProsper International，并附上了加入该组织的网络链接。我们还做了一个更长的、包含更多信息的介绍视频。此外，我们请在社群有一定影响力的朋友们为我们进行宣传。当时时机正好，再加上我们的决心和创意，最后，这一招募活动取得了巨大的成功！两个省份的 50 多名学生申请在自己的学校建立俱乐部。

此后一年，100 多名学生积极承担起了领导任务，在安大略省 9 所不同的高校建立起了俱乐部，并且获得了多伦多市一个高中青年理事会的支持。更重要的是，我们的活动改变了 20 多个农民的生活，并且有超过 50 万名学生通过筹款和青年自强会议参与到活动中。这一路走来相当不容易，但是我相信，这只是个开端，我们的组织还有更大的潜力。我们现在正在组织一场会议，希望借此鼓励 1000 多名年轻人解决世界问题。此外，我们正在汉密尔顿市和渥太华市试点进行全市规模的中学生躲避球锦标赛，并且正在策划把俱乐部扩展到加拿大之外的国家。以下，我想与大家分享我一路以来学到的最重要的三点经验：

1. 执行

我有一个坏习惯，就是过度思考、过度计划，喜欢做白日梦，总想象着有哪些事情可能会发生。这太浪费时间了，并且，大部分计划都无法完全得以实现。最好的办法是，有一个强大的愿景，然后就放手去做。根据需要不断做出反应；策略可以变，但是愿景要够大，并且保持不变。

2012 年 9 月，安大略省高中教师联合会决定在合同谈判期间进行罢工，希望安大略省废除对教师参与学生课外活动的要求。没有了教师的监督管理，运动队、舞会、俱乐部都陷入了瘫痪。我们希望省政府能赶快解决这一问题，但是这件事一直拖了大半年，也就是说整个学年都差不多要过去了。这是我们学生战略团队完全没预料到的情况，我们对此没有一丝准备。但是，我们的愿景很坚定，于是采取其他的方式达到我们的目标。我们组织起了区域委员会，鼓励学生这段时间在校外组织活动。

2. 优秀的人也需要指导

一开始，大学俱乐部和多伦多的高中俱乐部之所以运转不良，主要是因为俱乐部执行团队缺乏前期指导。我相信，我们的团队里有非常优秀的人，他们都希望能做出点儿名堂来。但是，他们的身边还有许许多多其他的活动，一旦在早期工作中遇到一点儿障碍，他们很快就会把精力投向别处。不论是在哪个层面上，从无到有创办一个新项目都非常难。因此，对于这些此前没什么经验的新人来说，还是最好有一个导师能指导、支持他们。

针对这种情况，我进行了调整，现在我们每个俱乐部都有了自己的青年协调员，专门进行联络和支持工作。青年协调员会分享来自其他俱乐部的信息和想法，为俱乐部发展提供建议，指导俱乐部招募执行团队、圆满完成一场活动。此外，在运行的过程中，俱乐部之间的沟通变得更加顺畅，虽然距离很远，但是我们在网络上建立起了一支团结的队伍。

3. 关系很重要

我的首要任务就是招募有才华的学生，并且让他们对我们的事业保持激情。一开始的时候，我先从自己的关系网下手。很幸运的是，我喜欢与来自不同文化背景的人交往，因此一开始找到几个朋友聚在一起并不难。很快，我开始向他们求助，我需要更多的帮助。我发现，从朋友那里获得帮助更容易，比陌生人容易得多。这让我早早就认识到了建立关系网的重要性，我总是主动帮助别人，并且总是对别人的帮助充满感激，不论它是大是小。

在建立关系网的过程中，我与本省内几个针对青年人的组织（如 DECA Ontari、Nspire Innovation Network 和安大略学生信托人公会）建立起了合作关系。

如果我当初没有加入这个不熟悉的、新的非营利组织，我就不会有以上这些经历与感悟。机缘巧合给我们提供了机会，但是你也要敢于冒险（该死，为什么不试试看？），敢于走出自己的舒适区，只有这样，奇迹才可能发生。

找到生命中的平衡点

亚伦·克莱纳特（Aron Kleinert）

17 岁时，亚伦·克莱纳特是全国同龄人中最出色的足球运动员。他是全国奥林匹克发展计划运动员储备库中的一员，有望入选国家足球队。他现在担任全国奥林匹克发展计划中 Region III 队的队长。此前，他曾担任过博卡联队中一个足球俱乐部的队长、博卡拉顿高中足球队的队长，这两支球队均在全国有不错的排名。2014 年 8 月他选择加入了奥兰多城 S. C. MLS 青年队。他曾经接受过 TopDrawerSoccer.com 等网络媒体的专访，在中卫位置上赢得过全国各大足球锦标赛。现在，全国顶级的专业足球队都在争相邀请亚伦加入他们的队伍。

平衡的意思是比较事物的价值。这需要我们评估不同事物的潜力和必要性，并据此调整它们的比例。**生命中，我们需要不断平衡，为了实现自己的价值、完成自己的使命而孜孜以求。**

在我的生命中，不论在赛场内外，足球都不断助我提高审时度势的能力。我 8 岁时开始踢足球，加入了博卡联合俱乐部。意识到我在足球方面机会更大、更有前途后，我就尽量不再去其他的运动俱乐部了。这对于当时的我来说非常困难，因为我还只是个想不断地跑来跑去、到处玩的孩子。但是，做了这个决定后，即使当时只有 8 岁，我已经开始认真严肃地考虑自己作为一名学生运动员的未来，甚至开始考虑自己有朝一日成为专业球员。

上中学后，因为要训练和学习，我晚上总是很晚睡觉。我的家庭很注重学业，虽然我在足球上有天赋，但这并不意味着我不用学习。安排好时间是我的首要任务，我要计划好什么时候在健身房锻炼、什么时候在球场训练、什么时候学习。每天放学后，我都要坐在书桌前，温习当日所学的课程，写完作业或安排好晚上写作业的时间后才能去练球。对我来说，上学不算困难，但是如果要每天花 6 小时待在课堂里学习知识的话，我就要努力在上课过程中记取所有的重要信息，并且努力掌握我们正在学习的这种思维过程。

对大部分人来说，高中是体验人生、与朋友社交的好时光，但是作为一名运动员，我的高中与大家是不同的。我要健身、训练，因此不能与朋友们晚上出去看电影，也不能在学校放假时跟家人一起出去旅游。据说，对于职业运动员以及各行各业的发烧友来说，需要练习 10 000 小时才能完美掌握某项特定技能。但是，为什么要限制在 10 000 小时里呢？足球这项运动非常美好，绝不仅仅是 22 个人在球场跑 90 分钟那么简单。在胜与败、行动与再行动之间，我的性格不断发展，责任意识也不断加强。

我的榜样克里斯蒂亚诺·罗纳尔多曾经说过："我不是完美主义者，但是我喜欢把事情做好。更重要的是，我感到自己需要不断学习，不断进步，不断进化，这不是为了取悦教练和粉丝，而是为了让我自己感到满意。我的信念是：学无止境，不论我们年纪多大，学习也不能停下来。"作为一个希望有朝一日成为职业球员的学生运动员，在赛场内外，平衡都是我一路以来学到的通向成功的最重要的一课。

火人节带给我的思考

◎ 克里斯托弗·普鲁森（Christopher Pruijsen）

克里斯托弗·普鲁森17岁时进入牛津大学，成为"牛津创业者"社团最年轻的主席。他于2012年联合创办了Founderbus UK，此后，他联合创办了AMPION（前身为StartupBusAfrica）。现在，AMPION在非洲16个国家开展了活动。

目前，克里斯托弗联合创办了Sterio.me并担任CEO。该网站旨在利用交互式的预录音频课程帮助有需要的人士学习。在所有的手机上——不需要网络，不需要智能手机——都能够使用这些音频课程。Sterio.me打破了文化水平、语言、数据/设备的屏障，帮助所有人轻松学习。该公司被《快公司》评为"非洲十大创业公司"。

参加完"火人节"[1]，在从旧金山飞回伦敦的飞机上，我感觉自己又一次重生了。

---

[1] 火人节：为期8天的反传统狂欢节，每年8月底至9月初在美国内华达州黑石沙漠（Black Rock Desert）举行，基本宗旨是提倡社区观念、包容、创造性、时尚以及反消费主义，其参与者被称为"火人"。

我知道，这听上去神秘兮兮的，并且，这篇文章的标题也令人完全摸不着头脑。但是，我希望你在读完这篇文章后，能明白这些话的意思，了解到我作为一个人的价值和思想模式。希望你能从这篇文章中得到点儿有价值的东西。坦白地说，我很感谢你能抽时间倾听我的故事，倾听我的自我表达。

我的故事始于1993年的荷兰鹿特丹。2岁半的时候，我就痛失父亲。我的父亲被残忍地杀害了，这个故事我们留到下次再讲。父亲死后，我们家里也失去了顶梁柱。很快，我的监护人就成了国家，6岁到9岁时，我是在国家儿童看护（孤儿）中心长大的；13岁，我又回到了那里。在这难熬的几年里，对于我的母亲，我有一种非常复杂的情感。那时的我可不是一个容易相处的小孩儿。在家里，我找不到能和我在才智上沟通交流的人。并且，由于家庭环境很不稳定，我变得咄咄逼人。

那十几年间，我的生活里充满了绝望，我不断转学，与寄养制度做斗争，不断地探索自己周围的世界，希望找到真正的意义与一种自我表达的方式。幸运的是，17岁时，我来到了牛津。在牛津的那几年，我获得了一家大银行的赞助，每年有70 000美元的起薪，这是荷兰平均家庭收入水平的2倍（是我自己家收入的好多好多倍）。但是，2012年当我获得了在几家大银行做投行业务的机会时，我醒悟了。此前，我有过在环球创业夏季学校（GESS）、Kairos Society、"牛津创业者"社团的相关经历，我知道自己可以在创业这条人生道路上走下去。我认识到，我的人生使命并不是为银行和官僚机构工作，而是作为创业生态系统的一员影响和改变世界。

认识到这一点后，从2012年4月起我走上了创业的道路。从那以后，我与越来越多的性格多样、经历丰富的人成为朋友，并且，他们来自不同的国家、不同的行业与不同的年龄层。渐渐地，我不再那么傲慢、阴暗，或者是用火人的话来说，我变得越来越包容、越来越愿意参与进生活的方方面面。这让我与别人有了更多的交往。我开始不再只想自己的需要和欲望，而是越来越关心别人的需要。我从一个孤儿变成了创业这个全球生态体系中的一员。我终于找到了家。

今年，68 000人参加了火人节活动。所有人都投入了大量的时间、金钱、精力、创意、爱，在沙漠深处打造出了一年一度的超凡体验。节日期间，人们可以穿上自己想穿的衣服（如果他们想穿衣服的话）。那里每天都有各种各样的课程：杂技瑜伽、火舞、按摩……这里有许许多多的派对，不论是在白天还是夜晚；这里还有地下酒吧、现场音乐以及许多令人难以想象的交互艺术体验。在这里，人们不花钱。参加火人节，你只需要带上礼物，回馈别人给你的礼物——艺术、服务；或者分享自己的经历，与其他人沟通交流。这里也没有资金交易。

在生活中，在火人节里，我一直努力思考我在世界中的位置，以及我与世界的关系。写这篇文章时，我又感受到了那种孤身一人飘在世界上的不安全感，但是很快，这种感觉消失了，想到我的价值、想到快乐的概念，我体验到了一种温暖、舒适的感觉。我希望你能思考一下朋友对你来说意味着什么，思考一下你最看中的是朋友的什么，并且思考一下友谊本身。深入地思考一下爱和人与人之间的关系。我是一个孤儿，当我说这些是生命里最重要的东西时，请你相信我。

自己闯出一条路来可能很难。虽然你的"开始"或出身可能并不理想，但是，你不用走别人的老路，你可以决定自己的道路。**一旦你找到了真实的自己，一群志同道合的人就会出现在你的身边、向你张开怀抱，他们会接受你、吸纳你。**

然后，你会获得一种归属感，你找到了自己的位置。相信我，世界上最能令人深深感到幸福、安全的，就是找到组织时的归属感。

点滴改变的积累能改变世界

埃里克·阿雷利亚诺（Eric Arellano）

埃里克·阿雷利亚诺今年 17 岁，他创办了两个项目，这两个项目旨在帮助发展中国家人民喝到干净的水。他最近的项目是 Clean Water Utility Project，在这个项目中，他与政府合作，如果居民在水费单子上勾选了相关选项，那么他们就将每两个月向发展中国家的净水事业自动捐献 1 美元。2009 年，13 岁时，他联合创办了 Just Dig It 组织，旨在"为发展中国家提供干净的水，从西非的加纳开始"。在创办 Clean Water Utility Project 之前，Just Dig It 已经筹募到了 30 000 多美元的善款，为 1750 个加纳人带去了净水。

改变是缓慢的。然而，进步也是持续不断的。当然，作为一个 13 岁的男孩儿，我当时还不能完全理解第一句话。一直以来，我过着富足的生活，根本无法体会到在今时今日竟然仍有 9 亿人喝不到干净的水。致力于全方位对抗贫困的非营利组织 World Vision 曾经在我的教堂里举办过一个活动，通过这个活动，我意识到，在我每天要花 17 分钟洗澡的同时，51 名儿童正死于与水有关的疾病。

对此，我感到非常愤慨。

幸运的是，就在同一周，我当时的牧师告诉我们，作为年轻人，我们就是未来。扎克·亨特12岁时就创办了Loose Change to Loosen Chains项目（旨在对抗当代奴隶制）。受到他的经历的鼓舞，我决定在13岁时行动起来，解决国际间在水源方面的不公平问题。我找到了5个朋友，我们决定建立一个名叫"Just Dig It"的非营利组织，筹集善款，帮助西非的加纳打井，为当地人民提供干净的水源。

开始时，我们从小事做起。我们在社区的街角处卖饼干、布朗尼和水，募集了200美元。后来，我们又举办了许多活动，获得了多位慈善人士的慷慨捐赠。我的哥哥最初还对我们的活动表示怀疑，但是，不到两个月，我们就筹集了3000美元善款，足够打一口小井了。

我们的筹款行动还在继续，很快，我们与教堂的青年牧师形成了合作。后来我们一共筹集到了超过20 000美元，受邀在2011年8月访问加纳。我们在加纳当地的一个保健站帮忙，每天与孩子们一起玩耍，同时不忘自己来到这里的初衷：亲眼看看Just Dig It对加纳农村产生的影响。在那里，我们看到了村民们此前一直饮用的有毒污水，并参加了新的净水井的落成仪式。

在那里，我并没有如书中所描述的那样受到一个6岁非洲小女孩的热情拥抱与衷心感谢。但是，在那里，我可以看到我们这6个来自加利福尼亚普莱森顿的年轻人所产生出的影响。我能看到，村民们不用再喝受污染的脏水了。我可以看到村长眼中的感激。并且，我还看到了自己对未来的愿景。

巨大的改变已经发生了，我们是有无限可能的。

我开始有了更多的想法，我开始思考如果动员整个社会一起行动起来，我们能形成多大的影响。我意识到，Just Dig It筹款的方式与其他大部分组织一样，都是依靠爱心人士的大笔捐款。为什么不去利用整个社会的力量（不论捐赠额度大小）解决这一当今世界面临的最大问题呢？

在这种思路的指导下，我创办了第二个项目：Clean Water Utility Project。我的想法是，与普莱森顿水利部门合作，让普莱森顿市民每两个月捐赠 1 美元，支持发展中国家净水事业的发展。在水费单子上会有对这个项目的简短介绍，居民可以勾选是否愿意参与捐款。如果 75% 的居民参与的话，我们每年就能筹款 60 000 到 75 000 美元。

我很喜欢这个动员全社会进行小额捐助的想法，于是与所有认识的人分享了这个计划。此后几个月，经过不断的修改和完善，我和我的三个朋友感觉已经准备好了，于是向杰里·索恩市长展示了我们的想法。市长对这个想法大加赞赏，告诉我们如果要实施这个想法，我们需要经过市议会的投票通过。他认为这个计划应该很容易就能通过。由于此前我们的项目一直进展得很顺利、取得了成功，所以听了市长的话后，我想当然地以为我们在两个月内可以把自己的想法提交到市议会，到年底的时候这个项目就能开始真正实施了。

但是，我错了。我们的材料已经准备好了，但是我决定还是先联系一下普莱森顿青年委员会的贝姬·霍普金斯，看看她能否向我们提供帮助。她提醒我们，我们的项目可能要等两年后才能得到市议会的最后投票。并且，她建议我们，在把这一项目提交给市议会之前要做好更多前期工作，与市政府的工作人员沟通一下。我这才意识到，Clean Water Utility Project 这个项目可能会花很长时间。

这个项目确实花了很长时间。好在，一切进展得比贝姬预测的要快一点儿。不过，这一路走来，我们还是遭遇了不少挫折。

但是，我最近发现，虽然经历了种种耽搁、延迟，进步却也一直没有间断。我们找到方法解决了这个项目遇到的政策问题。我们与潜在的合作组织进行了沟通，而且贝姬·霍普金斯也成了我们的同盟与支持者。在所有人的帮助与坚持下，我们的梦想很快就会变成现实了。

这个项目耗费了很长的时间，但是我们一直在进步。

在我的个人生活中，我也更深刻地领会了改变的意义。在我为净水事业不断奔走的同时，我很惊讶地发现，"改变"在我的个人生活中也占据了中心地位。虽然我生活在旧金山湾区，我的家庭却并没有那么开明。4 年级时，因为我说了一个同龄人是同性恋（我知道，我对此也感到很羞愧），我被父母禁足了。2008 年的时候，我们家的草坪上插满了"反对同性恋婚姻"的标志。我们要去爱那些"罪人"，但是我们要谴责他们的"罪"。

自然，当我开始质疑自己的性取向时，我在家里感到了巨大的压力。接受自我的过程漫长而痛苦。好几年来，我都憎恶同性恋，还和好几个女生"约会"过，似乎是想以此向我的同龄人、家人乃至我自己证明：我是"直"的。但是，我受够了。虽然一开始我感到很不适，但是 2012 年 9 月，我最终接受了自己，承认了自己是同性恋。

我希望我的父母也能马上接受这个现实。当年 11 月，我向他们宣布出柜，这很艰难。与其他许多 LGBT 人士不同，我很幸运，我的父母并没有因此抛弃我。我理解他们在宗教上和政治上的信念，但是，他们对我很失望，我也因此深受伤害。

事实证明，YouTube 视频的那句话——"一切都会好起来的"——确实很有道理。我的爸爸渐渐接受了我的性取向，我的妈妈也在努力中。他们不再对我冷言冷语，取而代之的是相处时的小小不适。情况还很糟糕？是的，但是已经比原来好多了。

我为什么要和你分享我的职业生涯和个人生活呢？我并不是要让你对改变世界感到灰心丧气。改变有时会很快。事实上，Just Dig It 项目开始时就进展得很顺利、迅速。改变迅速发生的时候，一切都令人感到非常兴奋、激动；改变进展缓慢的时候，你要想想如果一切都不尽如人意，你该如何应对。至于在个人方面和事业方面无法马上获得预期结果时该怎么办？我自己仍在努力调整适应。但是，我的经历让我相信，只要有毅力，随着时间推移，你终能达到自己的目标。

此外，我想请你想一想个人能力这个问题。全世界有超过70亿人，一个年轻人怎么才能对世界做出显著的改变呢？就像所有人一样，我有时也会感到自己的力量微不足道。我想到过，相较于全球水危机这个大问题，Just Dig It 做出的改变其实微乎其微。但是，我最爱的小说《云图》里有一句话，它打消了我的疑虑："你生命的价值不过像是无边无垠的海洋里的一滴水！但是如果没有众多的水滴，哪里有海洋呢？"

改变往往是缓慢的。然而，进步也是持续不断的。等到我大学毕业时，是不是所有人都能喝上干净的水了呢？不能。等到我死的时候呢？有可能。无论如何，只要不断有进步，我的最终目标就一定能实现，那一天就一定能到来。进展的缓慢令人沮丧，但重要的是，要记住我们能做出的那些有意义的改变。如果我一个人能有一定的改变的力量，想象一下20亿年轻人能产生的巨大力量吧。

成功

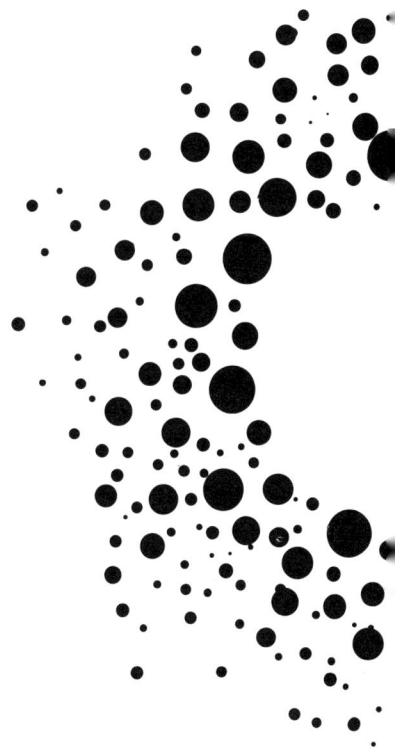

真正开始做一件事时就已经成功
80% 了。

——伍迪·艾伦

想象你的无限可能

杰克·安德拉卡（Jack Andraka）

杰克·安德拉卡是马里兰的一名高中生，15 岁时，他发明了一种新型试纸，可以在不到 5 分钟内检测出胰腺癌、卵巢癌和肺癌，并且，每次检测只需要花费 3 美分。他在约翰·霍普金斯大学进行的试验，并且在英特尔国际科学与工程大奖赛中获得了"戈登·E. 穆尔奖"。此前，他还获得过美国史密森尼学会授予的"美国创造力大奖"，并曾接受美国第一夫人的邀请，于 2013 年 2 月出席国情咨文讲话现场。他曾在"TED 长滩"演讲过，参加过 11 场 TEDx 活动，其中一场还是在议会大厦举行的。他是英国皇家医学会历史上最年轻的演讲者，接受过《60 分钟》《吉尔伯特报告》、ABC《今晚世界新闻》（受黛安·索耶采访）、NPR《商业界》《大众科学》、BBC、半岛电视台等多家新闻媒体的专访。他还是电影制作人摩根·斯普尔洛克制作的获奖纪录片《你不认识杰克》中的主角。杰克现在与其他年轻人一起效力于高通基金会 Tricorder XPrize 项目，在全球多个会议中就开放式获取、STEM 教育、互联网普及等多个话题进行

演讲。他还是全国少年激流皮划艇队的队员，在国内外多个数学大

赛中获得过奖项。

回首往事，我仿佛从小就注定会成为一名科学家。在我人生最初的记忆里，我就是在鼓捣一个小小的人工河流，改变水流的宽度和深度，看看它们对水流速度有什么影响，并研究低水头闸坝微缩模型的沉没效应。当然，当时的我并不知道自己是在做科学实验——我设置了一个可变的常数，然后改变其他参数，研究其影响。我只是单纯地喜欢这个过程。上初中后，我开始参加各种科学比赛。一开始，我表现得非常糟！我把要讲的话一字一句地背过，不断练习，直到滚瓜烂熟。一切都很"完美"。但是，一旦我的思路在演讲中途中断，或者评委打断我问了一个问题，一切就都完了。我完全不知道如何继续讲下去。

这个问题一直反复出现。后来，我才渐渐意识到，在比赛中介绍自己的作品其实就像是在舞台上出演音乐剧一样。我喜欢演音乐剧。在音乐剧中，错误不时发生，但是演出还要继续。并且，如果表演者自己也乐在其中、享受表演，演出就会更加成功。有一次，一场所有演员都必须参加的音乐剧排练和一个重要的科学大赛时间撞车了。我必须要做出决定，而这个决定将影响我的人生轨迹。我进行了艰难的思考，思索了我对音乐剧和科学的热爱。我和父母一起，列出了它们的利弊。最终，我觉得，虽然我很喜欢表演，但是我更想要问问题、找到其他所有人都不知道的答案。于是，我放弃了舞台，全身心地投入了科学的世界。

我探索不同领域，对低水头闸坝进行安全改造，研究纳米和块状金属氧化物对海洋生物和淡水生物的影响作用。有一天，我们家庭的好朋友、我的一位好叔叔因为罹患胰腺癌离开了我们。当时，我都还不知道胰腺是什么，更是完全不知道胰腺癌是怎么一回事。对于这个叔叔的去世，我感到非常难过，并且困惑不已。我于是上网搜索关于胰腺癌的信息。之前，孩子们想要查询什么信息，都需要去

当地图书馆查阅相关的书籍。但是现在，我们有幸出生在互联网时代。我上网阅读了我在维基百科和谷歌上找到的信息，这些信息令我深感震惊。85%的胰腺癌病人都是在癌症晚期才诊断出患病，确诊后生存概率不超过2%。因为确诊太晚，即使幸运存活下来，患病五年后的生存概率也低得可怕。因此，胰腺癌可以说是存活概率最小的一种癌症。

我很好奇："为什么医生无法及时检测出胰腺癌呢？"

对此，我的发现令我大跌眼镜。现在，我们的"现代医学"对胰腺癌的检测还依赖于60年前的一种检测方法，该方法准确率很低，只能检测出70%的胰腺癌患者。并且，这种检测方法非常昂贵，做一次检查需要花800美元。大部分的医疗保险都不包括这项检查，这就意味着低收入人群根本做不起这个检查。这也就意味着，医生只有在非常确定你已经得上胰腺癌后，才会让你做这项检查。

我相信，一定会有更好的办法。

于是，我先设定了这项检查应该达到的一系列科学标准。这项检查应该是廉价的、快速的、简单的、敏感的、准确的、微创的。我相信自己一定能达到这些标准，虽然我也不知道具体该怎么做。

经过调研，我发现，对于胰腺癌的检测之所以那么落后，主要是因为癌症检测本身非常困难。比方说，现在查血时，我们会寻找血液中的一种癌症生物标记物，检测血流中某种特定的蛋白质数量是否升高。虽然这个过程听上去很直截了当，但是实际操作起来并不简单。寻找癌症生物标记物很难，因为我们体内的健康血液中含有大量的蛋白质，想要从中定位某一种蛋白质，看它的数量是否有所升高，这非常困难。这就好比是在干草垛中找一根针，甚至比这更难——想象一下，我们要在一堆几乎一模一样的针中找寻一根颜色稍有不同的针。

首先，我要先找到潜在的生物标记物。我准备对4000多种蛋白质进行筛选，研究每一种蛋白质，评估它们是否能够作为胰腺癌的生物标记物。谢天谢地，试到第 2000 次时，我终于找到了那种蛋白质！

我在网上找到的这种蛋白质叫作"间皮素"，是一种非常普通的蛋白质。但是，如果得了胰腺癌、卵巢癌和肺癌，血液中的间皮素水平就会非常高。更关键的是，在癌症爆发之前，人体血液内的间皮素的水平就会升高。因此，我们可以在癌症的早期就进行诊断，那时的存活率几乎是 100%。找到能检测胰腺癌的可靠的蛋白质后，我的研究重心转移到了如何检测这种蛋白质上。

在一节高中生物课上，我取得了突破。在那节课上，我带去了一份一直很想读的关于单壁碳纳米管的论文。我对纳米管很感兴趣。纳米管是一种很长很细的碳管，只有人类头发直径的二十分之三；并且，纳米管还有些了不起的特性（比如具有非凡的传导性），是材料学领域的超级巨星。我一边读着这篇论文，一边设想如何使用各种方法将纳米管的敏感性与一种只对间皮素有反应的抗体联系在一起。

然后，我想出来了——我可以在纳米管里装满某种抗体，这种抗体只对间皮素产生反应，并且，间皮素量越大，这种抗体的电学性质产生的变化也会越大。换句话说，我很确定我已经找到了能检测胰腺癌的方法了。

就在我顿悟的同时，老师走过来，没收了那篇论文！

好在，下课后，我让老师把那篇论文还给了我，然后，我开始对自己的想法进行进一步的研究。

下一步的话，我需要找个实验室做研究。于是，为了表明自己是非常认真的，我把研究的预算、时间表、所需材料、研究步骤一一列好，给约翰·霍普金斯大学和国家卫生研究院里研究胰腺癌的 200 位相关教授发送了邮件。

然后，我就开始坐等佳音。

但是，此后的几个月里，我收到的是一封又一封的拒绝信。

很多电子邮件里写道："这个想法根本不可能实现！"或者"你还太小，无法进入大学实验室。进入大学实验室的法定年龄是 16 岁。"很显然，教授们对于我的这个想法并没有给予很高的评价。

但是，在收到了 199 封拒绝信后，我收到了一封态度不愠不火的邮件，说我的想法"没准"不错，于是我开始朝那个方向努力。

3 个月后，我终于与那位说"没准"的教授会面了。他对我进行了长达一小时的面试，叫来其他专家问我各种各样的问题。我回答了他们的每一个问题。

最后，"审讯"结束了，我的努力没有白费——我终于找到了自己所需的试验场地。

在实验室里开始工作后，我很快就发现，我那"才华横溢"的想法里其实充满了漏洞，因此，此后的 7 个月里，我勤勤恳恳地堵上了每一个漏洞。结果呢？一小条试纸，100% 的胰腺癌检测率。成功！

在这个研究的过程中，我学到了非常重要的一课：**有了互联网，一切都有可能。在网络上，理论是共享的，其他人会重视你的想法，你不必是拥有很多学位的专家。**网络是个中立的空间，你的样貌、性别、年龄都不重要，重要的是你的想法和你的态度。我以一种全新的角度看待互联网，发现在网上我们不仅仅可以发自拍、看小动物视频。互联网是一种强大的工具，可以让你在任何年龄都成为科学家！

我希望，随着互联网的不断发展，越来越多的人能在网上交流、合作，解决我们这代人面临的亟待解决的种种问题。

如果我可以用网络上找到的信息发明一种癌症检测试纸……

想象一下你能做到什么吧！

重新定义成功

西蒙·伯恩斯（Simon Burns）

西蒙·伯恩斯在加拿大温尼伯长大，专业是金融，会编程。2013 年夏天，他搬到硅谷，在一家新兴金融科技公司 QuantConnect 工作。然后，他加入了贾森·卡拉坎尼斯位于旧金山的媒体公司 LAUNCH，负责 LAUNCH Festival 和其他媒体活动的商业推广。在 LAUNCH 工作了 6 个月后，他结合了自己在媒体和金融科技方面的能力，为移动优先、免佣金的证券经纪业务公司 Robinhood 负责公关工作。在他的努力下，Robinhood 接受过 CNBC、彭博电视台、《福布斯》杂志、TechCrunch 等多家媒体的专访，两个月内就吸引到了 27.5 万名注册用户。

在现代社会里，对于成功，我们需要将其放在影响力、权威、资本的语境里进行理解。对于获得成功的人来说，关键是要能不断地复制成功。单从定义上来看，成功是不断做出成功的表现的结果。这个定义绝非偶然，人从天性上来看就特别擅长感知各种模式。成功，就像是智力一样，体现的是一种对于好结果不断进行重现的水平。**如果一个人可以长期不断取得成功的结果，别人都可以从中感知到模式，那这个人就成功了。**

很多人说："智力无他，只是复杂模式识别而已。"本书中其他作者都是一些智力水平很高的人。他们的智力表现在不同的方面：空间、情绪、运动、数学等。并且，我敢说，他们也是最擅长识别模式的人。但是，在这篇文章里，我并不想仅仅告诉你迄今为止我识别到的成功模式的特征。

在我开始讲述自己的故事之前，我想说，与字典上的定义不同，成功是个模棱两可的概念，深受环境和周围条件的影响。当我要衡量自己是否成功时，我会提醒自己，想想我 10 岁时的人生目标——让"西蒙·伯恩斯"这个名字出现在历史书上。我的目标是，让我自己的名字出现在讲授我这个时代的故事中，就像洛克菲勒和 J. P. 摩根定义了他们所处的时代、卡耐基定义了他所处的时代一样。我想要定义我的这一代人。因为有了这个目标，我不会遵循当今社会的既定路线，我不接受权威，也没有偶像。我的目标清楚、精确而充满野心。

我还不知道我会在历史书中的哪个部分找到自己的名字。但是，在做出每一个重大决定前，我会进行深刻的反思，思考自己即将踏上的这条道路是否能让我达到最终的目标。我们这一代人中，有很多人忽视了塑造我们的小小基石。成长过程中，如果学会字母表，我们就会获得父母奖励的小红花。我们意识不到社交媒体对我们产生的巨大影响，我们在游戏人生，给自己的生命贴上了各种标签，希望得到别人点赞。让我们为了一个更远大的目标而活吧，让我们定义这个创新的时代，团结起来，这样我们的名字都会出现在未来的历史课本上。

以上我所说的可以说是一个开场白。如果我想选择一条安全平稳的人生道路的话，我可能会选择成为一名律师，并且我要成为最棒的那种律师！某一天，我会把自己的知识传授给下一代律师，告诉他们我的想法和我的经历，就像我现在正在告诉你我的想法和经历。这名经验丰富的老律师想要传达的信息很可能会是：

冒险是不值得的。

但是，我不会这么做，19 岁的、正在写这篇文章的我无所畏惧、雄心勃勃。弗兰克·劳埃德曾经说过一句话："一个人一旦变成了权威，从发展的角度上来看，他就完了。"这么看的话，我的智慧可能很快就会达到顶峰，然后开始下降。对于读者来说，这很好，但是对于作者来说，那可就要小心了。我必须要不断学习，时刻站在时代创新的前沿。年纪大了之后，做出改变的可能性就小了，转变和理解新事物的能力也会变弱。许多群体往往都要求个人遵从众人的意见，也就是说，如果你比一般人更聪明，他们也要让你降到和一般人一样的水平上来。因此，从定义上来看，独一无二、聪明、成功都是非比寻常的特质。

这些文化因素是后天造就的，不是天生的。对事业的漠不关心也是渐渐发展来的，而不是遗传来的。45% 的五年级学生都会说自己想要改变世界。但是，30、40、60 岁的人又有几个会这么说呢？我们所面对的情况都是一样的，我们都想要对抗我们生存中面临的威胁，并且我们都想要留下点儿遗产。我们都想成为变革 2.0 中的一部分，我们都想成为少数几个人正在推动的文化革命中的一部分。

我与来自瑞典的工业设计师、来自洛杉矶的设计专家、来自温尼伯的能源专家、来自瑞士的公益投资者共事，并且，我们的队伍还在不断壮大。所有这些人都是由一个不断发展壮大的想法联系在一起的——一个 16 岁的雄心勃勃的孩子的想法。如果这看上去挺疯狂的话，那是因为人类历史上任何一个其他时代中，一个年轻人都不可能如此轻松地拥有这么多资源。在我们所处的这个时代里，想法是无价之宝，因为一个想法可以派生出无限种可能。我相信，现在，任何一个想法都可能有无限的前景（虽然有些想法需要很长一段时间的重复尝试）。只要有想法，就会找到支持者，就会有专家来提建议，就会有媒体愿意报道，就能够鼓励到一些民众。关键是，要找到适合自己的东西，乐于接受别人的想法，根据好的建议不断完善你的想法。

我想要改变世界，首先，我确定了一个方向，这个方向拥有广阔的市场前景，并且我对此充满激情。我的关注点是解决可持续交通的问题。在网络和摩尔定律的作用下，一个16岁少年的想象力与最新的科技（薄晶圆电机）碰撞出了火花，我得到了一群来自工业设计、机械工程、风投、界面设计等各行各业的专业人士的建议，其中很多领域是我此前都没听说过的（如成长黑客）。

这就是现代社会的力量。如果你决定用当今时代的可能性来定义自己，那你就是无限的。如果你野心勃勃地决定着手解决一个模棱两可的大难题，你就掌握了创新精神的核心。如果你决定不畏失败和险阻，勇敢地开始行动，你就是在打破陈旧迂腐的社会守则。如果你决定不受社会压力的束缚，在最广大、最真实的意义上独立起来，那你就变成了一个梦想家。

挖掘黑人棒球联盟历史

卡姆·佩龙（Cam Perron）

12岁时，卡姆·佩龙开始收集退役棒球运动员的亲笔签名，对历史上一个文字记录甚少的黑人棒球联盟产生了兴趣。很快，他不断发展自己的这个兴趣，投入了全部的热情。他与上百名前棒球运动员交上了朋友，为他们制作了棒球卡片，帮助长久以来失去联络的朋友和队友重新欢聚，并每年为他们举办聚会。他帮助这些前棒球运动员获得了他们几十年前就该得到的认可。并且，他利用自己的电脑技术，找到了近百名前运动员，并帮助他们中的许多人获得了美国职业棒球大联盟提供的退休金。现在，卡姆正在杜兰大学修读商业学位，他曾经接受过《赫芬顿邮报》和HBO电视台知名记者布莱恩特·冈贝尔等的采访。

我一直都是棒球的铁杆粉丝。刚学会走路时，我就开始玩棒球；我观看棒球比赛，在棒球场里和家人分享棒球故事，度过欢乐的时光；我不断了解棒球历史，因为从那些我还没出生时就驰骋在球场上的球员身上，我可以对这一

"美国人最爱的消遣"运动有更深入的了解。

四年前，我无意中了解到了棒球历史上一段被遗忘的过去。许多年纪大一点儿的人可能都有过这样的经历，小时候，我最大的爱好就是买托普斯棒球卡，我会急不可耐地撕开卡上的封皮，看看自己这次的运气如何。如果幸运地得到了一张罕见的棒球卡，我会小心翼翼地把它珍藏起来。有一次，我又买了一些棒球卡，发现其中有一张卡片上的球员来自黑人棒球联盟。20世纪20年代到60年代早期，美国历史上有过一个黑人网球联盟，因为在那个时候，黑人运动员不能和白人运动员一起参加棒球职业大联盟的比赛。对我来说，这是一段我从未接触过的网球历史，我决定要对这段历史进行进一步的研究。后来，我渐渐发现，这个黑人网球联盟少有记载，网络上更是几乎什么信息都查不到。于是，我下定决心，要挖掘这个联盟的历史，并且与这段被遗忘的历史中的球员们建立联系。

挖掘这段历史的过程非常艰辛。我阅读相关书籍，采访历史学家，翻遍了我能找到的关于这个黑人联盟的所有文章。不幸的是，记载这一段历史的材料实在是太少了，我必须进一步挖掘。

我给黑人棒球联盟的许多球员写了信，很快，我就与他们中的几十个人建立起了联系。并且，很快，我就联系上了几百个黑人球员。从他们那里，我听到了他们当年的故事：薪水微薄、生活困窘、种族歧视。这可和我从小热爱的、观看的、玩耍的棒球运动不一样。

提到过去棒球生涯中的种种遭遇，这些上了年纪的黑人球员深感遗憾。但是，令他们更不满的是，根本没有什么证据能证明他们的那段棒球生涯。托普斯棒球卡中只有极少数几个黑人棒球联盟的运动员，网上也只有有限的几篇文章介绍这个联盟。因为他们的肤色，当时的媒体对这些球员以及他们在球场上的成就提不起一丝一毫的兴趣。虽然，事实上，因为他们的比赛更精彩刺激，当年他们比赛卖出的门票比职业网球联盟卖出的都多，但是，这些球员却不断遭到忽视，甚至是奚落。棒球生涯结束时，这些球员就会销声匿迹，完全抛下自己的棒球事业和曾经并肩战斗的队友，因为他们不愿再忆起那段时光中遭遇过的仇恨、偏见与屈辱。

这些球员的故事令我深感震惊，回忆往昔，他们只是想在民权运动时期不受歧视、纯粹地打打棒球；看看当下，他们中的很多人都过着穷困的生活。我了解到，他们中的大部分人都没有收到过职业棒球大联盟提供的退休金（那是他们应得的），经济情况很不稳定，并且他们几乎都和原来的队友、教练、球迷断了联系，这让他们的生活状况更加糟糕。

现在，我已经把黑人棒球联盟的事情当成了自己的事情。我不仅想要挖掘这段历史，还想让更多的球员获得他们应得的认可。我利用自己的商业知识，帮助他们出售亲笔签名的棒球卡和照片，提高他们的收入。我为一些球员组织了有偿的演讲活动，他们都很愿意分享自己藏在心里的故事，那些充满了苦难、同志情谊和棒球的故事。并且，更重要的是，我与美国职业网球大联盟合作，为许多球员提供了退休金。

2010 年 6 月，我的努力开始有了明显的成效。我受到黑人棒球联盟研究中心的邀请，协助在伯明翰组织黑人棒球联盟聚会。第二天晚上，我参加了在阿拉巴马州体育名人堂举办的黑人棒球联盟招待晚会。在这场晚会上，我获得了"最杰出调研者"称号，奖励我对挖掘这段黑人棒球联盟历史所付出的努力，并且奖励我帮助球员保罗·琼斯获得了他期盼已久的退休金。当晚，包括伯明翰市市长在内的 100 多人出席了活动。每个人的脸上都绽放着光芒，他们神采飞扬，纷纷向我表示感谢。

当时，我才上高中二年级。过去的四年里，我对黑人棒球联盟的热情有增无减。我协助组织了 4 场球员聚会，每场都有几十名新联系上的球员加入，共同参与为期一周的庆祝活动。这几年来，黑人棒球联盟成了我日常生活中的一部分。

我每周都与那些球员交流，我们就像是朋友一样；事实上，他们确实成了我的朋友，成了我在棒球运动中、日常生活中的良师益友。经过几年的调研，在打了几千个电话后，到目前为止，我一个人已经找到了将近 100 名黑人棒球联盟的球员。不知为何，这个事业成了我生命中最重要的一部分，我是一个来自波士顿郊区的18 岁白人男孩儿，却成了几百名黑人运动员口中家喻户晓的名人。或许，**我之所以喜欢棒球，正是因为喜欢这种改变的感觉，喜欢这种对别人产生影响的感觉。**

找到你心中的风暴

◎ 塔利亚·斯托姆（Tallia Storm）

塔利亚·斯托姆今年 15 岁，是个来自苏格兰的 R&B 和灵魂乐歌手。她由音乐传奇人物艾尔顿·约翰爵士挖掘入行，并曾在其演唱会上担任开场表演嘉宾。她的嗓音深沉有力、饱含深情，让人不禁想起摩城音乐时代的名伶，甚至想起艾米·怀恩豪斯。塔利亚·斯托姆顶着她那标志性的"爆炸头"来到全球各地，参与了伦敦时装周、伊娃·朗格利亚发起的全球礼品盛典、TEDxTeen 等多项重要活动。在苏格兰，她已经成为家喻户晓的明星、时尚偶像与知名作家。她定期为《赫芬顿邮报》供稿，在社交媒体上拥有大量歌迷。目前，她正在筹备自己的首张个人专辑，她演唱的一首歌曲被收入由肖恩·康纳利配音的苏格兰动画电影《兽医比利爵士》的原声大碟中。

我在后台走来走去，试着让自己镇定下来。舞台上灯光亮起的时候，我就要上场证明自己的实力了：会有 20 000 双眼睛盯着我，评判我的表现。我精神高度紧张，就在这时，艾尔顿·约翰走过来，充满鼓励地冲我点了点头。我走上舞台，拿起麦克风，开始演唱。

可以说，我这一辈子都在唱歌。我的爸爸弹奏爵士钢琴，所以从小我就伴随着黛娜·华盛顿、萨拉·沃恩、埃拉·菲茨杰拉德、比莉·哈乐黛等人的迷人乐曲长大。我不知道我为什么会喜欢爵士；对于我来说，一切都是自然而然发生的。我们家里的音乐氛围非常好。音乐直通灵魂；音乐能够抚慰我们，让我们欢笑，让我们流泪。但是，在我们家，音乐更像是一种有魔力的信号，只要一听到钢琴声响起，我们就知道"爸爸回家了"，然后我们就会一起度过一个有音乐相伴的美妙夜晚。

我的父母白天都有各自的工作，下班后，他们的生活中充满了音乐。妈妈做晚饭，爸爸弹钢琴，后来，我的弟弟扎克迷上了打鼓（我爸爸说打鼓最好的启蒙就是拨浪鼓）。我们所有人的生活都沉浸在音乐中……

我们一家六口住在苏格兰的乡下，父母工作，家里有四个小孩，生活确实非常忙乱，我根本没法儿上声乐课。而且，爸爸也担心声乐课会改变我的演唱风格（有人说那是我的标志性唱腔）。那个时候，我以为他不带我去上声乐课只是因为他自己怕麻烦，但是后来我渐渐意识到，不让我上声乐课是爸爸做出的最明智的决定之一。

我满脑子都想着唱歌。我的朋友们都去游泳、打曲棍球、打无挡板篮球，但是我只想待在家里，躲在我的"巢穴"（我的卧室，我的世外桃源）里唱歌。

经父亲介绍，我来到了伯克利音乐学院。我们在网上买了很多CD。很快，这就成了我生活中的一部分。在学校时，我就一直心心念念想要回家，躲在我的巢穴里进行音乐的试验，与萨拉或埃拉等爵士名伶一起唱歌。

我的爸爸也创作歌曲。一天，他正在工作，需要一个歌手（经常合作的那位女士那天生病了）帮他录制小样。实在走投无路后，他把我叫下楼来，让我帮他唱小样。这是我第一次站在一个正儿八经的麦克风前，当时我11岁。我开始唱了起来，还没意识到发生了什么时，爸爸就叫来了妈妈。他看上去很失望，表情古怪。我心里一惊："哦，不。他把妈妈叫来了，情况一定很糟糕！"但是，他们都被我的声音震撼了。是的，我好像很会唱歌。

我的爸爸又让几个朋友听了我的演唱，他们所有人都建议我追求音乐事业。于是我们就行动了起来。我开始在慈善活动、当地演出、商场演出中表演，只要有演唱机会，我就会过去。我们建立起了一个网站，这让我肾上腺素飙升，感觉自己确实开始了歌唱生涯。有一次，我在一个大商场里的舞台上为一家玩具店进行表演。突然，我在台下看到了我的同学，感到非常紧张。自那以后，我决定演唱时再也不盯着前排观众了，以防自己分心。

很快，当地电台与我取得了联系，我开始为当地电台进行路演。事情开始渐渐变得令人兴奋起来。但是，我的父母还是很冷静，甚至可以说是很严厉。他们不断跟我说，做音乐这一行非常辛苦，现在很多人都希望在《X音素》《美国偶像》等选秀节目中一炮而红，但这不是长久之计，我应该把音乐当作毕生追求的事业。从某种程度上来看，他们坦诚的话语让我对音乐事业燃起了更大的热情。我注定要歌唱——这一点我知道。

2012年新年，改变命运的时刻到了。那个新年，我的祖父要带我们一家去夏威夷庆祝他的80岁生日。这对我们一家人来说是一场期待已久的旅行，我们都非常兴奋！但是，在我们返程回家的前一天，祖父生病了，我们不得不改签机票，更换旅馆——一切就像是一场噩梦一样。我妈妈给我们预订了岛上的另一家旅馆，因为我们之前住的那家没房间了。我们收拾行装，更换旅馆。

在新的旅馆里，爸爸在电梯里遇见了艾尔顿·约翰爵士和他的伴侣戴维·费尼什，以及他们可爱的孩子！天啊，音乐传奇人物竟然和我住在同一屋檐下？！这是真的吗？！我不断在旅馆大厅里游荡，希望能有机会亲眼见到艾尔顿·约翰爵士本人。说实话，当时我都有点儿像是在跟踪他了。最后，我无功而返。我没有那么幸运。但是，第二天早上吃早饭时，我发现戴维·费尼什就坐在不远处。该我出马了。我在远离故乡的夏威夷，住在一个只有1800名居民的小村庄里，却在这里遇到了戴维·费尼什。他可能就是我通往成功的钥匙！

戴维·费尼什真是一个非常有魅力的人。他问我喜欢的是哪种音乐类型，我的演唱风格是怎么样的。他还向我保证他会把我录的小样和我写的信转交给艾尔顿·约翰爵士。太好了！我把握住了机会，剩下的就交给上帝吧！

我们离开了夏威夷，经旧金山中转飞回苏格兰。第二天早上我们在机场转机，正在过安检时，突然，我的电话响起来了。你可以想象一下当时的混乱场面：4个孩子、大包小包、传送带、脱鞋安检、一对抓狂的父母在人群里穿梭。我接起了电话，那是一个外国号码。我永远也忘记不了我后面听到的那句话："你好，你是塔利亚吗？我是艾尔顿！"我惊得下巴都要掉下来了。这时候，妈妈要把我的手机拿去过安检传送带，而就在这时，我手机的电池坏了！啊！！！

还好我的妹妹泰茜聪明，一过安检，她就把我的手机卡换到了她的手机上。幸好，艾尔顿又打回来了！

我们在电话里交谈甚欢。他告诉我，他在火奴鲁鲁足球场调音时播放了我的小样，其他的合音歌手都不相信我只有13岁。他说，我有一个唱灵魂乐的好嗓子，是他这几年听到的最好的声音，要我继续加油。并且，他还惊喜地发现我的爸爸写了所有的这些歌，并且为我制作了出来。然后我跟他说，歌词都是我妈妈写的。他说："你们简直就是音乐行业的沃尔顿一家人啊！"当时，我不知道他指的是什么，但是我的家人都激动坏了。

一切就是这么开始的。2012年夏天，他邀请我为他在苏格兰足球场举办的演唱会担任开场表演嘉宾。那场演唱会有17 000名观众，并且是在我的家乡举办的。这一切感觉起来都是那么不真实。我有6个月的时间准备，在这6个月里，我非常刻苦地练习。

我记得，试音时，我站在舞台上，感觉自己就属于这里。我一点儿都不害怕，有点儿紧张，但一点儿都不害怕。我已经为了这一刻排练了很长时间，每天、每一分钟，我都在排练，现在，这一刻终于到了。

在舞台上表演的感觉棒极了。人们伴着我的歌曲鼓掌、起舞。这一切简直太疯狂了！后来，回到后台，我看到了乐坛传奇艾尔顿·约翰爵士本人。我来到他的大大的房间，并且在沙发上认出了苏珊大妈！

我们被带进了一个隐秘的里屋，艾尔顿正在那里观看足球比赛。在他的身后，是一张大桌子，上边摆满了成百上千副墨镜。但是，你知道吗？他是我见过的最亲切、最务实的人。他问我感觉如何，仿佛已经读懂了我心中不断膨胀的兴奋之情。他当然知道在舞台上演唱是一种什么感觉，他是在跟我聊天。他给了我一个大大的拥抱，我给了他一个小小的礼物。我知道，他已经拥有了世界上的一切，所以我给他的礼物是一个定制的项链，吊坠就是他标志性的眼镜造型，上边刻着"塔利亚献给艾尔顿的礼物"。他很喜欢这个礼物。他让我的家人也进来，我的妈妈哭了（我知道她肯定憋不住的——在试音时她就哭了）。这一切简直美好得不像话，我不敢相信这一切是真实的！艾尔顿·约翰爵士改变了我的生活，我们都希望这一刻时间能够静止，我们可以多品味一会儿。

我被英国媒体称为"小小的投机分子"，我这个"爆炸头女孩儿"的新闻出现在了所有的报纸、杂志、电视节目中。这一切都是那么疯狂，那么超现实。第二周，我若无其事地回到学校，好像一切都没变。但是，一切都改变了！

一年多过去了，在那场演唱会后，又发生了许许多多的事情。2012 年 6 月 10 日这一天，我知道了，我想要站在舞台上。音乐是我的毕生事业，我愿为此付出一切。

我想要说的是什么呢？**找到你心中的风暴，行动起来吧！不要后悔，因为那是浪费精力。如果你进行了尝试但是没有取得成功，那就去尝试点儿别的东西。**

我的父母给我的中间名取名为"斯托姆"[1]，是在其中寄予了美好的愿望。准备好吧，我正在积聚能量，很快，风暴也会席卷你所在的国家，来到你的身旁！

---

[1] 本作者中间名为斯托姆（Storm），意为"风暴"。

好奇心开启探索之旅

泰勒·阿马雷尔（Taylor Amarel）

泰勒·阿马雷尔6岁起就开始了自己的冒险生涯。6岁时，他搭建了一个控制阅读灯的电子电路，天一黑，阅读灯就会自动亮起。8岁时，他自己组装了一台电脑。10岁时，他学会了电脑编程，并且设计了一款游戏。11岁时，他开始做起了生意，帮别人修电脑、组装电脑。14岁时，他加入了FIRST机器人战队，成为首席软件程序员。他曾连续两年带领Uberbots团队赢得"罗克韦尔自动化创新奖"。15岁时，他作为暑期实习生为当地的一所大医院设计了一个低成本3D成像软件。16岁时，他自立门户开始创业，提交了多个领先的尖端科技方面的专利申请。18岁时，他在一家能源咨询公司担任IT主管。现在，他手头掌握了8项专利，正在一边做各种项目一边打造自己的创业公司Modelyst。

　　年前，我得到了一个宝贵的机会，可以改变世界，帮助人类，利用我在科技方面的专长设计建造一个高性能的医疗成像设备，拯救生命。

此前我在埃文高中的机器人团队 Uberbots 担任首席程序员，当时哈特福德医院麻醉科主任约瑟夫·麦基萨克医生担任我们团队的资深指导，与我有过密切的接触和合作。在我担任 Uberbots 首席程序员的第一年，我们就赢得了"罗克韦尔优秀编程奖"和"德尔菲优秀工程奖"等大奖。麦基萨克医生对我的积极性、专业态度、科技水平非常赞赏，于是他和哈特福德医院邀请当时只有 15 岁的我在医院担任实习生。我无法拒绝这个机会。

我的母亲患有慢性病，由于亲身经历，我深知人们是多么需要获得高质量的医疗服务。通过这个实习机会，我可以设计建造一个低成本的 3D 便携式超声系统，将它推广到世界各地，促进现有医疗程序的完善和提高，让之前无力负担相关费用的病人有机会获得高质量的医疗影像诊断，帮助千万人获得他们所需的高质量医疗服务。做这份实习，我并不是为了填充自己的简历，而是希望以此帮助像我妈妈一样患病的人们。当我的许多同龄人都在学习、家庭聚会、去沙滩玩、休闲娱乐时，我选择了一条不一样的道路。我相信通过这条道路我可以在世界上留下自己的印记。

在进行区域性神经阻滞麻醉的过程中，3D 便携式超声机起着非常重要的作用。此前，为了在麻醉注射时确定臂丛神经（一组神经纤维）的位置，医生得先通过 2D 超声机对臂丛神经进行成像，然后再在头脑中重构臂丛神经的 3D 组织结构图。不幸的是，要在头脑中对神经进行 3D 组态重构是非常困难的。于是，3D 超声机应运而生，但是这种机器非常昂贵，只有有钱人才能用得起。我的目标就是克服这些困难，在现有的 2D 超声机的基础上建造出低成本的 3D 超声系统，以此解决医生们面临的难题。

很多人认为这根本不可能。他们认为高中生不可能完成这样的创新。然而，我早已不是这么做的第一人了。麦基萨克医生此前就在自己的项目中和懂技术、有毅力的高中生合作过。此前四年，他都是这么做的，并且取得了巨大的成功。

但是，即使这样，依然有人对这种做法保持怀疑态度。

回过头来想想看，别人的怀疑根本就没有对我产生任何影响。但是，这并不是因为我很天真，而是因为我相信自己有知识有能力，并且能够将这种知识与能力以别人无法想象的方式发挥出来。

我知道，**只要有决心，再加上有智慧，就能战胜那些空有经验和学位的人。**事实上，人们有种错误的看法，认为"要完成任务就需要此前受过训练"。其实，在当今社会，这种想法是非常危险的，因为，在当下，所有的协议、标准、方法都可能在几个月内就过时了。在历史上，爱因斯坦、史蒂夫·乔布斯、比尔·盖茨等伟大的人物利用自学掌握的技能改变了世界，他们没有在专业机构学习的经历，也没有学位。同样，我带领 Uberbots 机器人团队获得各大奖项的编程技能也是我自学成才的。没人教我编程。因为我充满了好奇，有很强的学习欲望，所以我自学并掌握了编程。虽然我没有工程学学位或医学学位，但是我知道该如何利用自己的能力设计建造低成本超声机。并且，我还知道，我可以和其他业内人士建立联系，获得所需的支持和帮助。我一定会成功。

这种心态和想法为我达到自己的目标——建造低成本 3D 便携式超声机——奠定了坚实的基础。我一个人调研，设计机电一体化系统，对现有的 2D 超声机进行改造，使其能进行 3D 成像。对此，我感到非常骄傲和自豪。这是一个证明我自己的机会，证明我能在工程领域获得成功，并且能帮助到有需要的人们。我设计了一个系统，利用数学原理计算 2D 超声探头的位置和方向，实时根据二维超声图像重构 3D 图像。只用了一台便携的手提电脑、两个网络摄像头、一个很便宜的超声探头，再加上自己强烈的学习、工作热情，我完成了这个项目，全部花费不足 200 美元。

成功完成这个项目后，我有了巨大的成就感。同时，我感到了一种谦恭，我深深地感谢一路上获得的所有宝贵的礼物（时间、金钱、关系），正是有了它们，我才能最终获得成功。我了解患者在经济方面的现实情况，我的目标是利用前沿数学知识、科学、工程技术设计一个能满足医生和患者需要的医疗设备。我成功了！通过这一经历，我证实了一种想法：工程师在社会上扮演着非常重要的角色，他们能解决各种复杂的问题，把世界变得更好。不论经济情况如何，像我母亲一样患有慢性病的人可以接受高质量的医疗服务了。

5个月减掉165磅的决心

米凯拉·恰帕（Micaela Chapa）

米凯拉·恰帕是个19岁的姑娘，她住在加利福尼亚州北部。在斯坦福大学露西尔·帕卡德儿童医院青少年胃健康理事会和减肥门诊的帮助下，她在一年里体重减去了165磅。她计划在下学期继续学业，并且重返水球运动的赛场。她对与海洋有关的一切都非常感兴趣。未来，她想要修读海洋生物学。她的兴趣爱好包括绘画、写作、户外运动。

从小到大，我都不愿意看医生，因为所有的医生都会告诉我体重过大的危害。这让我感觉一切都像是我自己的错误一样。但是，事实上，从小到大，我一直超重。小时候体检时我就超重，10岁时我就已经到了病态肥胖的程度，高中二年级时我的体重超过了330磅。但是，这是因为我的基因，这不是任何人的错。一直以来，打从记事起，我就在不断尝试书上的各种减肥食谱。

为了减肥，我一直都是一个活泼好动、充满活力的孩子。我踢足球、练体操、学习花样滑冰、转呼啦圈、跳踢踏舞……我什么都做。但是，上了高中后我才发现，水球才是我的真爱。

对于我来说，水让我充满了自信。我疯狂地爱上了这个运动，以及与之相关的一切。我很高兴，在水里，体重不再是制约我前进的因素。我可以和其他女生游得一样快、打得一样好。并且，我的体形可以帮助我在运动中威慑住我的对手。因为我的身材，我第一次得到了别人的正面关注，这对我来说是个全新的体验，我感觉非常棒。

但是，即使是在打水球时，我也知道，我的人生中只有两条路：一是接受现状，严重超重，过着不健康的生活，活得相对短一点儿；二是拼尽全力、付出一切，健康起来，过着幸福、长寿的一生（当然，我的生命里一直会有水球）。

意识到这点后，我下定决心，要让自己的生活变得更美好，无论要花多长时间，无论前路有多么崎岖。我和妈妈开始研究各种减肥方法。我们进行了很多研究，后来找到了斯坦福大学青少年胃健康理事会和减肥门诊。我决定申请一种名叫"垂直袖状胃切除术"的手术。

从我第一次到斯坦福进行咨询到最终手术，一共花了差不多一年的时间。其间，为了获得手术资格，我接受了许多测试，受了很多苦。我必须得闯过一关又一关，但是我和妈妈都意志坚定。我接受了很多检查。他们检查了我的心脏、肺部和身体，研究从长远来看我的体重将对我的身体产生哪些影响。我知道，减肥很困难，但是我从来都没遇到过解决不了的难题。

高一时，有几个大学提出让我到他们那里去打水球，这让我更加充满了动力，下定决心一定要取得成功。我一定要实现自己的梦想，我要健康、快乐，去大学里打水球。

斯坦福准备好把我的病例提交给保险公司时，我才发现原来我处于糖尿病前期，患有睡眠性呼吸暂停综合征和高血压。而且，由于我一直都严重超重，我的身体承受了巨大的压力，所以我还得接受膝盖、脚踝、下背部的物理治疗。一天，我在上课时接到了妈妈的电话，她在电话里泣不成声。我的保险公司通过了手术方案，我的手术日期确定了。听到这个消息，我也立刻哭了。我把这个消息告诉了老师，她抱住了喜极而泣的我。

确定手术日期后，我立刻开始全流质饮食，这是我术前准备中要做的最难的一件事。但是，我决心坚定。我对自己要求很严格，决不允许有任何的动摇。我的家人和周围的人吃东西或者享受节日烤肉大餐时，我也完全不为所动。我不能骗自己。我不能和朋友们去吃汉堡，因为那会让我此前的种种努力都付诸东流。我意识到，我们的社会在食物上赋予了浓厚的感情色彩，所有的聚会都是围绕着吃东西展开的。拒绝食物对我来说并不是什么难事，因为我知道那些东西是什么味道，并且我知道那些东西一直都会是那个味道。我没有错过任何东西，因为我之前都已经尝过了。只要一想到减肥后我会有哪些收获，自律就变得很简单。吃流质食物后，我的体重减掉了50磅，手术后，我又减掉了115磅。

很快，我就发现，由于手术切除了我四分之三个胃，我无法摄入足够的卡路里，无法像之前那样打水球了。至少现在还不能。手术5个月后，我搬到学校去住，参加全程训练，但是我很快就发现这只会伤害到我的身体。现在，我每3小时就需要吃一顿饭，这样才能摄取到身体正常运转所需的热量，直到慢慢地，我的胃不断撑大。我有过一段很难熬的时光，只要一站起来就会晕倒，每天都会定时晕倒好几次。那时，我决定，为了自己的身体，在大学第一年里我待在水球队里见习。这样，我就能待在队里，保证我的四年大学资格，同时，这样我也可以有点儿时间保养身体，慢慢地恢复到之前的水平。坐在水池外，看着我的队友训练，这对我来说非常难熬，但是我知道，不论是对我的身体还是我的团队来说，这样做都是最好的。

做手术并不是什么"简单的方法"或者"快速解决方案"。事实上，做手术只是减肥的开始，未来要通过严格的饮食控制和经常性的锻炼才能保证减肥成功。

我变成了健身达人，一有空就去做力量练习，让自己强壮起来。我要一直保持着我的新生活方式，健康饮食，勤做锻炼。5 个月里，我减掉了 165 磅，衣服尺码小了好几个号，我从没像现在这么开心过。

有了这段经历，我知道了，一切都有可能。只要心态好，一切都能实现。如果你想减肥，或者你想对抗其他问题（不论是身体的还是心理的），请记住，你比想象中的自己更强大。

如果你很想获得一样东西，你会发现唯一阻碍你达到目标的其实是你对失败的恐惧。同时，你会发现，如果不失败，你也不会取得成功。尝试多少次、失败多少次都没关系，真正重要的是你重新站起来了多少次、重新振作起来了多少次、重新尝试了多少次。并且，不必非要等到达到目标后再以自己为傲；你所走的每一步都值得自豪。不要因为追求一个梦想要花很长时间就放弃；无论如何，时间都是会过去的。

要想预测未来，最可靠的办法是开创你自己的未来。能决定你命运的只有你自己。

我被自己的公司开除了

普克特·杰斯瓦尔（Pulkit Jaiswal）

普克特·杰斯瓦尔是个 20 岁的创业者，他喜欢解决真实世界里的重要问题。16 岁起，他发明了现存最先进的搜索和救援直升机图像处理技术。在斯坦福大学，普克特协助组装了一种可以实时诊断疾病的设备装置。他现在正在领导一支团队，希望能在明年的高通 Tricorder XPrize 大赛中有所斩获。19 岁时，他建立了交换网站 Swapidy，该网站获得了巨大的收益，他却被自己的公司开除了。此后，他创办了自己的第二家公司 Gliif。该创业公司刚刚获得投资，希望用一种新型的 2D 标签取代现在常用的二维码，以此搭建起沟通数字世界和打印世界的桥梁。

迄今为止，人生中的大部分时间里，我都生活在小小的岛国新加坡。新加坡是一个乌托邦似的国家。然而，虽然法律和秩序都非常完美，但是生活在这个世界上最富有的地方（按人均收入来说），我却没有感到快乐。我意识到，新加坡的乌托邦属性制约了创业精神的发展。从小到大，我是看着《硅谷传奇》这样的励志影片长大的，我对硅谷充满了向往。15 岁时，我决定搬出父母的公寓，开始独立生活。我想做生意，但又不仅仅是为了做生意。我只是想赚钱维持收支平衡。

我是个飞行爱好者。在我父母的车库里，我利用从 eBay 上买到的廉价遥控直升机建造了一个全自动的四轴飞行器。我从朋友那里拿了一个便携式运动摄像机，把它和一个微控制器放在一起使用，这样就可以实时记载和传输飞行中的影像。我还利用谷歌地图设置航路点，这样无需遥控飞机就可以自动飞行。那时候，亚洲飞行圈里还没听说过自主飞行呢。我卖出了 50 台无人控制飞行器，每台价格 2000 美元，赚了一大笔钱。那时，我差不多算是世界上最幸福的孩子了，我赚了很多钱，足够我读完高中。更令我惊喜的是，新加坡国防科学组织与我签订了合同，我进入了人生中的一个新阶段。我写了很多很棒的代码，构建了飞行系统，帮助美国等国家防御外敌。我在很早的时候就找到了自己的所爱。

后来，我搬到了硅谷，在斯坦福大学学习了一段时间，然后加入了一家此前已经失败过两次的公司。这是一家网络商务公司，我想让这个公司活起来、火起来。曾经有一段时间，我们每天平均净收入高达 2000 美元左右。但是，当我正想要进一步大展拳脚时，就在我获得该公司的所有权、取得相应股份前，我却被这家我自己协助创立的公司开除了。被自己的公司开除，感觉上就像是因为过马路前没好好看路而被一辆公交车撞上了。我破产了。但是，回首往事，在现在的我看来，这对我来说未尝不是一件大好事。我重获自由，回到原点，可以去做自己最擅长的东西，解决世界上存在的真实的、重要的问题。如果我没有引起麻烦，那是因为我做的事还不够伟大。我重新加入了之前的公司 mLab，希望通过对病毒进行实时诊断掀起现有医疗诊断行业的革命。此外，我还在 Gliif 担任首席科技官，该公司正在努力革新二维码，以期为个人和企业客户提供更好的替代服务。在我加入 Gliif 后的第一周，该公司就收到了首轮投资。对我来说，这可真是时来运转。

我经历过失败，也经历过背叛，从中我积累了很多经验教训。其中，我学到的最重要的一课就是：**追求对你来说毫无意义的目标是对时间的巨大浪费**。我学到的第二点是：**合办公司就像是结婚一样。你和你的合作伙伴不能只在工作场合合作愉快；工作之外，你们也得是好朋友**。别让你和你的合作伙伴之间产生嫌隙。第三点是：**最好摘的果子也是最苦的**。如果一个行业有利可图，已经挤满了上百个竞争者，那就不要进入这个行业。由于竞争太过激烈，一般来说你是无法取得成功的。第四点是：**不要总想着争取用户，你也得想想看怎么才能产生利润**。特别是在硅谷，由于创业公司在创收方面表现疲软，现在已经很难找到投资者了。现在，我们"必须"先创收，才能获得可观的投资。第五点是：**不要患上一种叫作"产品近视症"的疾病**。这个病的症状是：企业创始人过于关注产品，忽略了公司的愿景。他们好像忘记了自己的大目标，一直在产品的验证阶段不断拖延。你应该先生产出来MVP，先去市场上检验自己的产品。然后，一定要在那之后，再去考虑如何让你的产品看上去更漂亮。

我从没想过我能在被自己的公司开除后的一周内就加入一个新的创业公司，并且获得25万美元的投资。我之所以能取得这样的成功，是因为我持之以恒。生活中充满了转变，未来是无法确定的，但也是令人兴奋的。我想给你的最后一条建议是：与比你聪明的人一起合作（但是尽量不要告诉他们这一点）。在我们这个年纪，我们的目标不应该是尽快赚到一大笔钱，我们应该构建有意义的关系网络。钱会有的。如果你认识了对的人，工作努力，到那个时候，你赚的钱会比现在多得多。如果你认为自己是屋子里最聪明的那一个，那么，是时候离开这间屋子了。

把握当下。

我呆萌，我骄傲

佩奇·麦肯齐（Paige Mckenzie）

　　佩奇·麦肯齐是个小明星，她是 YouTube 热门网络剧《阳光少女惊魂记》（*The Haunting of Sunshine Girl*）的主演。一开始，这只是一个很简单的"女孩住进了鬼屋"的故事，后来却渐渐发展成为包括僵尸、鬼魂、大脚野人和许多阳光笑料在内的多集网络剧！《阳光少女惊魂记》一剧中充满了正能量、幽默感，还有吸引人的惊悚元素，凭借该剧，佩奇以其独特的呆萌风格吸引了全世界大量的年轻观众！16 岁时，佩奇（和她的妈妈女演员梅赛德斯·罗斯、制片人尼克·哈根一起）创办了影视制作公司 Coat Tale Productions。好莱坞知名制作公司温斯坦公司现已计划将《阳光少女惊魂记》发展成为一套系列丛书，并制作一部（或两部）电影！生活中，佩奇是个小巧可爱的女孩，张口就是电影台词。

如果你以为所有演员都是媒体上见到的那样的话，那么我可能会是你见过的最奇怪的人。我不喝酒，不参加派对，不追求男孩。事实上，我喜欢追鬼！我是那种宁愿宅在家里而不愿去逛街的人（虽然我承认我喜欢购物……毕竟，我还是个女孩子！）。

小时候，我经常出演电影、电视，也经常在我的故乡俄勒冈州波特兰市的广告中露脸。但是，14岁时，这些机会消失了。大部分影视作品都会找18岁（或者18岁以上）的演员扮演这个年纪的人，因为他们能工作的时间更长，他们不用边拍戏边上学。16岁时，我厌倦了等待，决定自己创造表演机会！我和我的妈妈以及一位导演朋友一起，拍摄了YouTube网络剧《阳光少女惊魂记》。现在，三年过去了，这个剧积攒了非常高的人气，逐步发展成了包括其他系列和故事线的大型剧集。

我喜欢自己正在做的这件事。我喜欢和妈妈一起工作，我喜欢成为新锐娱乐业的一部分。并且，我很高兴一路走来我能学到那么多，我加深了对自己的了解，知道了如何才能梦想成真。我喜欢与那些想实现梦想的人分享我学到的这些东西。当然，我的梦想是在演艺事业方面的，但是我的以下建议也可以应用到其他任何领域中去！

你可以说，我很积极、向上、随遇而安。对此，我表示赞同（虽然我更喜欢"呆萌"这个词）。你可以说我目前取得了一定的成功，这没错。但事实上，我只是一个十几岁的女孩儿，我不仅有梦想和目标，而且付出了实际行动实现我的梦想。我可能不是现在媒体上、流行文化中常见的那种"傻白甜"姑娘，但是我可以很骄傲地说，我就是我自己，并且正是因为如此，我对许多人产生了积极的影响。我呆萌，我骄傲！

我的第一条建议是：做能让别人仰视的人。对青少年产生重大影响的人应该拥有令人敬佩的生活方式，能够鼓励他们朝个性化发展、激发他们的创意，对他们在各个方面产生积极的影响。这一点很重要。我所做的工作让我每时每刻都生活在公众的关注中。其中，最令我感到惊喜的是，我的粉丝认为我能引起他们的共鸣，是他们的榜样。我收到了成千上万条信息，这让我意识到很多年轻人都很敬佩我。因此，我很乐意做我自己。我不仅接受作为榜样的责任，并且热情地拥抱了这种伟大的责任。

第二点令我受益的建议是：不要等。如果你要等到"时机成熟"再去追求自己的梦想，很可能你永远也找不到这样的时机。现在就是最好的时机。所有人都能坐在那里，计划着统治世界、称霸银河，但是如果你不迈出第一步的话，这一切只是空谈。梦想只是让你起床并行动起来的动力。如果仅仅"梦想"着成功，没人能真的取得成功。

忠实于自己的品牌，这是关键。在你拥有自己的"品牌"之前，其实在周围人的心目中，你已经有了自己的品牌和身份。一直以来，我都知道自己是个可爱的女孩子，经常引用电影台词，喜欢待在家里做手工，所以，不论我做什么事，我都会确保我的"呆萌"品质表现出来。找到那个令你与众不同的东西，并且接受它吧！如果在做各种事情时你不是真实的自己，那么你又是谁呢？

认识你的观众。你应该知道什么类型的人会对你提供的东西感兴趣，并以此为根据做出调整。对我来说，我知道我的大部分观众是青少年。话虽如此，但是你也不能认为除此之外就没有别人对你感兴趣了。我认识到，要相信自己的直觉。不要因为那些令你失望的小细节就忧心忡忡。跟着你的感觉走！很有可能的是，你已经走出去很远了，你的本能也还没有把你害死。因此，不要害怕失败，按照你所坚信的做下去。担心、忧虑只会让你找借口不去实现自己的梦想和目标。

在这些简单的准则的指引下，我来到了现在所处的位置，并且感到非常快乐。每一天都有新的事情发生，我迫不及待地想要看看这场冒险下一步会把我带到哪里去。但是，更重要的是，我希望我的故事可以对其他想要实现梦想的人有所启发。作为人类，我们有很大的潜力。我们只需要把这些潜力转化成积极的能量，并且利用这种积极的能量做出非凡的事业！

永远不要停滞不前

玛利亚·斯皮尔斯（Mariah Spears）

　　玛利亚·斯皮尔斯是个20岁的舞者。2013年，她成了福克斯电视台《舞林争霸》节目的20强选手。在此之前，她从两岁起开始学习舞蹈，有过许多与舞蹈相关的经历。她最擅长跳的是小丑舞，此外，她还学习过芭蕾舞、爵士舞、现代舞、踢踏舞、莎莎舞。她现在是查普曼大学的一名学生，专业是生物医学工程，此外她还作为舞蹈教练教别人跳舞。

　　害怕，恐惧，孤单。这就是我第一次上舞蹈课时的感受。第一次踏进舞蹈教室时，我非常紧张，透过教室的窗口，我看到妈妈在外边哭泣。但是，当我开始伴着《小美人鱼》的乐曲蹦蹦跳跳后，我立刻就爱上了舞蹈。当然，在那个时候，所谓舞蹈就是到处蹦来蹦去并冲着妈妈挥手——我的妈妈一直在舞蹈房外透过窗户看着我。后来，我对舞蹈的热爱逐渐发展，渐渐地，我不光是蹦蹦跳跳、冲妈妈挥手了，我开始上芭蕾舞、爵士舞等更有技巧性的课程。

　　第一节芭蕾舞课上，我非常紧张害怕，就像我第一次上舞蹈课一样。那些比我大的女孩子穿着粉色的紧身袜和黑色的紧身衣，看上去是那么有天赋。第一节课上，我尽了自己最大的努力，但是仍旧表现得一塌糊涂。我的身形不适合跳芭蕾。作为一个芭蕾舞者来说，我长得太壮了、太矮了，并且我还是严重的内八字脚。虽然当时只有8岁，但是我已经清楚地意识到了我不擅长这种舞蹈类型。不过，我没有放弃。这节课结束后，舞蹈老师找到了我的妈妈，告诉她我应该现在就退出，因为我根本不可能练好舞蹈——老师认为我应该去踢足球。

但是幸运的是，对此，我的妈妈嗤之以鼻。她让我继续上舞蹈课，因为我喜欢舞蹈，这才是最重要的。在此，我要解释一下：小时候，我可以算是世界上最差劲的舞者了。我肢体不协调，没有舞蹈天赋，但是我每个晚上都会练习至少一小时。我的努力没有白费。随着时间的推移，我越跳越好，渐渐地开始在舞蹈比赛上斩获佳绩——之前我得的一直都是参与奖。我不断提高舞蹈技巧，并不是因为我喝了什么魔法药水，突然间变成了更好的舞者，而是因为我不断逼迫自己努力练习，我不允许自己停滞不前。永远不要停滞不前，停滞不前是一件非常恐怖的事情。如果停滞不前，你就会对现有的状况感到自满。而这一路走来我所学到的是，**成功的关键不是做到最好，而是不断逼迫自己，成为最好的自己。**如果这样的话，每天早上醒来，你都会比过去的自己进步一点点。

经过十几年的辛苦努力，19岁时，我成为福克斯电视台《舞林大会》栏目的全国前20强。对我来说，这是一个向世界证明自己的机会，我用实际行动证明了没有什么是不可能的。这份经历让我收获了很多。在节目录制期间，我并不知道自己对别人产生了多大的影响。但是当我走在街上时，我遇到了一些人，他们与我分享了自己的故事：他们不再继续跳舞，因为别人说他们跳不好。在节目中看到我的成功后，他们燃起了希望，又重新开始了舞蹈生涯。

很多时候，我都怀疑自己在舞蹈方面是否有发展前景。我在大学学的是工程专业，而不是舞蹈专业。现在，我意识到，如果你足够热爱某一样东西，这种力量是非常强大的，热爱的力量会把你带到你想去的地方，因为其他人也能看到你对这个东西的热爱。无论你爱的是舞蹈还是会计，人们会看到你的热情，人们会愿意与你合作，人们会愿意帮你，因为他们知道你在做这件事情的时候也会很尊敬他们。

关于这段上电视的经历，我可以滔滔不绝地讲个不停，这段经历非常棒，我从中学到了很多很多。但是不论在哪一行哪一业，其实一切都可以总结为以下几点。一，你喜欢自己正在做的事情吗？如果不很喜欢的话，为什么要去做呢？这是浪费时间。到头来，你可能会有很多钱，但是你不会觉得快乐。二，你是否在努力奋斗、不断前进？如果别人看到你很努力，并且你很善良，他们会愿意与你合作的。如果他们喜欢你，他们会把这一点告诉其他人，然后就会有人愿意聘用你或者帮助你。三，关系非常重要！如果你给一个人留下了不好的印象，到头来这个不好的印象会传递给十个人，甚至更多人。你的名声是非常宝贵的，你要用生命捍卫自己的名声！

做你爱做的事情，不忘初心，因为没有任何人能够夺走它。最后，快乐才是成功的关键。

三把通向成功的钥匙

泰妮·安格拉·弗里曼（Tyné Angela Freeman）

泰妮·安格拉·弗里曼弹奏巴拉圭竖琴、自学日语、在达特茅斯学院读书，并且是一个专注的歌者和词曲作者。2013 年，泰妮发行了一张包含 7 首原创作品的公益唱片，以支持全国失踪和受剥削儿童中心（你可以在 iTunes 上找到这张唱片）。她在南卡罗来纳州举办了一场慈善演唱会，发布该唱片，电影《歌舞青春》的主演莫妮克·科尔曼出席了该场演唱会。此外，她还先后两次参加了格莱美夏令营，该音乐主题夏令营由格莱美基金会主办，每年挑选一部分有才华的年轻人参加。2012 年秋天，她受邀来到制作了多张白金唱片的王牌音乐制作人罗德尼·詹金斯的工作室（贾斯汀·比伯、碧昂丝、肯妮·贝儿等是这里的常客）录制歌曲。2013 年，她入选了最负盛名的 YoungArts 大赛全国总决赛名单（10 000 名申请者，150名决赛选手）。此外，泰妮还接受过包括《Seventeen》杂志、《商业杂志》在内的多家媒体的专访。

如果你像我一样对音乐痴迷的话，你一定知道，作曲时最重要的就是定下音调。音调决定了整首歌中会出现哪些音阶和音节，并且还决定了整首歌的情绪。

如果你不是音乐方面的专家，至少你之前也开过车或住过房子吧。开车或住在房子里时，你需要有一个小小的但是非常重要的金属器具，这样你才能进入其中。

如果以上这些你都没有经历过，也许你很喜欢玩电脑吧。我正在用来打字的电脑键盘就非常奇妙，小小的键盘只有三四十厘米宽，却能创造出来许多非同凡响的东西。

不论你对以上哪个例子感同身受，通往成功的钥匙[1]就在你的手边。**过去的一年里，我的生活充满了渴望、发现和机会。我把它们看作三把不同类型的钥匙，每把钥匙都能助我达到最终的目标。**现在，我正处于为期一年的间隔年的尾声，准备在今年秋天进入达特茅斯学院读大一。一年前，我被自己梦寐以求的大学拒绝了。我现在还记得那时候自己心中的失望之情。那时的我根本想象不到，此后的一年里，我会获得创业基金，在金牌制作人的工作室录歌，接受《Seventeen》杂志的专访。

对于所有的这些经历和机会，我心怀感恩。虽然我现在才刚刚起步，但是我已经学会了许许多多，并且希望能在某种程度上鼓励你。

渴望

确立目标是一件非常重要的事，就像写歌的时候要先决定好音调一样。你必须知道自己是谁，知道自己有朝一日想取得怎样的成就。然后，你就要相信自己！下定决心，要在失败和挫折中学习。不要被批评的声音打倒，它们应该让你更有

---

[1] 音调、钥匙、电脑按键的英文表达均为"key"。

动力、更加坚强才对。你要有意地离开自己的舒适区，做一些牺牲，为了自己的目标去冒险。

我到现在还记得，我是怎样吞吞吐吐地向朋友解释自己那个非传统的网络创业理念的。并且，我到现在还记得，我是班里少数几个想进入常春藤盟校的学生。我矢志加入布朗大学。虽然我被布朗大学列到了"等待列表"中，但是我决不放弃，希望尽自己最大的努力改变最终的录取结果。虽然付出了很多，但我还是没能成功。我还记得，我得告诉老师、朋友、家人，我决定当年秋天不去上大学，我要度过一个间隔年。

说实话，那个时候一切都非常艰难。在我所处的社群里，我所走的这条路并不寻常，所以我引起了很多人的关注。我开始觉得我一定要进入布朗大学才能证明自己的雄心壮志并非徒劳。人们有很多问题，然而，对于这些问题，我并不总是有正确的答案。我知道，自己很可能会被拒绝，但是我仍然抱有美好的希望。布朗大学拒绝我时，我非常难过。我的目标很高，却失败了。在失望中，我投身到音乐的世界。这一年结束时，我被选中在毕业典礼上演唱自己的原创歌曲。我入选参加了格莱美夏令营，这是一个在洛杉矶举办的音乐夏令营。这两个经历帮助我在艺术上有了长足的进步，进一步坚定了我对音乐的热爱。我还在一个全国范围内的公益创业大赛中提交了自己在音乐方面的创业项目计划，并且进入了决赛。我来到了首都华盛顿，向大赛组委会介绍我的理念，最后得到了两份启动基金。

虽然我被我最心仪的学校拒绝了，但是我知道自己的潜力。我知道自己的爱好，知道自己的目标。这让我有勇气继续努力，把一切都投入新的挑战中。申请大学时我可能还不够成熟，但是现在我知道了，被布朗大学拒绝对我来说只是一个转折。我不能让这次失败的经历定义自己，我不会因此就认为自己不够好。我知道，这一切都是时机的问题，我要满怀信心不断前进。

发现

实体的钥匙（我经常弄丢）可以打开实体的门。但是生活中还有些更重要的钥匙，可以释放并点燃你心中的潜力。

在我从小长大的南卡罗来纳州，我只申请了一所学校，因此根本就没指望会在我的家乡再待上一年。在决定给自己一个间隔年之后，我想到海外旅游，或者在纽约、洛杉矶等大城市实习。我很确定，这些经历一定能改变我的人生。但是，当我有机会再在南卡罗来纳待一年，我也对此表示感激。我在当地的一所音乐学院申请到了一个实习机会，并且决定接受这个实习岗位。

激情与天赋在心中。我知道，无论身处何处，我都要尽可能地把握机会、创造条件。我不断朝着自己的目标努力，一路上碰到了很多宝贵的机会。**不论多艰苦，我们都应该有目标，这非常重要。但是，更重要的是，要保持开放的心态。**有些时候，我们制订好的计划可能会无法如期开展。我们需要明白并接受这样一个事实：每一段经历都会塑造我们，带领我们不断向前。很多情况下，我都秉持着这样的信念。事实上，我现在也怀抱着这样的信念。成长是循序渐进、不断进行的。现在，我还在学习着把一路上遇到的每个事件看成一个好机会，我知道它们终将把我引向我的目的地。

这一年来，作为个人，我也在不断成长。由于此前的经历，我进一步深入挖掘，更好地认识了自己和周围的世界。我不断维护、巩固生命中那些对我来说至关重要、不可或缺的关系，并且与一些意想不到的人建立起了关系。在参加了一次在纽约举办的泰尔峰会后，我成为泰尔基金会20岁以下社群中的一员。这个社群非常棒。最近，我参加了泰尔基金会在旧金山举办的峰会，并受邀在那里进行了表演。这一年里，我还参加了一个叫作"YoungArts"的全国性艺术赛事。差不多10 000个人参加了这个比赛，而我有幸成为150名决赛选手之一，有机会飞往佛罗里达州的迈阿密。在那里，主办方精心策划了"YoungArts 周"，这是一个无与伦比的创意体验，在这一周里，我们表演、上大师课、进一步钻研自己的技艺。在每一个活动里，我都遇到了很多志同道合的人，并从中深受启发。

冬天时，我有幸获得机会录制并发行了自己的首张慈善唱片。去年 8 月，我们社区的一个 15 岁的女孩儿不幸走失，这个事件令我深有感触。为了表示对全国失踪和受剥削儿童中心的支持，我制作了这张唱片。这张唱片里有我创作的 7 首歌曲，现在可以在 iTunes 上找到它了。为了发行唱片，我举办了一场慈善演唱会，电影《歌舞青春》的主演莫妮克·科尔曼出席了该场演唱会。演唱会举办前几个月，我赢得了一个为某国际化妆品牌演唱主题曲的机会，因此认识了莫妮克。我在出品了多张白金唱片的王牌音乐制作人罗德尼·詹金斯的工作室录制歌曲，贾斯汀·比伯、碧昂丝、肯妮·贝儿等都是这里的常客。

这一年的经历告诉我，只要你愿意，生活会不断向好的方向发展。那个时候，我没被布朗大学录取，感觉天都塌下来了。但是，我很快就意识到，其实一切并没有结束，我还有很多其他机会。我第一次一个人周游了全国，花时间学习自己感兴趣的东西，不断萌生新的想法，进行了很多有趣的尝试——比方说弹巴拉圭竖琴。整体来说，我的间隔年经历让我对生活燃起了更大的热情。这段经历让我对自己一直以来拥有的所有东西充满感激。

机会

充满机会的世界就在我们的手边。无论是当我弓着腰在键盘上写商业策划案时，还是当我在舞台上敲着钢琴键即兴创作时，机会都在我的指尖。我的钢琴上有 78 个键，电脑键盘上有 66 个键（是的，我数过）。虽然键的个数不多，但是从中产生的可能性是无限的。

我一直都知道，我非常幸运，我拥有追求梦想的自由，能够不断发展，并且对自己的目标满怀坚定的信念。受邀写作自己的故事、参与这个项目对我来说也是一种荣誉，我从中也受到了许多有益的启发。并且，我很感谢一路上陪在我身边的每一个人，感谢那些让我的旅程更加愉快的过路人。

回首往事，我惊叹于现在与我曾经期待过的未来是多么地不同。但是，我知道，生活之美就蕴含于这种不可预知之中。过去的一年里，我真正地学会了如何拥抱未知。现在，这一年就要结束了，我要进入下一个阶段了，我的心中充满了感恩和对未来的期待。确实，我们无法预测未来，也没有什么计划是完美无缺的。失败经常发生，不可避免。我现在仍然经常受挫，经常令自己失望，我仍然总是做出错误的决定。但是，只要我不断前进，我就感觉到一切都在逐渐明朗起来。

即使是现在，当你正在翻着这本书阅读时，你的手中也掌握着这把能促使你不断向前的钥匙。

我知道，与未来的漫长岁月相比，我过去一年中的经历其实只是很小的一部分。生活是一首绵延不绝的歌曲，一场永不落幕的合唱。为了不断发展前进，我要把精力投注到正确的地方。因此，**你必须了解你自己，知道拥有一个目标的重要性。让激情推动你不断向前，让无尽的可能性不断鼓舞你进步。**我们内心的力量是非常巨大的。你要花点儿时间提升你自己，认识你自己。让你的内心强大起来，认识到态度的重要性，并且要记住，犯错只是在前进道路上走上了另一条替代线路而已。

钥匙里蕴含着无限潜力，而钥匙就在你的手中。好好使用这把钥匙，做你自己，坚定自己的目标。好好使用这把钥匙，点燃你的激情，释放你的潜能。好好使用这把钥匙，不断前进，告诉你自己：即使那些看上去不正确的音符最终也能成为美妙乐曲中的一部分。

然后，放起音乐来，享受你的旅程吧。

几百个孩子如何拯救了几千只动物

洛乌·韦格纳（Lou Wegner）

　　洛乌·韦格纳是个小有成就的青少年演员，参演过尼克国际儿童频道的电视剧《霹雳双胞胎》、克林特·伊斯特伍德主演的电影《曲线难题》、ABC 电视台的热门电视剧《摩登家庭》等知名作品。对于一个年轻人来说，他在影视方面取得了非凡的成就，但是迄今为止他最大的成就还是在救助被遗弃和濒危动物这一方面。14 岁时，他创办了公益组织 Kids Against Animal Cruelty（KAAC），在他的努力下，该组织不断壮大，现在已经有了超过 50 000 名会员，并在全国范围内设立了 15 个由青少年领导运营的分会。KAAC 的会员们积极提倡在各个方面保护动物，他们禁止宠物商店销售来自犬只繁育场的小狗、关闭动物收容所里的毒气室、拯救西部野马、保护美国的西部边疆。洛乌和他的非营利组织还致力于对同龄人开展教育，教他们对自己的宠物负责。现在，在各方面力量的协助支持下，KAAC 成了美国发展最快的动物权益保护组织。

从小到大，我的身边一直都充满了动物。我的妈妈黛安娜·麦克尼尔·韦格纳就是个狂热的动物爱好者，在她8岁的时候，她就给理查德·尼克松总统写了一封信，反对在狗粮中使用野马肉作为原料。小时候，我的家里收养了很多流浪狗，家中的墙上挂满了我的父母和老虎、鲸鱼、濒危海龟的合影。

我3岁时，我的父母就把我送到了位于俄亥俄州哥伦布市的杰克·汉娜暑期动物园夏令营。在那里，我对我们所处的这个广大世界有了许多亲身的体验，并且认识了很多动物（如某些品种的犀牛、大象、老虎，和其他所有那些正在慢慢灭绝的动物）正在这个世界上挣扎求生。在那里，我学习到了什么是保护、环保、循环利用、责任、担当。当时我还不知道，在动物园里度过的这8个夏天对我的人生产生了多么大的影响。**在对待彼此、对待动物、对待地球的过程中，在理解人类、动物、地球的关系的过程中，善良是最基本的要素。**

在动物园里度过了8个夏天后，我的父母又把我带到了另一个完全不同的世界，此后的两个夏天，我来到俄亥俄州野生动物中心的康复中心，在那里参加了夏令营。看到这么多野生动物受伤、中毒、被枪击中、被杀，我的心里非常难过。浣熊、负鼠、鹿、郊狼、鹰、猫头鹰、臭鼬、土拨鼠、蛇——我们关心所有这些动物。这些动物都是有价值、有感受的，它们应当受到保护，得到人类的平等对待。我永远也忘不了自己第一次见到一只名叫"希望"的郊狼时的场景。她再也无法回到野外了，因为她已经对人类太熟悉了。她一点儿都不怕人，而这一点在野外环境中是非常危险的。我很喜欢"希望"。她喜欢人类，喜欢和人一起玩。人类已经杀死了很多只像她一样的小狼了，但是人类的善良也拯救了她的生命。

14岁时，我离开了俄亥俄老家，来到加利福尼亚，决定在好莱坞谋求发展。当时我还不知道，这令我的人生方向产生了意想不到的转变。

我参演的首部电影的导演凯莉·布瑞尔注意到，在我的简历中有救助动物这一条。我没什么演戏经验，于是在简历中写上了自己对动物的热爱，希望能因此获得更多的表演机会。这个方法很管用。我在这部电影中赢得了一个角色。在导演看来，一个14岁的孩子能关心动物救助问题，这是非常厉害的。她问我是否在洛杉矶当地的动物收容所做过志愿者。我没做过。后来，我得知在鲍德温帕克市有一个动物收养活动，于是我申请到那里做志愿者。这次经历永远地改变了我的一生。

我记得，到达动物收容所后，我看到的第一个场景是：那么多人抱着宠物在门外排起了长队。我慢慢地从人群中走过，尽量不去盯着这些人看，但是我真的很想知道为什么他们会出现在这个地方。

收容所所长兰斯·亨特先生带我到收容所里边转了一圈。我所看到的一切都令我感到痛心不已。我没想到会在这里看到那么多哭泣、惨叫的小狗。我没想到会在这里看到动物的安乐死——动物们排着队被执行安乐死。这里边有猫、兔子、爬行动物，甚至还有一匹马。亨特先生告诉我，收容所已经满了，门口那些排队的人都想着要把他们的宠物送进来呢。他们有的是不想养宠物了，有的是没有能力继续照顾自己的宠物了。有新动物进来，就意味着原来的动物必须得离开（这还不包括动物管理部门捡来的流浪动物）。动物收容所满了。我惊呆了。动物们"必须离开"……我的心沉了下去。

人们出于很多种不同的原因抛弃或弃养动物：嫌动物吵闹、嫌动物乱咬东西、嫌养动物太贵、嫌动物年纪太大了、嫌动物不活泼、嫌动物太活泼、嫌动物怀孕了、房子被收走了、要搬家了、动物主人去世了、兽医费用太高了……全国和各个城市的动物收容所都在超负荷运营。动物管理部门捡来流浪动物，收养人们不要的宠物；他们要关心这些动物，然后等收容所没地方的时候还要给这些动物实施安乐死。他们的工作开展起来非常困难，而且往往不被世人理解。

每年都有千万只宠物死去。千万只……

离开动物收容所时，我知道，我必须要做点儿什么，我应该把我们这一代人组织起来，共同保护动物。通过教育和信息共享，我们可以减少虐待动物的行为，为这些动物创造一个更美好的未来。我知道，动物并不是我们可以随意抛弃的，我们应该更尊重它们。

我和几个朋友一起在街道上挂起了标语："从当地动物收容所收养小动物，拯救动物的生命，对动物负责，为动物做绝育。"我一直在鲍德温帕克市的动物收容所里做志愿者，收容所所长兰斯·亨特和其他志愿者们给了我很多指导和帮助。后来，在一个朋友的建议下，我们决定更进一步，通过社交媒体宣传我们的动物保护活动。

2010 年夏天，Kids Against Animal Cruelty（KAAC）在 Facebook 上诞生了。创始之初，这个组织里都是我的几个好朋友和我的父母。我们的口号是："我们是保护动物权利的骑士，我们为所有动物的权利而战。"我们的标志是：一个盾牌，两把宝剑。我们的目标是：拯救尽可能多的动物，为它们找到永久的家园，终结对动物的虐待。

KAAC 的 Facebook 主页取得了巨大的成功。现在，我们已经在全国范围内设立了 16 个完全由青少年领导运营的分会。2014 年年初，我们的分会还将在比利时、希腊、尼泊尔建立起来。KAAC 现在有了 22 000 多名会员，在世界各地有超过 50 000 个合作伙伴。

KAAC 的青少年志愿者们在动物收容活动中进行志愿服务。我们分享信息，教育人们要对宠物负责，唤起人们对动物虐待问题的关注，引导人们关心全世界的濒危动物。我们与动物收容所、动物管理部门、动物救助志愿者们密切合作，为动物们找到安全、永久的家园。

人们经常问我 KAAC 是什么意思。这时候，我总是会讲起小狼"希望"的故事，讲到人类的善良和关爱是如何拯救了她的生命。我们正在做的就是：对人、对动物、对地球永葆善良。

一次一幅画拯救海湾

奥利维亚·布莱（Olivia Bouler）

奥利维亚·布莱从小就是一个狂热的鸟类爱好者，听说了2010年墨西哥湾漏油事件后，她流下了热泪。她知道，这样的话鸟儿们就要受苦了，于是她给奥杜邦协会写了一封信，在信中她提出了一个筹款方案：对于每个捐钱资助野生动物保护事业的人，她会画一只鸟相送，她的目标是画500只鸟。这一方案获得了热烈的反响，奥杜邦协会筹集到了20多万美元的善款用来帮助墨西哥湾地区的野生动物，并且有超过31 000人订阅了她的Facebook主页"奥利维亚的鸟儿"。CNN、《今日秀》、CBS晚间新闻、《拉里·金现场》、《人物》杂志、迪士尼"改变的朋友"等多家新闻媒体报道了她的故事。一路走来，奥利维亚收获了很多荣誉和奖项，她获得了"奥杜邦环境保护艺术家"称号，并且获得了白宫颁发的"勇于改变"奖，得到奥巴马总统的接见。2011年，奥利维亚创作了《奥利维亚的鸟儿：拯救海湾》一书，并亲自为这本书画了插图。现在，该书已经进行第二次印刷了。目前，奥利维亚才上高二，她正在创作一本绘本小

说，并且经常到全国各地进行演讲，鼓励青少年爱护鸟类、保护鸟

类家园。当然，有机会的话，她还非常喜欢观察鸟类。

从小到大，我都对鸟类充满了热爱，并且非常欣赏美籍法裔画家约翰·詹姆斯·奥杜邦[1]和美国作家蕾切尔·卡森[2]的作品。奥杜邦的画作展示了鸟类之美，卡森的作品《寂静的春天》则让人们意识到了使用DDT（一种残害鸟类的化学物质，令秃头鹰几近灭绝）的巨大危害。他们的事迹都告诉我，即使在年轻的时候，一个人也可以利用其独特的天赋为改变世界做出贡献。

2010年4月，我在电视上看到，很多人在拯救身上沾满了石油的鸟类。我从新闻播报员口中得知，墨西哥湾一处石油钻井平台发生爆炸，11个人和成百上千只动物在这场事故中遇难，490万桶石油流入了海水中。英国石油公司（BP）漏油事件成为人类历史上最严重的环境灾难。

受到我最爱的两个环保艺术家的启发，2010年5月3日，我发起了一个名叫"奥利维亚的鸟儿：拯救海湾"的活动。我的想法非常简单：对于每个捐钱给奥杜邦协会等环保组织用以资助野生动物保护事业的人，我都会画一只鸟相送。绘画是我表达感谢的方式，我要感谢所有那些帮助保护鸟类的人。

我利用社交媒体宣传推广我的项目。在送出了前500幅原创绘画作品后，我的这个项目获得了《美国在线》的关注。他们与我合作，组织资金筹募活动，把我的绘画作品送给捐款者。很快，我与迪士尼"改变的朋友"项目合作，向成千上万个孩子宣传推广保护动物栖息地的知识，帮助他们意识到保护环境的重要性。

我从来都没想到过我们能为墨西哥湾环保事业筹集到超过20万美元的善款。

---

[1] 约翰·詹姆斯·奥杜邦：美国著名的画家、博物学家，他绘制的鸟类图鉴被称作"美国国宝"。
[2] 蕾切尔·卡森：美国海洋生物学家，她的作品《寂静的春天》带动了美国乃至全世界环保事业的发展。

但是，差不多一年前，我们做到了。我们用这笔钱建立了一个志愿者中心，支持志愿者们来到密西西比州的莫斯波因特拯救深受漏油威胁的鸟类。

这么小的一个想法却产生了这么大的影响，这确实令人难以置信。但是，其实，只要有激情，有想法，愿意与别人分享你的天赋和才华，你就能让世界变得更美好。

17 岁的科学家

瓦妮莎·雷斯特雷波·席尔德（Vanessa Restrepo Schild）

　　17 岁时，瓦妮莎·雷斯特雷波·席尔德有了一个构想：将洪水中过剩的水资源从深受洪涝灾害之苦的地区中抽取出来，对其进行回收利用，为世界各地提供水能。她野心勃勃地来到网络的世界里，最后发明了一种新的生物技术。在她最终发布自己的发明的前一天，她对自己发明的这项技术进行了最后的修改和完善。当天，她接受了来自当地和全国多家电视台的采访。当地和全国新闻媒体纷纷报道了她的故事，此后，她受邀参加了全国科学大会，并在伊比利亚美洲数字城市会议中介绍了自己的项目。之后，她公布了自己的第一项专利，进入了安蒂奥基亚大学，在露西娅·艾特合图亚教授（当地知名科学家）的指导下学习生物技术。她获得"青年科技天才女性"称号，被 Start-Up of You 基金会选为"国际学生领袖"，在剑桥生物技术圆桌会议中被选为哥伦比亚代表，并受邀担任哥伦比亚凯洛社团的主席。在哥伦比亚，她获得了"30 个 30 岁以下杰出青年"称号。

读小学和中学时，从早上第一声铃响到下午 3 点钟放学，我在教室里度日如年。我安静地坐在椅子上，看着讲台前老师正根据学生们的"平均水平"传授知识，从中什么也学不到。如果我们没机会把学到的原理实际应用起来的话，我们干吗要死记硬背记住它们呢？班级里的"平均"水平究竟是怎样的呢？

但是，无论如何，因为我还小（法律规定儿童必须待在学校里），我只能在课堂学习之余努力自学。我涉猎了心理学、英语、艺术等多门学科，最终发现自己真正热爱的是科学。我希望能利用自己学习到的科学知识解决社会上存在的现实问题。

我在哥伦比亚的安蒂奥基亚长大。在我的脑海里永远铭刻着这样的回忆：一个小女孩和妈妈在街道上走着，妈妈提醒小女孩要把脸蒙起来，因为这样才能不吸入汽车尾气。我所在的国家并不注意环保，在技术创新方面也非常落后（哥伦比亚的 GDP 常年保持在 3870 亿美元左右，还不及苹果公司的估价）。但是，我记得，从很小的时候开始，我的心中就充满了疑虑，为什么这些汽车能这样污染我们的环境呢？为什么我们的空气这么差呢？我希望自己能用科学来解决这些问题。

我看了很多书，在网上查阅了很多资料，读到了 T. S. 艾略特写的这样一段话：

> **我们不应该停止探索，**
>
> **我们一切探索的目的，**
>
> **都是回到我们出发的地方，**
>
> **然后第一次将它认识。**

于是，我下定决心要在课堂内外不断学习，探索科技领域，以科学为工具解决现实的问题。

十年级时，我很幸运地上了一节科学课，遇到了一位改变我人生的好老师。

这位老师注意到了我，她很快就发现了我对科学发现和科学探索的热爱。我也开始意识到，老师们在课堂教学之外其实也有着自己的生活，他们其实掌握着许多宝贵的知识。这位老师经常在课后与我一起头脑风暴，研究我在课堂以外从事的项目。她推荐我去读一些她认为能激发我兴趣的科学杂志，并鼓励我参加当地举办的一些活动，了解不同科学领域中的最新科技发展。

在参加这些活动的过程中，我愈发认识到了性格的重要性。我从不害怕向活动的主讲人和其他参加者介绍我自己，这给我带来了很多很好的机会。在一次活动中，我有幸遇到了一位伯乐，在他的带领下，我进入了"科学博览会圈"（我之前不知道还有这样一个圈子），并且最终在哥伦比亚工业与贸易监管局发布了我的首项专利。有了这段宝贵的经历后，我树立了一个新的目标：进入大学，见到露西娅·艾特合图亚教授本人。

在我看来，露西娅·艾特合图亚教授是我们大学里最重要的生物技术研究专家。她还是学校里科研中心生物技术研究小组的组长、学校生物技术实验室的主管。她与业界也保持着紧密的联系。来到大学的第一天，我就去敲了她的门。但是我尝试了很多次，都无功而返。我知道我得用另外一种方法才能"逮"到她。她好像一直在各地出差，做讲座介绍自己的工作。她也经常在科研中心里组织或参加那些能改变整个行业的重要会议。我来到学校的科学系，询问是否有清洁实验设备的工作机会，因为我觉得只要能在她周围待着，我就有机会见到她本人或者见到那些与她关系密切的人。但是，清洁实验设备的工作都是由那些更有经验的学生（大三、大四的学生）做的。

我的决心没有动摇，我与清洁试管瓶的学生、和露西娅·艾特合图亚教授共事的老师、研究管理中心的人等都成了朋友。我向他们解释了我正在做的项目，告诉他们我非常想与艾特合图亚教授见面。功夫不负有心人，我终于成功了。有一天，在实验室里工作的一个朋友跑过来告诉我，艾特合图亚教授那天在实验室。

我立刻跑去了实验室。我的这位朋友把我介绍给教授。教授停下来看了我一会儿，说其实她最近刚读过一篇介绍我在一次科技竞赛中获奖的新闻报道，她本来也挺想见见我的。

此后的几小时，我们进行了深入的交流，我们谈到了我在科学领域的梦想，谈到了科技不断进步所能带来的无限可能性，谈到了她自己的一个梦想。我们谈论起她手头的一个项目时，我的脑袋转动起来，一句话脱口而出："我可以做这个！"但是，她看着我，友好地笑了笑，说，这个连她的博士生都不敢尝试呢。不论怎样，我还是要来了她的邮箱地址，决定当晚就给她发送一封邮件。

几周后，我们见了第二面，这一次，我带来了一份计划，写明了我将如何执行她的想法的第一阶段。这次会面的前十分钟里，她读了我的这个计划，然后把它撕得粉碎。她列出了我的计划之所以无法成立的所有原因，告诉我现在的技术还没有到位，并且向我提出了几个很有价值的问题，引导我进一步思考如何才能促进技术发展并最终达到目标。

我对计划进行了许多修改，一个月后，我开始在学校的科研中心里主持这个科研项目——我是学校里最小的科研项目主管。并且，我实现了自己的目标，见到了露西娅·艾特合图亚教授，并让她成为我的导师。过去几年里，我成为哥伦比亚科学界的女性政府代表，我对公共预算的使用提出建议，创办了自己的公司，在牛津大学做合成生物学的科研项目，利用 3D 打印技术打印新型仿生材料，推进了社会的发展和变革。

里德·霍夫曼曾经说过一句话："改变自己的最快方法就是与你崇拜的人待在一起。"在我努力利用科学技术为国家做贡献的过程中，我谨遵这句话的教诲，一直和比自己聪明的人共事，并且，我拒绝止步不前，不断寻找能让我验证自己设想的良好的学习环境。

用歌词写出一个小女孩的梦想

蕾奥拉·弗里德曼（Leora Friedman）

15 岁时，蕾奥拉·弗里德曼和她的姐姐在家乡创办了公益服务项目 Music is Medicine。姐妹俩花了一个夏天的时间在当地的儿童医院进行表演，为患者创作励志歌曲。取得了一定成功后，蕾奥拉对这项事业燃起了更大的激情，她下定决心继续坚持下去，对更多的患病儿童产生积极的影响。2009 年，她获得了 DoSomething.org 和格莱美基金会提供的 3000 美元奖金。现在，蕾奥拉在普林斯顿大学读大四，她和她的大学同学们将 Music is Medicine 发展成了一个全国性的公益组织，利用音乐的力量改变重病儿童的生活。到目前为止，该组织与艾美奖提名歌手朱儿·希利、YouTube 红人萨万娜·奥滕达成了合作。《福布斯》杂志、《赫芬顿邮报》、《魅力》杂志、MTV 全球音乐电视台、《欢乐合唱团》主演达伦·克里斯等都曾对 Music is Medicine 进行过宣传。

❝你好！我叫蕾奥拉，我是非营利组织 Music is Medicine 的 CEO。"我睁大眼睛看着面前的人，脸上挂着灿烂的笑容，"我们的目标是利用音乐的力量改变重病儿童的生活。"以上就是我的自我介绍的内容。这段话告诉了别人我是谁——在过去的两年里，我的职业身份不断渗透到生活中的方方面面，成为我个人身份中的一大重要组成部分。我就是这样向新认识的人介绍我自己的。但是，这几句简明扼要但是没有人情味的话其实根本无法传达 Music is Medicine 所坚持的事业，无法告诉别人它对我来说意味着什么，它如何影响了我的生命。

这个组织体现了我的激情、价值和性格。它就是我，我就是它。根据在韦氏词典上找到的定义，非营利组织指的是"不以营利为目的而运营、维持"的实体。但是，根据我创办非营利组织、不断将其发展壮大的经验看来，这个定义是非常不完整的。定义非营利组织，不应该只看它们不做什么，而是应该看看它们做的是什么。非营利组织以系统的方式不断努力，帮助别人，极大地提高了人们的生活水平。当我发现了领导力、商业策略、创新精神都能够应用到改变世界的事业中去时，我的世界观都改变了。在我的眼中，世界变得更美好、更精彩，我终于真正地相信了自己，相信自己有能力改变世界。但是，更有意思的是，我之所以会产生这样的想法，并不是因为我获得了什么奖项或奖金。我只不过是遇到了一个叫布鲁克的小女孩儿。

我轻轻地唱着黛米·洛瓦托的励志歌曲《摩天大楼》："继续吧，尽你所能让我支离破碎吧。我终将拔地而起，就像是直冲云霄的摩天大楼，就像是直冲云霄的摩天大楼。"布鲁克是一个患有癌症的女孩儿，我是一个抱着吉他的女孩儿。但是，唱着这首歌时，我和她之间的区别消失了。我抬起头来，看到她妈妈的眼中闪着泪光，布鲁克的笑容点亮了整个房间。在那一刻，我第一次感到，一切都很好。这个 13 岁的女孩儿又漂亮又坚强，她待人时的温柔和她面对疾病时的坚毅令我的所有劳累和辛苦都烟消云散。她是一个天使，也是一个斗士。遇到布鲁克和她的妈妈之后，我知道了三件事：她们很特别；Music is Medicine 一定要帮助她们；我已经和过去的自己不一样了。

在 Music is Medicine 举办的"捐献一首歌"项目中，我遇到了布鲁克。这个项目旨在利用歌手的才华和名气来鼓励儿科病人，为他们筹款，并唤起社会对他们的关注。"捐献一首歌"是我高中时创办的非营利组织 Music is Medicine 策划组织的一个项目。15 岁时，我不再只是在浴室里哼唱泰勒·斯威夫特的歌曲。我和姐姐一起来到儿童中心进行表演，我们甚至还为重病儿童写歌词。音乐成为我改变社会的工具，我希望全世界的音乐家也都能加入。所有的艺术家都应该利用他们的音乐帮助像布鲁克一样的男孩儿和女孩儿，所有这些患病的孩子都应该得到来自音乐的激励。这是一件双赢的事情。

音乐一直在我生命中占据着非常重要的地位。写出"捐献一首歌"项目策划案后的一个月里，这个项目就得到了广泛的传播和推广，这令我非常兴奋，约翰·霍普金斯医院非常喜欢这个想法，他们与布鲁克取得了联系。布鲁克非常喜欢电影《灰姑娘之舞动奇迹》中的朱儿·希利，后来，朱儿·希利为布鲁克创作了一首非常好听的歌曲《飞翔》，布鲁克还参与录制了这首歌的录影带，这个录影带讲述了布鲁克的故事和朱儿参加 Music is Medicine 的经历。在这首歌里，朱儿·希利唱道："不想微笑时该要怎么去微笑？想哭的时候该要怎么去笑？"

第一次听到这首歌时，我的眼中饱含热泪。这是悲伤的泪水，也是高兴的泪水。我为布鲁克的不幸感到悲伤，但是也很高兴朱儿在这首歌里生动地写出了布鲁克的坚强。世界各地的人都能听到这首歌，都能在这首歌中获得力量。布鲁克不仅对我和她的好朋友、家人产生了巨大的影响，现在，通过这首歌，她的坚强和力量还能感动来自世界各地的其他所有人。

2012 年 8 月，布鲁克因癌症去世。听到这个消息后，音乐停了下来。我又一次哭了，这一次，我流下了悲伤的泪水。一般情况下，我会在所有事情中找到积极的一面，但是，这一次，无论如何努力，我都看不到任何希望。有一段时间，我在心理上疏远了"捐献一首歌"计划。不治之症带来的悲剧与心碎让我一时间看不清自己的目标。我很难过地认识到这样一个现实——音乐无法治愈一切。

但是，幸运的是，很快我就意识到我得继续前进。约翰·霍普金斯医院的儿科肿瘤团队告诉我，《飞翔》这首歌是布鲁克留下的宝贵财富，这首歌实现了她和她的妈妈的梦想——布鲁克的故事激励了许许多多正在对抗肿瘤的小患者，他们与癌症正在进行着殊死搏斗。并且，这个项目对朱儿·希利也产生了深刻的影响，现在，他成了我们董事会中的一员，帮助我们不断前进。每天都有来自世界各地的很多音乐家给我发来邮件，希望加入我们的行动。**我现在正积极地发展 Music is Medicine，希望能分享更多的励志故事，帮助患病儿童获得更多的关注，不断找到用音乐帮助病人的新方法。**

"遇见你我很高兴。"第一次见面时，布鲁克这么对我说。当时，我很好奇地看着她，心里充满了感激。因为，在那个时候我就意识到，遇到她将令我终生难忘。

麦基的奔跑

卡兰·卡什亚普（Karan Kashyap）

卡兰·卡什亚普是麻省理工学院的大一新生，2013年波士顿马拉松爆炸案发生后，他和几个朋友联合创办了非营利组织"麦基的奔跑"。为了帮助在这起恐怖袭击中不幸受伤、惨遭截肢的人们，卡兰和两个同班同学定下目标：募集100万美元善款。2013年4月以来，他们已经募集到了超过22万美元，其中，知名主持人奥普拉·温弗瑞捐助了10万美元。并且，在2013年哈佛大学毕业典礼的演讲中，奥普拉·温弗瑞还讲到了他们创办的这个组织。过去一年里，"麦基的奔跑"接受了《今日》、CNBC、CNN、ABC、PerezHilton.com、《纽约每日新闻报》等多家当地、全国新闻媒体的专访。

2013年4月15日，恐怖分子在波士顿马拉松线路沿线设置了几个高压锅炸弹，酿成了一场惨剧。三个人在此次事故中丧生，几十个人受伤，其中很多人在这场爆炸事件中惨遭截肢。4月14日，就在爆炸发生前24小时，我还到过案发现场；事实上，那一天，我走的路线就是后来恐怖分子布置炸弹的路线。我叫卡兰·卡什亚普，今年 18 岁。我是慈善组织"麦基的奔跑"的联合创始人，我们的目标是筹集善款，帮助波士顿马拉松惨案的受害者。我的故事是这样的：

那场恐怖事件发生前整整四个月的时候，我正在家中的客厅里庆祝自己被麻省理工学院提前录取。我清楚地记得，2013 年 12 月 15 日中午 12:15，我实现了自己的梦想——我被自己朝思暮想的学校录取了！收到录取信后，我还收到了一张邀请函，邀请我于次年 4 月 11 日至 14 日提前来到校园进行参观体验。我迫不及待地想要踏上自己未来的校园。

几个月后，我来到了学校。在那一个周末，我参加了很多活动，感到非常兴奋和快乐。我和其他新生互相交流、探索校园，并且还抽时间去参加了几场学术活动，如计算机科学开放日。在那里，我遇到了科里·沃尔什、哈里斯·斯托尔岑贝格，后来我们三个人一起创办了"麦基的奔跑"。但是，当时的我们还完全不知道未来的自己会遇到怎样的命运。

4 月 14 日晚上，我离开波士顿，返回位于达拉斯的家，准备明天回到得克萨斯数学与科学研究院继续上课。但是，几小时后，周一的早上，我听说了波士顿发生的惨案。我非常震惊，同时也为我和我的家人能平安返回而深感幸运。Facebook 上的麻省理工学院新生群里炸开了锅。大家不断转发来各种新的消息，对这件事发表自己的意见，并且建议做出点儿实际行动帮助受害者。哈里斯·斯托尔岑贝格分享了一个与众不同的故事。他的弟弟麦基是个四肢截肢者。2008 年的时候，由于细菌感染，麦基失去了双臂和双腿。但是，他很快就恢复了过来，现在，他还能够继续打长曲棍球和橄榄球。"麦基"经受过了波士顿马拉松爆炸案的受害者们即将面对的种种困难与挑战。他能够以一种特别的方式鼓舞其他人。受到他的故事的启发，我们创办了"麦基的奔跑"（从名字就可以看出来）。

科里和我帮助哈里斯进一步明确了目标。在两天内，我们 3 个人一起使用模板搭建了一个网站，并且向其他非营利组织寻求指导。比如，我们决定与另外一个致力于为截肢者募集善款的公益组织"斯科特·里格斯比基金会"形成合作伙伴关系。一开始，我们的目标是筹款帮助那些在爆炸案中受到伤害和影响的人。8月，我们三个人就要来到波士顿，成为麻省理工学院的学生，我们想要为自己未来将要生活的城市做出点儿贡献。筹款几千美元？50 000美元怎么样？还是把这个数目翻个倍吧！经过讨论，最终我们决定以筹款100万美元作为我们的目标。这个目标看上去有点儿高不可攀，却能激励我们不断前行。即使达不到这个目标，我们也始终有很明确的前进方向。

第一周里，我们就筹集到了20 000美元，并接受了CNN、《赫芬顿邮报》、ABC等新闻媒体的采访。一开始，我们的主要策略很简单，就是利用社交媒体进行宣传。此后的一周里，我们又收到了来自一位慈善家26 000美元的捐款。然后，我们接受了CNBC的专访，在电视节目播出期间收到了15 000美元的捐款。前6周里，我们获得的捐款就接近6位数。然后，奥普拉来了。奥普拉·温弗瑞听说了我们的这个项目，并在哈佛2013年的毕业典礼上提到了"麦基的奔跑"。随后，她还给我们捐了10万美元！奥普拉说，她为我们的努力深感骄傲。奥普拉为我们捐款的新闻迅速传播开来，我们的电视、新闻媒体曝光量大增，并且，"麦基的奔跑"还在2013年8月接受了《今日》节目的专访。

现在，我们筹集到了20多万美元，达到了目标的五分之一。但是，一切还只是刚刚开始。虽然我只是一名大学新生，但是我知道，**只要找到了有意义的事业，并全身心投入其中，所有人都有能力改变这个世界！**

给未来实干家的诚挚建议

苏克西·唐斯（Siouxsie Downs）

苏克西·唐斯今年 19 岁，是个 CEO，她从大学退学了，喜欢玩轮滑。她创办了公司 IQ Co-Op（iqco-op.org），致力于推广 STEM（科学、技术、工程、数学）教育。她有自己的电台脱口秀栏目，还发明了一个探测地雷的装备，开创了多个先进的原子能系统。一直以来，她对原子能非常感兴趣，她与康拉德·法恩斯沃思合作，希望能开创清洁核能源技术的新时代。

好吧，现在，我们终于来到这里了。这是本书的最后一篇文章了，此前，你已经读到了 70 多名优秀年轻人的故事和建议。在本文中，你读到的不是故事。在这里，我更想与你分享一下我在追求成功的路上学到了些什么。

我是一家公司的老板。2013 年 5 月，我创办了 IQ Co-Op，我成了一个创业者，同时应对 12 个不同的项目，并且还要边工作边上学，努力维持收支平衡。我开发的一个军用扫雷装备获得了政府订单。我正在写一本名为《黑客空间崛起》的书。我还为一支乐队和一家唱片公司负责市场营销工作。我给很多位 CEO 和核工程师发送了邮件，希望他们能同意参加一个电话会议。很多人也有过类似的经历。我很喜欢这样的生活。我要开创属于自己的成功道路。只要不违法，不论做什么都不算错。如果你有激情、有动力并且有点儿技巧（就像我在下面列出的那些），你可以做到你想要去做的所有事情。

我可能不认识你，但是，我知道你在读这篇文章时的感受。我诚挚地关心着你的未来，关心你在未来获得了哪些机遇、取得了哪些进步。有很多人并不喜欢自己正在做的工作，我真诚地希望你不要让自己白活。你要追求自己的梦想。一路上，对于未知的恐惧与获得小小胜利的兴奋交织在一起。以下是我给出的一些建议，我希望它们能助你勇敢向前，大胆探索少有人走的前路。

找到自己的所爱。 我喜欢钍元素。我喜欢熔盐反应堆。我可以很诚实地说，能源制造和人道主义工程工作是我一生的最爱。我制订计划，处理数据，给很多CEO和科学家打了电话，并且正在认真地考虑在自己身上文一个元素周期表，其中钍和铀这两个元素要用绿色的夜光材料文。成为这样的孩子吧——沉迷于某个领域，通晓这个领域内的所有一切。实现你的梦想，让你自己和周围的人因此而过上更美好的生活。如果你喜欢艺术，就办一个展览；如果你喜欢写东西，就出一本书。不要因为别人强加的局限而阻挠你自己的前进。每一天都要过得充实、快乐，为你自己和别人的生活增值、添色。这才是真正的成功。

知道什么东西在浪费你的时间，勇于放手。 浪费你时间的可能是一个项目，可能是一个爱好，也可能是一个人。如果它不能帮助你实现自己的梦想，就放手吧。你的所有责任都是自己选择的。谨慎选择。16岁时，我创办了一个非营利组织。为此，我苦苦挣扎了两年，最后失败放手。如果你把自己局限在那些外界强加给你的责任之中，你会很有负罪感，并且余生都只能低效率地工作。最后，你会发现，你一直在认真地做计划，安排自己的时间，不断拖延，最后却一事无成。如果你的手头上有两三个你一直在不断拖延、敷衍的小项目的话，这个情况就特别现实。不断地做计划，从来不行动，这种做法很危险，同时也极具传染性。如果你没兴趣继续做某件事，那就别做了。时间非常宝贵，不要浪费它们。你永远也找不回那些因为浪费而逝去的时间。

接受拒绝和失败。如果你非常害怕失败，那么你往往也会很害怕去做尝试。失败取决于你的经历和你的学习能力。"知不足"。每失败一次，你就会知道自己在哪个方面尚有不足，然后你就知道该如何调整自己的计划。如果你因为很可能会失败就从来不去尝试、不去挑战，你其实是在给自己的成功设限。回想一下你小时候，如果不放弃的话，你能取得多少成就。定下这个目标吧：重新学习如何坚持。你死不了。为了追求成功而付出的大部分努力其实都没很大的风险。确实，在经济上可能有点儿风险，并且你得牺牲一些自己的时间，但是，年轻就是有这个资本啊——我们没有什么其他的负担和责任！我们没有家庭，没有什么债务，除了养车、租房、学生贷款之外也没有什么其他的压力。如果在生命中有那么一段能够很快就从失败中恢复过来的时光的话，那就是现在了。与那些比你年纪大的人谈谈。如果你本身年纪就比较大了，那就找回年轻的心态，再加上你现在已经取得的经验和资源。你是无法被阻挡的！很多人都说，对于失败的恐惧在很多个关键时刻拖了他们的后腿，这是他们最后悔的事情。

学会说话和写作！如果你想得到别人的认真对待，那就一定要记住这一点。时刻谨记这一点。如果你无法条理清楚、语言流畅地表达出自己的想法，那就一点儿用都没有。甚至，在你努力提出一个严肃的方案时，别人会把你当作不成熟的小孩子一样对待——因为你在邮件和材料中用语不规范。哎呀，那可就糟了。

掌握人际关系的技巧。你要知道你感兴趣的那个行业或领域中的名人，然后联系他们！我给一位科技公司的 CEO 发了封邮件，然后他就给我提供了一个与核工程师共事的机会（我当时只有 17 岁）。与这些人保持关系。我随身携带了一个笔记本，每天我都会在上边记下些东西，其中有几页我记下了这些人的联系方式，并且注明了我是怎么认识他们每个人的。你认识的这些人，他们还认识哪些其他人呢？这时候，Facebook 就能派上用场了。Facebook 之所以是"社交网络"，还是有一定道理的。利用好这一点。利用 Facebook 找到导师、朋友，和他们约定时间进行咖啡会议，联系其他所有能帮助你实现目标的人。

看到事物之间的联系。我的成功很大程度取决于我能看到事物之间的关系。谁认识谁？在你最近参加的两个活动中有哪些组织？在哪个项目里你有机会找到志同道合的人？这些人还在做哪些其他的事情？机会来自发现事物背后的联系并且敢于冒险。你可以这样进行练习：给每一件事绘制思维导图——不论是你新看到的文章，还是你的目标，或者是你的人际关系网络。思维导图其实和你在小学时做过的头脑风暴练习很像。它们都是有一个中心的理念，然后由此不断联想，建立和其他事物的联系。每一个联系都是独一无二的。你可以使用"InfoRapid"为维基百科上的文章做一个思维导图（在调研阶段这个方法非常有用）。不论是联系人还是人生目标，都试试看绘制一个思维导图吧。这将完全改变你对世界的看法。

学习如何学习。大家伙，说真的，我们很聪明，但是我们并不是无所不知的。我们得知道自己在完成目标的路上还有哪些方面存在知识的欠缺，然后想方设法获得这些知识。不幸的是，这个方面是很难教的。你可以每天学一点儿新东西，然后尽量地利用起你的新知识。你可以学习网络课程，把这当作消遣。找一节你感兴趣的大学课程。组织会面和知性的对话。加入一个社群。如果在学习新事物的过程中你感到兴奋，那你就将变成一名终生的学习者。在学习中，好奇是最关键的因素。正如马克·吐温所言："不要让上学妨碍你的教育。"一定要好好利用你自己的好奇。

在独立中苗壮成长。我知道，没人想要读到这些，但是如果你不到 20 岁，有自己的目标，有野心、有动力、有献身精神，有"实干家"的精神，拜托，不要指望其他同龄人能和你有很多共同点。如果你在这个世界上只能信任一个人的话，那个人就只能是你自己。不幸的是，你也最容易被自己欺骗。诚实面对自己，知道自己的脑子里在想些什么。只有你能掌握自己的人生。其中包括你的银行账户。这一点经常被忽略，但其实是非常重要的。如果你不学会掌握自己的经济情况，你将永远离不开父母家的地下室——不论是从现实意义上还是从比喻意义上。在我个人看来，找到一个好的财务管理应用至关重要。或者，你可以自己开发一个财务管理应用。留心自己的每一笔支出。如果你每天早上都喝星巴克，那么你会惊奇地发现这让你每个月多花出去差不多110美元。知道什么赚钱，知道什么是不合理的花费，这样你能更好地为应对未来做好准备。

要谦虚，要快乐。说句老实话，我们很多"高成就者"都需要谦虚点儿。在未来，无论你接触到的人是谁，他们都更喜欢谦虚自信而不是狂妄自大。也许在你的一生中，别人一直都说你是很特别的，但是这无法帮你顺利地转型、进入"真实的世界"。所有人都是特别的，接受这一点吧。欣赏别人的不同和他们独特的兴趣。做你爱做的事情，爱你在做的事情。我知道，这说起来简单做起来难，但是，找个方法满足于自己的生活吧。生活不是一场零和游戏！也许其他人在硅谷做出了一个很酷的应用，但这并不意味着你的针线手艺或萨克斯天赋就没有价值。欣赏别人的能力，锻炼自己的能力。拥抱你自己的生活，享受你自己的独立。不要根据别人的标准而活，你就是你自己。

所有人都能成就伟业，只要他们在追求目标的过程中付出了足够的努力。关键是，你是怎么逼自己的，你是怎么前进的。没有人会逼你成功或失败。没有东西能决定你的命运，你的命运在你自己的手中，关键看你自己要怎么去做。你完全有能力为自己创造任何条件。你比其他所有人都更了解自己。所以，自主地决定你自己的生活吧。我们在地球上只能活一次。你要怎么利用这个改变世界的机会呢？如果你没什么想法，至少回忆一下上个夏天你脑子里的那个疯狂的创业想法吧，或者重新回到那个你从八年级起就参与并热爱的车库乐队中去吧。我们并非一定要"长大"。年轻是一种心态，是一种生活方式。生活中的年轻精神能帮助你达到不可置信的高度，因为你根本就不知道"大人"们会在哪里停下，所以你能一路走下去。你要求知若饥，你要虚心若愚，你要永远年轻，你要不断努力，矢志不渝地追求自己的梦想。

　　加油吧，创业的 20 岁年轻人们，你们能改变世界。加油吧，所有人。有很多东西等着我们去做呢！

致谢

获得成功的人都会感谢别人的帮助。智慧和自信的人会
充满感激地对这份帮助表示感谢。

——阿尔弗雷德·诺斯·怀特海

我们俩想对很多人表示感谢，我们的感激之情很难在几页纸里充分表达出来。几年前，很多有野心、有思想、有才华的年轻人和我们分享了自己的故事，我们对这几百篇非常独特、极具价值的故事进行了整理，从中选出了75篇，希望通过这些文章向读者们传达我们这一代人的想法。整体来说，对于每一篇文章，我们都编辑了很多遍。我们感谢过去几年来对

我们的事业提供帮助的人们。合作编辑这本书、创办"20 岁以下 20 亿人"运动的过程并不轻松。

为了更好地表达每个人和我们俩共同的感恩，以下我们将会先分别致谢，以便于分辨到底是谁在向他 / 她生命中重要的人表示感谢。然后，我们会再次合体，向所有在这个项目中对我们提供过帮助的人表示感谢。

斯泰西的致谢

不用说，我最想感谢的是我的父母。你们教会了我如何学习、如何去爱、如何生活，并且给予了我（现在还依旧在给予我）世界上所有的机会，让我勇敢地去学习、去爱、去生活。谢谢你们，你们是我能想象到的最好的父母：妈妈每天都给我做午餐便当，确保我在上学路上的交通安全，带我去做运动、上音乐课。所有这一切都对现在的我产生了非常重要的影响。爸爸每周都要出差，他努力工作赚钱，并且总是能在我最需要的时候和我一起去徒步旅行。感谢我的父母，你们努力为我和斯科特提供了最好的教育机会，并且把你们一路走来学到的宝贵经验都传授给了我。是你们教会了我，仅仅有希望是不够的，只有通过周密的行动才能获得成功。我希望我能为自己未来的孩子们提供你们提供给我的这种生活。我知道，你们会每天鼓励我，帮助我达到这个目标。

感谢斯科特，你是一个女孩子最理想的哥哥、朋友和合作伙伴。谢谢你用乐高玩具为我的芭比娃娃建起了一个家。谢谢你鼓励我来到了泽维尔，并与我一起为了共同的目标拼搏奋斗。我愿意与你一起继续努力，我很希望能够看到我们在未来取得的所有成就。

感谢帕特里克，感谢你陪我度过了我生命中最大的转折阶段，与我患难与共。虽然当时很难，但是谢谢你让我离开了 PA。

感谢我的好朋友们，你们一直以来都相信我、支持我，并且给予了我很大的鼓励。我无法用语言来形容我对你们的感谢，是你们的友谊帮助我度过了这些年：安德鲁（安迪）·奥德、凯西·布莱克、杰克·舒尔特、朱莉安娜·加雷法、凯莉·布赫霍尔茨、迈克尔·科斯蒂根、尼克·阿内特、保罗·亨利、帕特里克·斯托达特、舒尔卡·奈杜，等等。

感谢理查德·布兰森、亚历克斯·韦尔奇和杰里·默多克，感谢你们在我和我哥哥年纪还小的时候就给了我们一个宝贵的机会。你们给我们的这个机会改变了我们的生命，我们不知何以为报，我们会永远感激你们，尽最大的努力报答你们。这本书就是我表达感激之情的一个小例子。感谢麦克尔·费蒂克、塔兹（约翰）·哈蒙德和里奇·西塞克，感谢你们告诉我知识是无限的，我连其中的一小部分都还没学会。感谢你们鼓励我的好奇心，在工作中和生活中不断给予我支持与帮助。

感谢格莱美夏令营大家族，其中我特别要感谢克里斯滕·马德森、迈克尔·加西亚、史蒂夫·巴尔廷、普丽西拉·埃尔南德斯和茱莉亚·弗里德曼，是你们在我很小的时候就告诉了我，一切都是有可能的，只要我全神贯注、投入努力，世界上没有什么人或什么事是够不到的。每一天，你们的想法、努力、敬业态度、善良都在激励着我不断前进。

感谢贾里德与我一起想出了这个项目的创意，感谢你愿意与我和世界分享自己的愿景。在这个过程里，我们都学到了很多，我很感恩这一切是与你一起完成的。我们优势互补，合作愉快。我很期待与你继续打造"20岁以下20亿人"项目，我也非常期待能够见证你在未来取得的所有成就！

贾里德的致谢

首先，我要感谢我的家人们。感谢我远在纳帕的祖父龙尼和祖母苏－玛丽！最初的时候，我和斯泰西把我们的受众设定在科技和创业领域，正是在一次与祖父母的谈话中，在他们的帮助下，我们才决定让这本书帮助到尽可能多样的人群。这无疑为本书增加了很多分量。在这本书编辑出版的过程中，我经常和你们分享我取得的成就、最新的进展、最近遇到的难题，我猜你们一定对我的项目和想法烂熟于心了！

感谢我的叔叔豪伊，你是我在家里最好的楷模，感谢你能一直懂我。不论你在哪里，我都知道你一直在支持我。感谢亚伦，我找你来写文章是有道理的。这么多年来，你一直安静地激励、鼓舞着我，我为你所取得成就感到高兴。我不知该如何表达作为你的兄弟一路看着你成长的感恩之情。你对我来说非常重要，不论是在球场内还是球场外，你一定都会有所成就的。

感谢我的兄弟姐妹们：林赛、茱莉亚、斯潘塞、哈利、迈克尔、劳伦、丹妮尔和亚历克斯；我希望本书的作者们也能够鼓舞你们，并且在你们长大后、进入社会后不断激励你们前进。我还要感谢我的其他家人：迈克尔和埃伦、马克和埃莱娜、埃丽卡阿姨、克雷格和妮科尔、布赖恩和埃米、劳伦和约翰尼、安妮、蕾切尔、杰西、芭芭拉奶奶、乔伊和迈克、安杰拉（"安妈妈"）、诺亚和托马（我们很亲密，他们就像我的弟弟一样）和所有我的大家庭里的成员。感谢你们与我分享爱、共度时光，感谢你们一路走来对我的指导和帮助。希望我能够让你们感到骄傲。

感谢爸爸。谢谢你教会了我什么是善良，这在当今世界已经变得越来越难得了。希望你能看到，我在编辑这本书、领导这个项目的过程中体现出来的，正是你在抚养我长大成人的过程中传递给我的温和、善良。

感谢妈妈。我不知道该怎么说。这一路走来的起起伏伏，你都陪我一起走过。如果没有你之前为我做出的牺牲，没有你永恒无私的爱与帮助，没有你在我们每周谈话时的真知灼见，就不会有这本书（以及我这辈子有幸能取得的所有成就）。我爱你。

感谢那些之前信任我、给我机会的人。感谢戴维·哈塞尔，我会永远记得你在我 16 岁的时候给了我一个机会。过去四年里，你是我生命中最重要的人。你给予我宝贵的指导和帮助，是我在个人生活和事业中的榜样，你不厌其烦地指出我的各种错误，帮助我形成新的思考方法，塑造了我的生活。感谢亚伦·布赛尔，谢谢你同意让我协助创建 Learnist，是你早早地教会了我什么是"无畏"，不断激发我去做到更好。感谢基思·法拉奇，虽然我们一起学习、共事的时间非常短暂，但是你教会了我很多东西，对此可能你自己都不知道，但是我会永远感谢你。谢谢你，继续你的事业，解码人类的行为吧。

感谢一路走来的其他有意无意对我予以指导与帮助的人们，你们的洞见帮助这本书 / 我个人取得了成功：索菲·福莱西、布赖恩·史密斯、杰弗里·米勒教授、埃本·帕甘、乔·波利施、格里·辛丁、黑顿·沙阿、查理·赫恩、尼尔·斯特劳斯、尼克·泰尔佐、谢普·海根、赛思·罗金、约翰·李·杜马斯、格雷格·S. 里德、沙恩·梅特卡夫、贾斯廷·鲍曼、布伦特·克鲁斯，等等。感谢你们过去几年来对我的指导、指点，我从你们身上学到了很多。你们给我的教育是最棒的，是在学校里学不到的。

感谢斯泰西，感谢你在这本书诞生的过程中给予我的支持和友谊，在你的帮助下，我才有了这个更大也是更大胆的目标。你是最好的共同编辑、共同创始人，你是最好的合作伙伴。你教会了我很多东西（我相信未来你也会继续教给我很多东西），你正好弥补了我的所有缺点，你鼓励我行动起来，开创自己的事业。我知道，在我最需要的时候，你一直都在背后支持着我。希望你也能知道，如果你有需要，我也一直会支持你。我很高兴能在这本书出版后与你共同领导这个运动，我希望过去两年里我们结成的宝贵友谊能继续维持下去。感谢你所做的一切。

我们的致谢

我们要感谢布莱克·马斯特斯为本书撰写前言，并在"20 岁以下 20 亿人"项目中留下了自己独特的印记。布莱克是我们遇到的最体贴周到的人，我们很荣幸能和他分享这本书。就像他与彼得·蒂尔合著的全球畅销书《从 0 到 1》一样，本书给未来的创业者、实干者、思想者们提供了一种全新的、创新性的思维模式。因此，布莱克的前言为本书开了一个好头。

感谢所有的作者！感谢你们慷慨地与我们分享自己的故事，分享你们一路上获得的成功、遭遇的困难，分享你的愿景、目标和你们对社会问题提出的解决方案，感谢你们与我们分享这些鼓舞人心的文章，在你们的大力支持下，本书比我们预期的更为深厚、深刻。我们很感谢你们在写作、重写、编辑文章的过程中付出的大量时间和精力。本书从一个小小的想法孕育而来，一直到最后成功出版，说出了我们这一代人的态度和心声，这一路走来，感谢你们与我们分享自己的资源、想法、关系、支持和激动之情。过去几年来，我们与你们以及其他几百个有天赋、有思想的年轻人共同创办了一个社群，这个社群每天都激励着我们找到更有意义的方法，鼓舞年轻人们找到自己的所爱并行动起来，共同合作，解决当今世界面临的最大问题。现在，一切还仅仅是个开始。

我们要感谢一直以来给予我们支持和帮助的各个社群、团体和个人。我们衷心地感谢泰尔基金会。如果没有泰尔基金会举办的峰会，如果不是泰尔基金会定期组织集会、邀请主讲人与观众们分享他们的故事和想法，这本书就不可能存在。如果没有泰尔基金会的网络社群，我们两个人不可能成为合编者，也不可能在项目的开始阶段成功找到几十位作者。请把这项非常非常重要的工作继续坚持下去吧。我们对此深表感激，其他成千上万名从中受益、在这里找到组织的年轻人也对此深表感激。感谢可口可乐、GLAAD、Lamp Post Group、克雷格·波恩、罗恩·朱克曼、TEDxYouth 以及其他在早期阶段为我们提供报道、支持、舞台的团体和个人，感谢你们帮助我们传递出了信息。

感谢埃琳·泰勒和帕梅拉·范·沃肯伯格对这个项目的支持和帮助。

同时，我们也要感谢帮助对本书进行宣传推广的合作伙伴们，谢谢你们让更多人知道了这本书。虽然我们要在最终确定本书的宣传推广方案前就写好致谢词，但是我们非常感谢所有支持我们、帮助我们把这本书推广给更多人的组织、会议、公司和个人。你们在发动和团结新一代年轻人解决世界问题的过程中起到了至关重要的作用。

感谢在过去几年里——当这个项目还是个秘密的时候——听说了这个项目的所有人。感谢你们把我们的书、社群和品牌目标传递给了你们的朋友、亲人和其他人。我们对此深表感谢。

感谢我们的代理人切尔西·林德曼，以及圣马丁出版社的所有团队成员，感谢你们为这本书付出的辛勤努力。

最后，我们要感谢你，亲爱的读者。读完这本书后，你也肩负起了传播年轻人声音的使命，让更多的年轻人行动起来，共同开创美好的明天吧。如果你是千禧一代的一员，我们殷切地期待着你加入"20 岁以下 20 亿人"大家庭，与我们一起共创美好的未来；如果你不是，我们希望在看完这本书后，你能更好地了解和理解千禧一代和 Z 世代，并且我们也真诚地希望能与你共同合作，你可以成为这进步开明的一代人的导师、领袖和组织领导者，与我们一起鼓舞他们不断前进。我们希望这些故事能让你有所触动，对于未来有更美好的期待。

编者简介

斯泰西·费雷拉

斯泰西今年 22 岁，是"20 岁以下 20 亿人"项目的联合创始人，也是 Admoar 公司的 CEO。Admoar 是一个顶级的传媒销售平台，在这里，传媒公司销售传统广告位（电台、电视、广告牌等），并为计划在全国范围内进行广告营销的客户提供解决方案。

此前，斯泰西联合创办了"我的社交云"（MySocialCloud）网站，为客户提供在线密码存储和管理方案。该网站于 2013 年被 Reputation.com 收购。

此外，斯泰西还在世界各地进行营销和创业方面的演讲。她被美国国务院评为"创业专家演讲者"，在俄罗斯、印度、希腊等国进行演讲，分享她在与哥哥创办"我的社交云"网站的过程中积累的经验。

她曾与马克·扎克伯格（Facebook）、埃文·威廉姆斯（Twitter）、扎克·西姆斯（CodeAcademy）一起被 MSN 评为"19 个证明你其实并不需要大学文凭的特别成功的退学者"。她被《福布斯》杂志提名为"50 个你应该在 Twitter 上关注的创业者"之一，与亚伦·利维（Box）、戴维·卡普（Tumblr）、丹尼尔·埃克（Spotify）一起被《商业内幕》评为"成功的大学退学者"。

她从 10 000 多个女孩子中脱颖而出，被《Seventeen》杂志评选为"Pretty Amazing"女性榜样，并登上杂志封面。空闲时间里，她喜欢和其他创业者聊天，喜欢推动女性在 STEM（科学、技术、工程、数学）领域的发展，喜欢读书，喜欢冒险。如果你想要联系她，可以给她发送邮件：stacey@2billionunder20.com。你也能在所有的社交媒体上找到她。

贾里德·克莱纳特

贾里德今年 19 岁，是"20 岁以下 20 亿人"项目的联合创始人。此外，他还是 The Gap Year Experiment 的首席测试官，帮助读者和同龄人掌控自己的教育。他是深受世界各地欢迎的演讲者，同时也是一位市场营销专家，为传奇作者、创业者、品牌提供服务，服务对象包括纽约时报畅销书《别独自用餐》的作者基思·法拉奇、澳大利亚 UGG 公司创始人布赖恩·史密斯、March Of Dimes 基金会、三星集团等。

作为一名演讲者，贾里德在全球各地进行演讲，演讲舞台从 TEDx 到企业董事会会议室不等，演讲听众从 20 人到 1000 余人不等，演讲主题包括青年人自强、青年创业者、社群构建等。他与多位思想领袖同台过，其中包括彼得·迪亚芒蒂思、凯文·哈林顿、莱斯·布朗、查理·赫恩、皮普·保罗。

此前，他是企业软件创业公司 15Five、教育科技公司 Learnist 的团队成员，并在 15、16 岁时成功创办了两家创业公司（然后失败了）。17 岁时，他被《福布斯》杂志评选为"公益创业者典范"，此后也登上了《快公司》、TechCrunch 网站、《商业内幕》、《赫芬顿邮报》等。

贾里德师从戴维·哈塞尔（被《福布斯》杂志评为"你所不知道的硅谷最有关系的人"）和世界顶级行业专家基思·法拉奇，学习如何在职业领域建构关系。大部分时间里，贾里德都在向世界上最聪明、最有天赋的年轻人学习，他与他们互动、交朋友，并且思考着如何把他们团结起来解决当今世界面临的最严峻的挑战。如果你想要联系他，可以给他发送邮件：jared@2billionunder20.com。你也可以在他飞往的下一个地方见到他。

联系本书中的优秀年轻人，你可以登录网站 www.2BillionUnder20.com，加入我们不断发展壮大的线上、线下大家庭！

如果你想加入我们的线上、线下社群，与我们一起鼓舞青年一代找到自己的梦想和目标，鼓励他们全身投入到改变相关领域的伟大进程中，帮助他们团结起来解决当今世界面临的最大问题，请登录 www.2BillionUnder20.com，在那里我们建立起来了一个充满活力的大家庭，能为你提供优质的资源和内容。

在你的学校、公司、城市里也有一群野心勃勃的年轻人，你也想分享他们的故事？我们将精选一批愿意把有才华的年轻人团结起来、讲述他们的故事、最终出版自己的《20 岁，我们创业吧！》特别版的组织，与你分享我们的整个编辑过程——从邮件模板到文章风格指南到市场营销方案。如果你想了解更多信息，看看自己是否具备相关资格，请给我们发送邮件：stacey@2billionunder20.com，jared@2billionunder20.com。

到 2020 年，千禧一代将占据全球劳动力的 50%；2030 年，这个数字将上升到 75%。到 2018 年，千禧一代的消费将超过婴儿潮一代（千禧一代消费预计将达到 3 万 4 千亿美元）。如果你是公司的创始人、CEO、高管，想要打入年轻人的市场，更好地打造品牌定位，你可以联系我们：stacey@2billionunder20.com，jared@2billionunder20.com。

如果你已经做好了行动的准备，却遇到了麻烦，请告诉我们。你可以给我们发送邮件：stacey@2billionunder20.com，jared@2billionunder20.com。我们很愿意聆听你的心声。

请原谅我们无数次重复我们的邮箱地址，毕竟重要的事情说三遍，而你们的到来又是重中之重，所以要说很多遍。

最后，希望本书能以某种方式鼓舞到你，为你提供行动所需的相关技能。